国家级职业教育规划教材

全国职业院校城市轨道交通专业教材

城市轨道交通行车组织

人力资源社会保障部教材办公室组织编写

郭英明　主编

中国劳动社会保障出版社

简介

本书紧扣职业教育的特点和要求，结合职业院校城市轨道交通专业的教学实际进行编写，内容选取以“适度够用”为原则，主要包括行车组织概述、行车组织基础设备、行车组织基本原理、车站行车作业、车辆段行车作业、施工作业组织和行车调度等内容，由浅入深，形式丰富，为学生自主学习提供了良好指引，为教师的教学设计预留了合理空间。本书配有电子课件，可通过技工教育网（http://jg.class.com.cn）下载。

本书由郭英明任主编，谢荣昭、丁瑜任副主编，刘杨、段术波、朱锴、王玫、李智勇参加编写。

图书在版编目（CIP）数据

城市轨道交通行车组织 / 郭英明主编 . -- 北京：中国劳动社会保障出版社，2020
全国职业院校城市轨道交通专业教材
ISBN 978-7-5167-4524-3

Ⅰ. ①城… Ⅱ. ①郭… Ⅲ. ①城市铁路 - 行车组织 - 高等职业教育 - 教材 Ⅳ. ①U239.5

中国版本图书馆 CIP 数据核字（2020）第 156052 号

中国劳动社会保障出版社出版发行
（北京市惠新东街 1 号 邮政编码：100029）

*

北京市艺辉印刷有限公司印刷装订 新华书店经销
787 毫米 ×1092 毫米 16 开本 14.75 印张 287 千字
2020 年 8 月第 1 版 2022 年12月第 5 次印刷
定价：32.00 元

营销中心电话：400-606-6496
出版社网址：http://www.class.com.cn
http://jg.class.com.cn

前　言

我国城市轨道交通自1965年北京地铁一期工程建设开始，经过了50余年的建设和发展，取得了显著成就。近年来，城市轨道交通正处于大规模高速发展时期，以北京、上海、广州为代表的特大城市已进入网格化建设阶段，尚有几十个城市正在建设或规划中。实践证明，发展城市轨道交通是解决城市交通问题的有效途径，对促进城市经济持续发展也起到了重要作用。

随着城市轨道交通行业的高速发展，城市轨道交通企业对从业人员的知识水平和职业能力提出了更高的要求。为了培养更加符合城市轨道交通企业需求的技能人才，我们组织了一批教学经验丰富、实践能力强的一线教师和行业、企业专家，在充分调研的基础上，编写了这套全国职业院校城市轨道交通专业教材。

这套教材包括《城市轨道交通概论》《城市轨道交通车辆基础》《城市轨道交通车站设备基础》《城市轨道交通行车组织》《城市轨道交通客运组织》《城市轨道交通车辆驾驶》《城市轨道交通乘客服务》《城市轨道交通车辆维护与检修》和《城市轨道交通安全管理》。

本次教材编写工作的重点主要体现在以下几个方面：

第一，突出教材的实用性。本着“学以致用”的原则，根据城市轨道交通企业的工作实际安排教材的结构和内容，对操作性较强的课程，教材在编写中安排了技能训练，突出对学生实际操作能力的培养。

第二，突出教材的先进性。根据城市轨道交通行业的现状和发展趋势，教材在编写过程中尽可能多地体现了新知识、新技术、新方法、新设备，以期缩短学校教育与企业岗位需求的距离，同时，严格执行国家最新技术标准。

第三，突出教材的易用性。新版教材充分考虑学生的认知规律，注重利用图表、实物照片和案例辅助讲解知识点和技能点，为学生营造生动、直观的学习环境，激发学生的学习兴趣。同时，教材还配有电子课件和习题册，便于教师开展教学和学生课后复习。

本套教材的编写得到了有关省市教育部门、人力资源社会保障部门和一批职业院校的大力支持，教材编审人员做了大量的工作，在此，我们表示诚挚的谢意！同时，恳切希望广大读者对教材提出宝贵的意见和建议。

人力资源社会保障部教材办公室

目　录

第一章　行车组织概述

学习目标：

◆ 能够列举城市轨道交通系统各组成部分的名称，描述与行车组织密切相关的各系统主要功能。

◆ 能够描述行车组织的基本概念，列举行车组织工作机构的组成，描述行车组织工作的主要内容。

◆ 能够描述行车组织技术发展大体过程，说明现阶段主流行车信号、行车组织方法。

随着城市化进程加快，城市人口不断增加，居民出行需求日益增大，交通拥堵问题逐步凸显并成为很多城市需要重点解决的民生和发展难题。城市轨道交通具有运量大、省地、准点、快捷、节能、环保、安全等特点，受到了很多大中型城市的青睐。

城市轨道交通组成复杂、客流量大，要实现安全、有序、高效的运营目标，为乘客提供安全、准时、便捷、舒适的服务，对行车组织工作要求极高。要想做好城市轨道交通行车组织工作，必须科学构建工作机构、设计工作流程，严格遵循工作原则，合理利用先进技术手段，同时努力提高工作效率。

第一节　城市轨道交通及其系统组成

城市轨道交通是城市公共交通的组成部分，在一些大型城市（如北京、上海、广州、深圳、香港等）已经成为承担居民出行需求的骨干。城市轨道交通主要包括地铁系统、轻轨系统、单轨系统、有轨电车、磁浮系统、市域快速轨道系统、自动导向轨道系统七种制式。城市轨道交通系统主要由土建设施、车辆与车辆基地、机电设备三大部分组成。

一、城市公共交通主要组成

城市公共交通在城市及其郊区范围内，为方便公众出行，用客运工具进行旅客运输，是城市交通的重要组成部分，对城市政治经济、文化教育、科学技术等方面的发展影响极大。城市公共交通属公益性行业，主要经营目标是为居民出行服务，其经营成效主要体现于社会效益，发生政策性亏损时，一般由政府给予补贴。衡量城市公共交通行业经营管理水平的标准，主要是它对居民出行的安全、方便、及时、经济、舒适等要求的满足程度。

城市公共交通方式包括城市道路公共交通、城市轨道交通、城市水上公共交通和城市其他公共交通四大类。

1. 城市道路公共交通

行驶在城市各级道路上的公共客运交通工具共同组成了城市道路公共交通，如公共汽车、无轨电车、出租汽车等，是目前我国城市客运公共交通的主体。由于现代城市对公共交通运输质量要求的提高，以及先进技术的广泛应用，城市道路公共交通不再是单一的模式，在常规公共汽车、无轨电车的基础上又派生出快速公共汽车。图 1–1 所示为几种常见的城市道路公共交通工具。

a）

b）

c）

d）

图 1–1　几种常见的城市道路公共交通工具

a）特大型（铰接）公共汽车　b）双层公共汽车

c）快速公共汽车系统　d）无轨电车

（1）常规公共汽车

常规公共汽车具有固定的行车线路和车站，按班次运行，并由具有商业运营条件的适当类型公共汽车及其他辅助设施配置而成。常规公共汽车又可以细分为小型公共汽车、中型公共汽车、大型公共汽车、特大型（铰接）公共汽车、双层公共汽车五类。常规公共汽车车长一般为 3.5 ~ 18 m，定员一般不超过 180 人（小型公共汽车不超过 40 人），在市区平均运行速度为 15 ~ 25 km/h，客运能力不超过 5 400 人次 /h（小型公共汽车不超过 1 200 人次 /h）。

（2）快速公共汽车

快速公共汽车是由公共汽车专用线路或通道、服务设施较完善的车站、配备高新技术装备的车辆和各种智能交通技术措施组成的客运系统，乘坐体验快捷舒适，是新兴的大容量快速公共交通方式。快速公共汽车使用的车辆包括大型公共汽车、特大型（铰接）公共汽车、超大型（双铰接）公共汽车三类，车长最长可超过 23 m，定员接近 200 人。

由于快速公共汽车使用专用车道，车站采用长站台形式，所用车辆一般都为特大型或超大型车辆，可多车同时上下乘客，又可同时发车，列车化运行，车速较快，车辆运行不受其他交通方式干扰，因而客运量较大，在市区平均运行速度可达到 25 ~ 40 km/h，客运能力最大可接近 2 万人次 /h。

（3）无轨电车

无轨电车有固定的行车路线和车站，通常由外界架空输电线供电（也可由高能蓄电池供电），是无专用轨道的电动公交客运车辆。无轨电车按车辆长度和载乘客量可分为中型无轨电车、大型无轨电车、特大型（铰接）无轨电车三类，车长一般为 7 ~ 18 m，定员不超过 170 人（中型无轨电车不超过 80 人），在市区平均运行速度为 15 ~ 25 km/h，客运能力不超过 5 100 人次 /h（中型无轨电车不超过 2 400 人次 /h）。

（4）出租汽车

出租汽车是按照乘客和用户意愿提供直接的、个性化的客运服务，并且按照行驶里程和时间收费的客车。出租汽车可分为小型出租汽车、中型出租汽车、大型出租汽车三类。小型出租汽车定员不超过 5 人，可随时租用或预订，按计价器收费或按日包车。中型出租汽车、大型出租汽车定员 7 人以上，一般需要预订并按计程或计时包车。

出租汽车服务应以人为本、方便乘客。服务方式有三种：一是在不妨碍交通时可招手停车，二是电话约车，三是在客流集散地或交通管理需要之处设出租车候客站或上、下客站。

2. 城市轨道交通

城市轨道交通是采用轨道结构进行承重和导向的车辆运输系统，设置全封闭或部分封闭的专用轨道线路，以列车或单车形式运送相当规模客流量，包括地铁系统、轻轨系统、单轨系统、有轨电车、磁浮系统、市域快速轨道系统和自动导向轨道系统等。

城市轨道交通具有速度快、容量大的基本特性，因而特别适用于大规模、集中性、定点、定时、定向的承运需求，成为现代城市客运公共交通体系的骨干。例如，纽约、东京等城市的轨道交通占公共交通承运的比重在 80% 以上，我国上海、广州也已超过 50%。

3. 城市水上公共交通

城市水上公共交通是利用航行在城市及周边地区范围水域上的渡船运送乘客的公共交通方式，包括城市客渡和城市车渡。城市水上公共交通的运行方式有三种：连接被水域阻断的两岸接驳交通、与两岸平行航行且有固定站点码头的客运交通，以及旅游观光交通。图 1–2 所示为两种城市水上公共交通工具。

a）

b）

图 1–2　两种城市水上公共交通工具

a）快速渡轮　b）车渡

（1）城市客渡

城市客渡系统是城市水上公共客运交通的主体，有固定的运营航线和规范的客运码头，其运输能力取决于运营航线的配船数、航班频率、运营时间、河面交通通畅程度和水位枯涨情况。城市客渡可分为常规渡轮、快速渡轮、旅游观光轮三类。常规渡轮定员不大于 1 200 人，快速渡轮定员不大于 300 人，旅游观光轮定员不大于 500 人。除快速渡轮的平均运行速度大于或等于 35 km/h 外，常规渡轮和旅游观光轮的平均运行速度均小于 35 km/h。

（2）城市车渡

城市车渡定员为 8 ~ 60 车位（以单车载质量 5 t 的车辆限界为一个标准车位）。城市车渡曾经在临水城市的居民出行中发挥重要作用，在城市道路交通不发达的年代，成为沟通江河两岸居民往来的重要交通方式，但随着桥梁隧道的修建，很多城市的车渡已经退出历史舞台。

4. 城市其他公共交通

其他类型的城市公共交通主要包括客运索道、客运缆车、客运扶梯和客运电梯，如图 1–3 所示。

a）

b）

c）

d）

图 1-3　几种其他类型的城市公共交通工具

a）客运索道　b）客运缆车　c）客运扶梯　d）客运电梯

（1）客运索道

客运索道由驱动电动机和牵引钢索牵引吊厢（如吊椅、吊篮），以架空钢索为轨道运行，主要用于山地城市、跨水域城市，用以克服天然障碍，运行距离一般不大于 2 km。索道系统主要由支撑塔架、承载钢索、牵引钢索、驱动电动机、载人吊厢、站台建筑、运行控制设备和通信设备等组成。

客运索道可分为往复式索道和循环式索道两类。往复式索道的两个吊厢分别沿线路两侧的钢索交替运行，吊厢一般为封闭式，定员为 4 ~ 200 人，索道最大坡度不超过 55°，客运能力不超过 4 000 人次 /h，平均运行速度不超过 12 m/s。循环式索道的吊厢（吊椅、吊篮）沿线路两侧的钢索循环运行，吊篮定员为 4 ~ 24 人，吊椅定员为 2 ~ 8 人，索道最大坡度不超过 45°，客运能力不超过 4 800 人次 /h，平均运行速度不超过 6 m/s。

（2）客运缆车

客运缆车架设在山区城市的不同高度之间，沿坡面铺设钢轨和牵引钢索，车厢以钢轨承重和导向，并由牵引钢索牵引运行，适用于地域高差较大的短途客运交通线路，以及山区、旅游地区等。客运缆车系统主要由车站建筑、轨道基础设施、轨道结构、牵引钢索、导向轮、驱动系统、行车控制系统、通信设施和载人车辆组成。客运缆车系统的载人车辆是无动力的轨道车辆，车辆宽度和轨距标准一般根据线路环境条件确定或参照轻轨标准，车辆定员为 40 ~ 120 人，客运能力不超过 2 400 人次 /h，平均运行速度不超过 5 m/s，线路坡度不超过 45°。

（3）客运扶梯

客运扶梯架设在山地或建筑物的不同高度之间，由驱动电动机和齿链牵引梯级和扶手带，沿坡面连续运行。一条线路一般有两部扶梯并列相向运行，当线路长度超过 100 m 时，宜分段设置。客运扶梯的客运能力不超过 12 000 人次 /h，平均运行速度不超过 0.75 m/s，线路坡度不大于 30°。当扶梯上无乘客时，客运扶梯应自动减速运行。

（4）客运电梯

客运电梯架设在山地或建筑物的不同高度之间，由驱动电动机和牵引钢索牵引轿厢，沿垂直导轨往复运行。客运电梯线路一般为直达，必要时也可设置中途站。轿厢定员一般为 12 ~ 48 人，客运能力不超过 2 000 人次 /h，平均运行速度不超过 10 m/s。

二、城市轨道交通主要制式

世界上最早的城市轨道交通线路是英国伦敦的大都会地铁，始建于 1863 年。我国第一条地铁于 1969 年 10 月 1 日在北京建成通车。

按照国家标准《城市轨道交通技术规范》（GB 50490—2009）的定义，城市轨道交通是“采用专用轨道导向运行的城市公共客运交通系统”，一般包括地铁系统、轻轨系统、单轨系统、有轨电车、磁浮系统、市域快速轨道系统、自动导向轨道系统七种制式。表 1–1 所示为不同制式城市轨道交通的主要特征及技术指标。

表 1–1　不同制式城市轨道交通的主要特征及技术指标

制式分类		主要特征及技术指标					
		运输能力 /（人次 /h）	最高速度 /（km/h）	旅行速度 /（km/h）	路权模式	敷设方式	车辆
地铁系统		≥ 25000	100 ~ 120	45 ~ 60	全封闭	地下或高架	A、A_S、B、L_B 型车（直流）
			80	30 ~ 40			
轻轨系统		10000 ~ 30000	70 ~ 80	25 ~ 35	全封闭或部分封闭	地下 ≤ 30%	C、L_C 型车、70% 低地板车辆
单轨系统	跨座式	10000 ~ 25000	100 ~ 120	45 ~ 60	全封闭	高架	跨座式单轨专用车辆
			80	30 ~ 40			
	悬挂式	6000 ~ 12000	60 ~ 80	15 ~ 35			悬挂式单轨专用车辆

续表

制式分类		主要特征及技术指标					
		运输能力 /（人次 /h）	最高速度 /（km/h）	旅行速度 /（km/h）	路权模式	敷设方式	车辆
有轨电车	钢轮钢轨有轨电车	6000 ~ 12000	60 ~ 70	15 ~ 30	开放式或部分封闭	地面≥ 70%	100%、70% 低地板车辆或高地板车辆
	虚拟轨道胶轮电车					地面（路面）	胶轮专用车辆
	导轨式胶轮电车		60 ~ 80	15 ~ 35	开放式或部分封闭或全封闭	地面或高架	胶轮专用车辆
磁浮系统	中低速磁浮	10000 ~ 25000	100 ~ 120	45 ~ 60	全封闭	高架	中低速磁浮专用车辆
			80	30 ~ 40			
市域快速轨道系统		≥ 10000	140 ~ 200	>60	全封闭	高架或地面	市域快速轨道专用车辆（交流）
			100 ~ 120	45 ~ 60		地下（城区）或高架或地面	市域快速轨道专用车辆（直流 / 交流）
自动导向轨道系统		10000 ~ 20000	60 ~ 80	25 ~ 35	全封闭	高架	自动导向轨道专用车辆

注：1. 分类标准依据中国城市轨道交通协会《城市轨道交通分类（征求意见稿）》。

2. 高速磁浮系统由于行车速度很高，通常用于城市之间远程客运，本书未将其纳入城市轨道交通范畴。

1. 地铁系统

地铁是在全封闭线路上运行的大运量或高运量城市轨道交通方式，线路通常设于地下结构内，也可延伸至地面或高架桥上。图 1–4 所示为伦敦、巴黎地铁某车站入口。

a）

b）

图 1–4　伦敦、巴黎地铁某车站入口

a）伦敦地铁入口　b）巴黎地铁入口

地铁一般采用钢轮钢轨体系（国际上也存在胶轮地铁系统），标准轨距为 1 435 mm。我国内地采用旋转电动机牵引的地铁车辆有 A 型车、B 型车，以及符合重庆山地城市特点的 A_S 型车；采用直线电动机牵引的地铁车辆有 L_B 型车

地铁系统按照最高运行速度不同，可分为快速地铁系统和普速地铁系统。普速地铁系统适用于大城市的城区，最高速度一般采用 80 km/h；快速地铁系统（或称地铁快线）一般应用于超大城市的城区，最高运行速度一般采用 100 km/h 和 120 km/h 两个等级。

2. 轻轨系统

轻轨系统是指钢轮钢轨体系中的中运能轨道交通系统，一般使用全封闭或部分封闭的线路、专用道路，通常设于地面或高架桥上，也可延伸至地下结构内。轻轨系统车辆主要有采用旋转电动机牵引的 C 型车和采用直线电动机牵引的 L_C 型车，也可采用 70% 低地板铰接车辆。

轻轨系统中的“轻”是指轻载重（中运能），而不是轻轴重或轻轨重。轻轨系统选用 C 型车（宽 2 600 mm），地铁系统一般选用 A 型（宽 3 000 mm）和 B 型车（宽 2 800 mm）。很多城市已用“轨道交通”代替“地铁”这一传统称谓。长春轨道交通 3 号线、4 号线和上海轨道交通 5 号线、6 号线等均属于轻轨线路，如图 1–5 所示。

a)

b)

图 1–5　轻轨线路

a）长春轨道交通 3 号线　b）上海轨道交通 5 号线

3. 单轨系统

单轨交通是采用电力牵引列车在一条轨道梁上运行的中低运量城市轨道交通方式。根据车辆与轨道梁之间的位置关系不同，单轨系统分为跨座式单轨系统和悬挂式单轨系统两种类型（见图 1–6）。单轨系统占地面积小，建设适应性较好。城市符合以下条件时，可以发展单轨系统：城市道路高差较大，道路半径小，线路地形条件较差的地区；旧城改造已基本完成，而该地区的城市道路又比较狭窄；大量客流集散点的接驳线路；市郊居民区与市区之间的联络线；旅游区域内景点之间的联络线、旅游观光线路等。

单轨系统车站布置要与周围地形和环境密切配合，形式灵活多样，站台应考虑设置站台门，高架车站应设置自动扶梯和垂直升降电梯。

a）

b）

图 1–6 单轨线路

a）重庆轨道交通 2 号线（跨座式单轨系统） b）德国伍珀塔尔市单轨系统（悬挂式单轨系统）

4. 有轨电车

有轨电车是一种与道路上其他交通方式共享路权的低运量城市轨道交通方式，线路通常设在地面，车辆与其他地面交通混合运行。根据街道条件不同，有轨电车的线路可分为混合车道、半封闭专用车道（在道路平交道口处采用优先通行信号）和全封闭专用车道（在道路平交道口处采用立体交叉方式通过）。

有轨电车一般采用钢轮钢轨，以单车运行为主，车辆基本长度为 12.5 m，也可连挂运行。当前发展趋势为低地板车厢，车站布置可考虑设在街道两旁人行道上的单侧布局或设在道路中央分隔带上的中央布局，具体选用可与地区规划、周围地形和环境密切配合，形式灵活多样。

天津、上海试运行一种导轨胶轮电车，采用中间导向轮导向，橡胶轮胎承载。其优点是：采用橡胶轮胎，爬坡能力强；采用特殊导向机构，转弯半径小（10.5 m）；可利用既有道路改造铺设导向轨，工程量较小；运行噪声小。其缺点是技术尚不成熟，故障较多。图 1–7 所示为两种类型的有轨电车。

图 1–7 两种类型的有轨电车

5. 磁浮系统

磁浮交通是通过磁力实现列车与轨道的非接触支撑、导向和驱动的轨道交通方式。列车的车厢不需要车轮、车轴、齿轮传动机构和架空输电线网，列车运行方式为悬浮状态，主要在高架桥上运行，特殊地段也可在地面或地下隧道中运行。磁浮系统主要有两种基本类型：一种是高速磁浮列车，最高行驶速度可达 500 km/h；另一种是中低速磁浮列车，其最高行驶速度为 120 km/h。高速磁浮系统由于速度很高，通常用于站间距离不小于 30 km 的城市之间的远程客运线路，本书不将其纳入城市轨道交通范畴。中低速磁浮系统按照最高运行速度不同，可分为快速系统和普速系统两类。普速中低速磁浮系统适用于不同规模城市的城区，最高速度一般采用 80 km/h；快速中低速磁浮系统适用于超大城市的城区，最高运行速度可采用 100 km/h 和 120 km/h 两个等级。

磁浮系统尚处于新兴技术发展阶段。世界第一条磁浮列车示范运营线——上海磁浮列车于 2003 年 1 月运行，全长 29.863 km，最高时速可达 460 km/h。我国首条具有完全自主知识产权的中低速磁浮商业运营示范线——长沙磁浮快线于 2016 年 5 月开通试运营。磁浮列车如图 1–8 所示。

a)

b)

图 1–8　磁浮列车

a）上海磁浮列车　b）长沙磁浮快线

6. 市域快速轨道系统

市域快速轨道系统是指服务范围覆盖城市市域范围内的城市轨道交通系统。市域快速轨道系统是一种大运量的客运系统，适用于城市区域内重大经济区之间中长距离的客运交通，主要在地面或高架桥上运行，在城区范围内也可设置在地下隧道内，必要时可不设中间车站。在实际应用中，用于市域快速轨道系统的车辆基本上是以地铁车辆、跨座式单轨车辆、磁浮系统车辆或铁路车辆为基础改造而成的。市域快速轨道系统属于快速系统，一般采用 100 km/h、120 km/h、140 km/h 和 160 km/h 速度等级，未来不排除采用 200 km/h 或更高速度的可能性。北京、上海、南京、成都、郑州、兰州、青岛等城市开通了市域快速轨道系统。

7. 自动导向轨道系统

自动导向轨道系统是指采用橡胶轮胎，在混凝土轨道上运行，并通过导向装置自动导引车辆运行方向的轨道交通系统。自动导向轨道系统的车辆运行和车站管理采用计算机控制，可实现全自动化的无人驾驶技术，适用于城市机场专用线或城市中客流相对集中的点对点运营线路。

广州地铁 APM 线于 2010 年 11 月 8 日开通运营，是我国首条建成运营的自动导向轨道系统线路。线路采用胶轮 2 节编组列车，全部为地下线，设置 9 座地下车站，如图 1–9a 所示。

上海轨道交通浦江线是上海建成运营的首条自动导向轨道系统线路，采用全自动无人驾驶模式运营，如图 1–9b 所示。该线路全长 6.644 km，全部为高架线，共设置 6 座车站，全部为高架车站，采用胶轮 4 节编组列车。

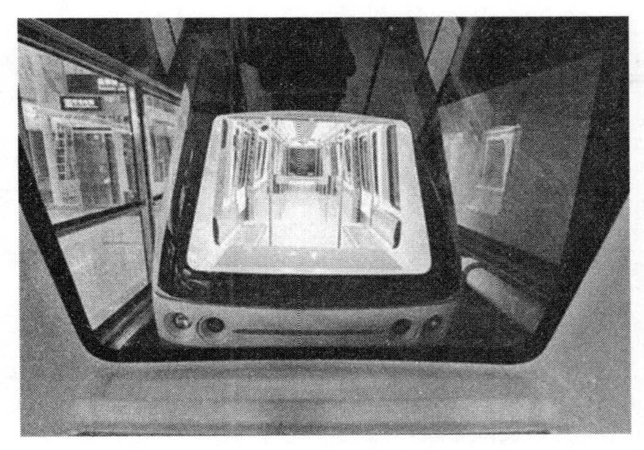

a)

b)

图 1–9　自动导向轨道系统线路

a）广州地铁 APM 线　b）上海轨道交通浦江线

表 1–2 所示为截至 2018 年年底我国各城市轨道交通运营规模，上述七种制式均有运营。其中，地铁系统 4 354.3 km，占比 75.6%；市域快速轨道系统 656.5 km，占比 11.4%；有轨电车 328.7 km，占比 5.7%；轻轨系统 255.4 km，占比 4.4%；单轨系统 98.5 km，占比 1.7%；磁浮系统 57.9 km，占比 1%；自动导向轨道系统 10.2 km，占比 0.2%。

表 1–2　截至 2018 年年底我国各城市轨道交通运营规模　km

序号	城市	线路总长度	各制式线路长度						
			地铁系统	轻轨系统	单轨系统	市域快速轨道系统	有轨电车	磁浮系统	自动导向轨道系统
1	北京	713.0	616.9	—	—	77.0	8.9	10.2	—
2	上海	784.6	669.5	—	—	56.0	23.7	29.1	6.3
3	天津	226.8	166.6	52.3	—	—	7.9	—	—
4	重庆	313.4	214.9	—	98.5	—	—	—	—

续表

序号	城市	线路总长度	各制式线路长度						
			地铁系统	轻轨系统	单轨系统	市域快速轨道系统	有轨电车	磁浮系统	自动导向轨道系统
5	广州	463.9	452.3	—	—	—	7.7	—	3.9
6	深圳	297.6	285.9	—	—	—	11.7	—	—
7	武汉	348.0	263.8	37.8	—	—	46.4	—	—
8	南京	394.3	176.8	—	—	200.8	16.7	—	—
9	沈阳	128.4	59.0	—	—	—	69.4	—	—
10	长春	117.7	38.7	61.5	—	—	17.5	—	—
11	大连	181.3	54.1	103.8	—	—	23.4	—	—
12	成都	329.8	222.1	—	—	94.2	13.5	—	—
13	西安	123.4	123.4	—	—	—	—	—	—
14	哈尔滨	21.8	21.8	—	—	—	—	—	—
15	苏州	164.9	120.7	—	—	—	44.2	—	—
16	郑州	136.6	93.6	—	—	43.0	—	—	—
17	昆明	88.7	88.7	—	—	—	—	—	—
18	杭州	114.7	114.7	—	—	—	—	—	—
19	佛山	21.5	21.5	—	—	—	—	—	—
20	长沙	67.3	48.7	—	—	—	—	18.6	—
21	宁波	74.5	74.5	—	—	—	—	—	—
22	无锡	55.7	55.7	—	—	—	—	—	—
23	南昌	48.5	48.5	—	—	—	—	—	—
24	兰州	61.0	—	—	—	61.0	—	—	—
25	青岛	178.2	44.9	—	—	124.5	8.8	—	—
26	淮安	20.1	—	—	—	—	20.1	—	—
27	福州	24.6	24.6	—	—	—	—	—	—
28	东莞	37.8	37.8	—	—	—	—	—	—
29	南宁	53.1	53.1	—	—	—	—	—	—
30	合肥	52.3	52.3	—	—	—	—	—	—

续表

序号	城市	线路总长度	各制式线路长度						
			地铁系统	轻轨系统	单轨系统	市域快速轨道系统	有轨电车	磁浮系统	自动导向轨道系统
31	石家庄	28.4	28.4	—	—	—	—	—	—
32	贵阳	33.7	33.7	—	—	—	—	—	—
33	厦门	30.3	30.3	—	—	—	—	—	—
34	珠海	8.8	—	—	—	—	8.8	—	—
35	乌鲁木齐	16.7	16.7	—	—	—	—	—	—
总计		5 761.4	4 354.3	255.4	98.5	656.5	328.7	57.9	10.2

注：1. 数据来源于中国城市轨道交通协会 2018 年统计报告。

2. 不包括景区内旅游观光线、工业园区内仅供员工使用的通勤线路、科研试验线等不承担城市公共交通职能的线路。

城市轨道交通与传统铁路同属于广义的轨道交通，且当前很多城市轨道交通的设备、技术规则、行车组织方式都来源于传统铁路，但两者在运输对象、作用、技术条件等方面还存在明显不同，表 1–3 列出了两者之间的主要区别。

表 1–3　　城市轨道交通与传统铁路的主要区别

项目	城市轨道交通	传统铁路
运营范围	运行范围是城市市区及郊区，一般几十千米	纵横数千千米，连接城乡
运行速度	站间距离短，且站站须停车，一般不超过 80 km/h	运行速度比较高，许多线路在 120 km/h 以上
服务对象	市内旅客运输，主要以工作、生活、学习、娱乐为出行目的	客运、货运都有，客运主要以公务、探亲访友、旅游为出行目的，行李包裹多
线路、车站	大部分线路在地下或高架通行，均为双线，各线路之间一般不过线运营，正线和车站道岔少，车站换乘为立体方式	车站有数量不等的道岔及股道，有较复杂的咽喉区，换乘为平面方式
车辆段	一般用于车辆停放、检修、日常保养和为正线行车作业服务	区段站要进行车辆检修、停放，以及大量的列车编解、接发车和调车作业
车辆	电动车组，两个车头，一般不分解，类型少	分为机车和车辆两部分，且机车、车辆种类众多
供电	供电包括牵引供电和动力照明供电，一旦断电，系统将瘫痪	有非电气化铁路，可在没有电的情况下运行

续表

项目	城市轨道交通	传统铁路
通信信号	系统先进，普遍采用基于移动闭塞的列车自动控制系统、通信传输快、精度高、系统复杂	多数仍为三显示自动闭塞，以轨道电路检测列车位置和占用，精度低
行车组织	运营需求十分简单，除了进、出段和折返外，没有越行、交会，正线上一般没有调车作业，易于实现自动监控，自动化程度高	运营组织复杂，有越行、交会、编组、调车作业，需要车站人工接发列车，自动化程度低

注：1. 城市轨道交通主要以地铁作为代表。

2. 高速铁路与传统铁路相比，技术条件、行车组织差别较大，自动化程度高。

三、城市轨道交通系统组成

城市轨道交通是一个复杂的系统，涵盖多个领域，主要由土建设施、车辆与车辆基地、机电设备三大部分组成。

土建设施包括轨道、线路、限界、车站等，土建设施管理范围包括轨道工程、路基工程、线路附属工程、隧道、桥梁、车站建筑、车辆基地、运营控制中心及变电所房屋建筑等。

车辆与车辆基地包括车辆、车辆段、车辆基地。

机电设备包括供电系统、通信系统、信号系统、综合监控系统、自动售检票系统、通风系统、空调与供暖系统、给排水与消防系统、火灾自动报警系统，以及站台门、自动扶梯、电梯、轮椅升降机等。

城市轨道交通车辆、供电系统、通信系统、信号系统、自动售检票系统、站台门等设施设备与综合监控系统互联互通、兼容共享，实现自动化、网络化运营。

1. 土建设施

（1）轨道

轨道是承受列车荷载和约束列车运行方向的设备或设施的总称。轨道是一个整体性的工程结构，它由钢轨、轨枕、连接零件、道床、防爬设备和道岔等主要部件组成。轨道正线一般采用 60 kg/m 钢轨，车场线采用 50 kg/m 钢轨。隧道内的道床一般采用混凝土整体道床；高架线路可采用整体道床，也可采用碎石道床；地面一般采用碎石道床，对路基进行强度处理，并通过采用高性能的弹性扣件，减轻列车运行时的振动和噪声。正线及折返线统一采用 9 号道岔，车场线除试车线采用 9 号道岔，其余均采用 7 号道岔。直线轨距标准为 1 435 mm。

单轨的轨道是一根轨道梁，不仅是车辆的承重结构，同时是车辆运行的导向轨道。轨道梁是单轨系统最为关键的核心技术，它既是车辆赖以行驶的轨道，同时也是通信、信号、

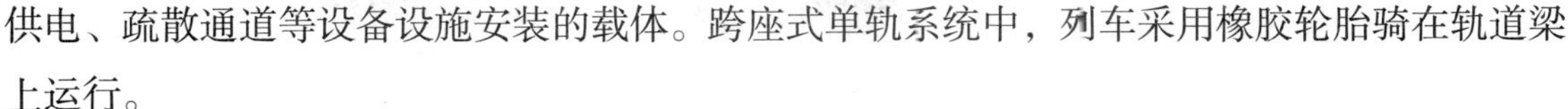

供电、疏散通道等设备设施安装的载体。跨座式单轨系统中，列车采用橡胶轮胎骑在轨道梁上运行。

磁浮系统通过电磁力实现列车与轨道之间的无接触悬浮和导向，再利用直线电动机产生的电磁力牵引列车运行，取消了传统轨道交通的轮轨关系。

广州地铁 APM 线、上海轨道交通浦江线的自动导向轨道系统采用的是轨道梁、胶轮技术，与地铁、轻轨不同。

（2）线路

地铁线路按其在运营中的功能定位不同，分为正线、辅助线和车场线。正线是列车载客运营的线路。辅助线是为列车提供收发车、折返、联络、安全保障、临时停车等功能服务，通过道岔与正线相互联络的轨道线路，也称配线，包括折返线、渡线、联络线、临时停车线、出入段线、安全线等。车场线是车辆段内停放列车、作业的线路，包括停车线、检修线、试车线、洗车线、牵出线等。

（3）限界

限界是为保障城市轨道交通安全运行、限制车辆断面尺寸、限制沿线设备安装尺寸及确定建筑结构有效净空尺寸的图形及相应定位坐标参数，分为车辆限界、设备限界和建筑限界三类。车辆限界是车辆在正常运行状态下形成的最大动态包络线。设备限界是基准坐标系中，在车辆限界外，考虑其未计及因素，包括一系或二系悬挂故障状态和安全间距的动态包络线，是限制轨旁设备安装的控制线。建筑限界位于设备限界外，考虑了沿线设备安装后的最小有效断面，是任何沿线永久性固定建筑物，包括施工误差值、测量误差值及结构永久变形量在内，均不得向内侵入的控制线。

（4）车站

车站是客流的集散地，同时具有乘客候车、上下车、换乘和列车停车、折返、检修、临时待避等功能，为实现以上功能，线路、道岔、通信、信号、环控、自动售检票、自动扶梯、电梯、照明、给排水、消防、防灾报警、设备监控等设备系统集中设置在车站中。车站一般由风亭、冷却塔、出入口、通道、站厅、站台和其他服务设施等组成。

车站按运营功能不同，可分为终点站（始发站）、中间站和换乘站；按设置位置不同，可分为地下站、地面站和高架站；按站台形式不同，可分为岛式站台车站、侧式站台车站和混合式站台车站。

地铁车站也是展示一个城市文化特色的窗口。例如，莫斯科地铁站的建筑造型各异、华丽典雅，享有“地下的艺术殿堂”的美称；瑞典斯德哥尔摩地铁被认为是“世界上最长的艺术长廊”。

2. 车辆与车辆段

（1）车辆

车辆是在线路上可编入列车运行的单节车。列车单元是至少包括一台动车的车组，即从列车中解列后可独立行驶的最小行车单元。若干列车单元连挂而成的车列称为列车。

车辆是直接为乘客提供运输服务的设备，是行车组织工作的直接对象，是城市轨道交通系统最重要的组成部分。车辆是一个广义概念，可以分为载客车辆和非载客车辆。载客车辆主要就是客车车辆，也称电客车，一般以电力牵引、动车组形式编组，主要任务是载客，一般可分为带司机室的拖车、无司机室带受电弓的动车、无司机室不带受电弓的动车三种类型。动车自身具有动力装置、具有牵引与载客双重功能；拖车不具有动力装置，需要动车牵引拖带，仅有载客功能。

非载客车辆主要有内燃机车、轨道作业车、轨道检测车、轨道打磨车、接触网检测车、隧道清洗车、平板车等，主要用于牵引、维护保养、检修等。

（2）车辆段、车辆基地

车辆段是承担车辆停放、运用管理、整备保养、检查和较高或高级别检修的基本生产单位，也称车场、车库。车辆段通过出入段线与正线连接，对正线行车组织工作的支持是根据运营时刻表、工程施工计划和调度命令的要求，组织足够数量、状态良好的客车、工程车上线运行。车辆段一般设有停车库、检修库和工程车库。车辆段的行车组织由车辆段调度员（车场调度员）统一指挥。

车辆基地是以车辆停放、检修和日常维修为主体，由车辆段（或停车场）、综合维修中心、物资总库、培训中心及相关的生活设施等组成的综合性生产单位。

3. 机电设备

（1）供电系统

城市轨道交通供电系统担负着整个交通系统运行所需电能的供应与传输，是系统安全可靠运行的重要保证。城市轨道交通系统所需电力一般取自城市电网，且大部分为城市电网一级负荷，要求比较高，以确保供电的可靠性。一级负荷规定应由两路独立的电源供电，当任何一路电源发生故障时，另一路可以保证城市轨道交通一、二级重要负荷的全部用电需要。

城市轨道交通供电系统包括外部电源、主变电所（或电源开闭所）、牵引供电系统、动力照明供电系统、电力监控系统。牵引供电系统包括牵引变电所与牵引网；动力照明供电系统包括降压变电所与动力照明配电系统。牵引用电负荷应为一级负荷；动力照明等用电负荷应按供电可靠性要求及失电影响程度分为一级负荷、二级负荷、三级负荷。

（2）通信系统

通信系统是确保城市轨道交通正常运营的中枢，为各部门和控制中心之间相互传递信息提供手段和通道。城市轨道交通通信系统包括专用通信传输、公务电话、专用电话、无线通信、广播、时钟、闭路电视、乘客信息等子系统。通信系统应按一级负荷供电，确保 24 h 不间断运行。运营单位应确保通信系统正常使用，满足调度指挥、信息传送和安全保障的功能要求。

专用通信传输系统以光纤通信为主，满足各子系统和信号、综合监控、电力监控、防灾、环境与设备监控和自动售检票等系统信息传输的要求。

公务电话系统为一般公务通信和内部用户与公用电话网用户提供电话联络，由公务电话交换设备、自动电话及其附属设备组成。

专用电话系统是为控制中心调度员、车站和车辆基地的值班员指挥行车、运营管理及确保行车安全而设置的专用电话设备，包括调度电话、站间行车电话、车站和车辆基地专用直通电话及区间电话。

无线通信系统提供控制中心调度员、车辆基地调度员、车站值班员等固定用户与列车司机、防灾人员、维修人员等移动用户之间的通信手段。

广播系统由正线运营广播系统和车辆基地广播系统组成，可供控制中心调度员和车站值班员向乘客通告列车运行及安全、向导、防灾等服务信息，也可供工作人员发布作业命令和通知，发生灾害时可兼做救灾广播。

时钟系统提供统一的标准时间信息，并为其他各系统提供统一的时间信号，由中心母钟（一级母钟）、车站和车辆基地母钟（二级母钟）、时间显示单元（子钟）组成。

闭路电视系统为控制中心调度员、车站值班员、列车司机等提供有关列车运行、变电所设备、防灾、救灾及客流状态等视频信息，由中心控制设备、车站控制设备、图像摄取设备、图像显示设备、录像及视频信号传输设备等组成。

乘客信息系统（简称 PIS）依托多媒体技术，以计算机技术为核心，以车站和车载显示终端为媒介，向乘客提供各类运营服务信息，确保信息发布安全可靠，并可优先发布运营信息和紧急信息。

（3）信号系统

信号系统是根据列车与线路设备的相对位置和状态，人工或自动实现行车指挥和列车运行控制、安全间隔控制信息自动化的系统。信号系统对保证行车安全，提高线路通过能力有着至关重要的作用，应满足“故障－安全原则”。城市轨道交通信号系统一般包括三大部分：信号机、转辙机、轨道电路等基础设备；联锁设备；列车自动控制系统（简称 ATC）和车辆基地信号系统。

列车自动控制系统可实现列车自动监控、自动防护和自动运行控制，包括列车自动驾驶（简称 ATO）系统、列车自动防护（简称 ATP）系统、列车自动监控（简称 ATS）系统三个子系统。

列车自动驾驶系统实现列车启动、速度调整、定点停车等自动控制技术。列车自动防护系统实现列车运行间隔和超速防护等自动安全控制技术。列车自动监控系统实现列车运行的自动监视、控制、调整和管理等技术。三个子系统通过信息交换网络构成闭环系统，实现中央控制与现地控制结合、地面控制与车上控制结合，构成一个集列车驾驶自动化、行车指挥、运行调整等功能为一体的列车自动控制系统。

车辆基地信号系统包括车辆段和停车场的信号系统，可以设置车辆段及停车场 ATS 设备、计算机联锁设备、计算机监测设备、试车线信号设备、培训设备、日常维修和检测设备等。

（4）综合监控系统

综合监控系统（简称 ISCS）通过计算机网络、信息处理、控制及系统集成等技术实现对城市轨道交通机电系统设备的监视、控制及综合管理，满足行车指挥、防灾安全和乘客服务等现代运营管理需要。该系统采用集成和互联方式构成，将电力监控、环境与设备监控和站台门控制等系统集成到一起，同时与广播、视频监控、乘客信息、时钟、自动售检票、门禁等系统互联，也可互联防淹门等监控信息。

综合监控系统还可集成或互联列车 ATS 和火灾自动报警等系统，当集成 ATS 系统时，可建成以行车指挥系统为核心的综合监控系统。

（5）自动售检票系统

自动售检票系统是基于计算机、通信、网络、自动控制等技术，实现轨道交通售票、检票、计费、收费、统计、清分、管理等全过程的自动化系统，包括票务中心、自动售票机、自动检票机、自动查询机、清分系统等。

（6）通风、空调与供暖系统

通风系统采用自然热压、风压或机械动力的方法，对受控区域进行换气，确保受控区域满足卫生、工艺、安全等要求。地铁内部空气环境应采用通风、空调与供暖系统进行控制，范围应包括地下车站（包括站厅、站台、设备与管理用房、出入口通道、换乘通道）、区间隧道（包括正线隧道、渡线、折返线、停车线、尽端线隧道等），以及地面车站及高架车站等，应保证空气质量、温度、湿度，以及气流速度、压力变化和噪声等均能满足人员的生理及心理条件要求和设备正常运转的需要。通风、空调与供暖系统应由接受过专业培训、掌握设备性能、熟知设备操作规程的人员严格按规程操作。

（7）给水、排水与消防系统

给水、排水与消防系统的作用是满足工作人员的工作、清洁卫生、空调和消防用水等的需要。给水系统的配置应保证不间断地安全供水，水量、水压和水质应满足生产、生活和消防用水的要求。地下建筑的车站、区间隧道的排水应先汇入集水坑，由集水坑内的排水泵提升排入市政排水设施。排水系统应持续运行，排水设施的配置应满足污水、废水和雨水分流排放的要求。隧道口应设置排雨水泵站，雨水量超过设计排水能力时应采取防洪措施。

消防系统应采用两路供水，确保当其中一路供水系统发生故障时，另一路供水系统能满足全部消防用水量。每次消防灭火后，应及时对消防系统和加压泵进行全面检修，保证其处于正常运行状态。运营单位应建立消防安全责任体系，确定专（兼）职消防安全员，明确消防安全职责；确保消防安全疏散通道等设施完好、可用，落实消防安全措施；确保车站站厅、站台、列车车厢、设备管理用房和隧道内的用火安全。

（8）火灾自动报警系统

火灾自动报警系统（简称 FAS）是实现火灾监测、自动报警并直接联动消防救灾设备的自动控制系统，在车站、区间隧道、区间变电所及系统设备用房、主变电所、集中冷站、控制中心、车辆基地均应设置。该系统具备火灾的自动报警、手动报警、通信和网络信息报警功能，并可实现火灾救灾设备的控制及与相关系统的联动控制。

运营单位应对火灾自动报警系统涉及的火灾报警控制主机及工作站、感温探测器、感烟探测器、手动火灾报警按钮、警铃、消防电话、消防水系统接口、防火卷帘门接口、气体灭火系统接口等进行日常检修和维护，确保火灾自动报警系统处于良好状态，防止误报和漏报。

（9）站台门

站台门安装在车站站台边缘，将行车的轨道区与站台候车区隔开，设有与列车门相对应、可多极控制开启与关闭滑动门的连续屏障，也称为屏蔽门。站台门有全高、半高、密闭、非密闭之分，应根据气候环境条件、车站建筑形式、服务水平、通风与空调制式等因素综合选定。

站台门系统由门体、门机、电源及控制四部分组成，配置及控制模式具备与信号、综合监控（或环境与设备监控）、车辆、低压配电等系统的接口条件，满足各种运营模式的要求。

（10）自动扶梯、电梯、轮椅升降机

自动扶梯是带有循环运行梯级，服务于车站规定楼层的向上或向下倾斜运送乘客的固定电力驱动设备。电梯是服务于车站规定楼层的固定式升降设备，它具有一个轿厢，运行在至少两列垂直的刚性导轨之间，轿厢尺寸与结构形式便于乘客出入。轮椅升降机是为使用轮椅的行动障碍人士提供上下楼梯服务的设备，一般设置在无电梯的出入口处。

自动扶梯、电梯、轮椅升降机应按照特种设备相关规范进行定期检查，张贴安全检验合格证。自动扶梯应有明确的运行方向指示，并在两端配备紧急停止开关。发生火灾时，应立即停止使用电梯，且不得作为安全疏散设施。

第二节　行车组织工作主要内涵

行车组织是城市轨道交通运营管理的核心。城市轨道交通因其固有特点，对行车组织工作较其他公共交通方式有更高的要求。经过实践，目前已基本建立了一套行之有效的行车组织指挥体系。行车组织主要包括行车调度、车站行车作业组织、车辆段行车作业组织和施工作业组织。

一、行车组织工作基本概念

行车组织是利用城市轨道交通设施设备，根据列车运行图组织列车运行的活动。

1. 列车运转流程

列车运转流程指的是每日列车运用过程，包括四个环节，即列车出车辆段、列车正线运行、列车收车、列车整备（见图 1–10）。这些作业由车辆运用部门各个岗位协同配合完成。

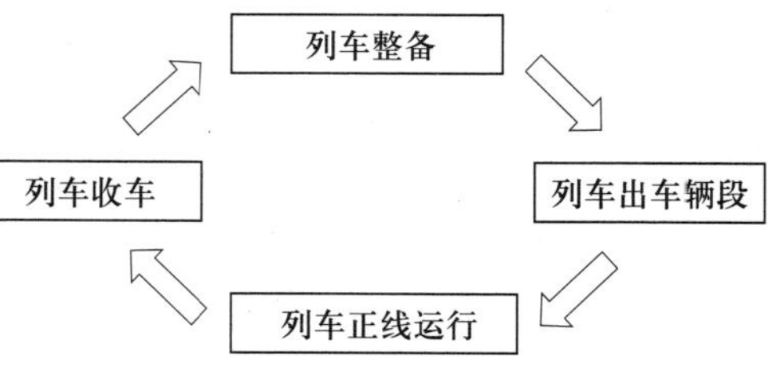

图 1–10　列车运转流程

2. 行车组织的特点

城市轨道交通的信号系统沿袭传统铁路的制式，但又有所区别，在整个运输生产过程中，调车作业少，列车正线运行和接发列车作业是主要作业。

（1）具有完善的列车速度监控功能

城市轨道交通所承担的客运量巨大，对行车间隔的要求远高于铁路，最小行车间隔达到 90 s 甚至更短，因此对列车运行速度监控的要求极高。

（2）联锁关系较简单但技术要求高

城市轨道交通的大多数车站没有辅助线，不设道岔，甚至不设地面信号机，仅在少数有岔联锁站和车辆段才设置道岔和地面信号机，故联锁设备的监控对象远少于铁路车站的监控对象，联锁关系远没有铁路复杂。除折返站外，车站的主要作业非常简单，仅为旅客乘降，通常一个控制中心即可实现全线的联锁功能。

城市轨道交通信号自动控制最大的特点是把联锁关系和 ATP 编 / 发码功能结合在一起，且包含一些特殊的功能，如自动折返、自动进路排列、紧急关闭、扣车等，增加了技术难度。

（3）车辆段独立采用联锁设备

城市轨道交通的车辆段具备类似于铁路区段站的功能，包括列车解编、接发列车和频繁的调车作业，线路较多，道岔较多，信号设备较多，一般独立采用一套联锁设备。

（4）行车调度自动化水平高

由于城市轨道交通的线路不长，站间距离短，列车种类较少，行车规律性很强，因此其调度系统中通常包含自动排列进路和运行自动调整功能，自动化程度高，需要人工介入的情况较少。

3. 行车组织的原则

（1）贯彻安全生产方针

安全生产是党和国家的一贯方针，也是对城市轨道交通运营企业的基本要求。因城市轨道交通尤其是地下部分隧道空间小、行车密度大，故障排除难度大，若发生事故难以救援，损失将非常严重，所以对行车组织提出了更高的安全要求。

（2）集中管理，统一指挥，逐级负责

行车组织工作涉及点多、线长、面广，需要多工种联合作业，只有坚持集中管理、统一指挥、逐级负责的原则，才能把各个部门、各个工种组成一个统一的有机整体，迅速响应。为保证安全生产，提高作业效率，在接发列车、调车、列车折返、列车运行调整等作业中，必须建立统一指挥工作制度。

（3）科学组织，挖掘潜力，提高效率

城市轨道交通是大运量的公共交通方式，肩负着运输骨干客流的重任，行车组织相关部门必须不断提高车站、车辆段行车作业能力，提升行车调度工作水平，总结和推广先进经验，改进作业流程和管理制度，充分挖掘现有设备潜力，提高生产效率。

4. 行车组织的一般要求

（1）行车组织实行集中管理、统一指挥、逐级负责。

（2）行车组织工作实行 24 h 工作制，行车时间以北京时间为准，从零时起计算，行车日期划分以零时为界，零时以前办妥的行车手续，零时以后仍视为有效。

（3）运营单位应制定正常情况、非正常情况和应急情况下的行车组织方案。

（4）运营单位应制定行车组织规则，根据行车线路的封闭方式、范围、线路条件、设备条件等，制定相应的细则。按照行车组织规则及其细则做好行车组织工作。

（5）城市轨道交通列车正常情况下按双线单方向组织运行。

（6）运营单位应对列车运行速度进行规定，并按规定的速度组织列车运行，列车运行速度不得超过允许的最高运行速度。

城市轨道交通运营条件一般分为正常情况、非正常情况和应急情况三种。

非正常情况是指因列车晚点、区间短时间阻塞、大客流或设备故障等原因，导致列车不能按列车运行图正常运营，但又不危及乘客生命安全和严重损坏车辆等设备，整个系统能够维持降低标准运行的状态。

应急情况是指因发生自然灾害或公共卫生、社会安全、运营突发事件等，已经导致或可能导致事故发生或设施设备严重损坏，不能维持城市轨道交通系统全部或局部运行的状态。

二、行车组织工作机构组成

1. 行车组织指挥体系简介

我国各地城市轨道交通运营企业的行车指挥层次不尽相同，一般分为一级指挥层级和二级指挥层级，二级服从一级指挥。一级指挥为运营控制中心值班主任、行车调度员、电力调度员、环控调度员和维修调度员等；二级指挥为行车值班员和车辆段调度员（车场调度员）等。各岗位人员应根据职责开展工作，并服从运营控制中心值班主任的协调和指挥。

运营控制中心、车站和车辆段是行车运营指挥体系的三大组成部分。运营单位应根据运营线路路网规模设置一个或多个运营控制中心，承担日常运营调度指挥工作。图 1–11 所示为某地铁公司的行车组织指挥体系。

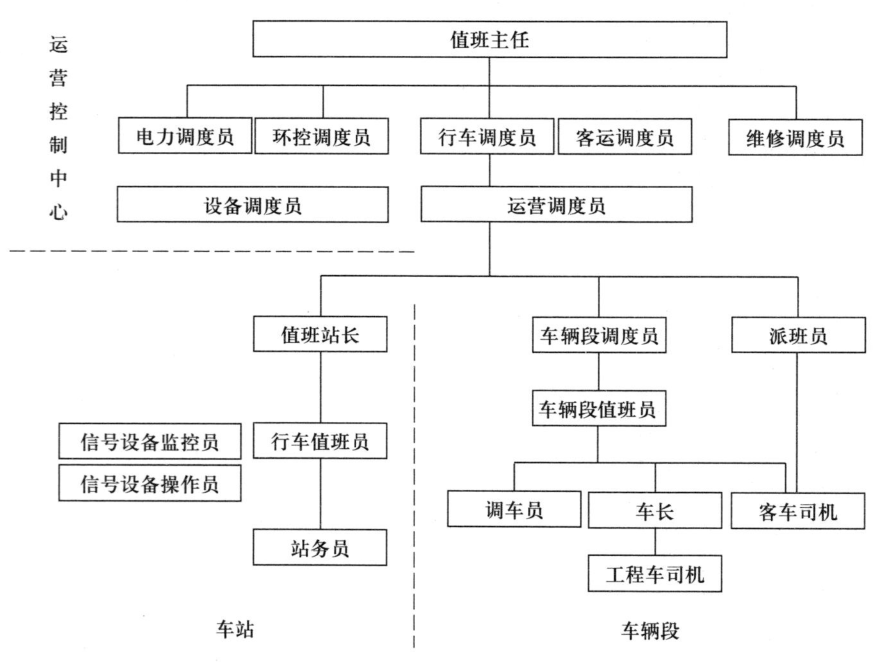

图 1–11　某地铁公司的行车组织指挥体系

（1）运营控制中心

运营控制中心（简称 OCC）是城市轨道交通系统运营日常管理、设备维修、行车组织的指挥中心，设有值班主任、行车调度员、电力调度员、环控调度员和维修调度员等岗位，各调度人员对全线列车运营和设备运行情况进行总体监视、控制、协调、指挥和调度。运营控制中心也是城市轨道交通系统运营信息收发中心，所有与行车有关的信息必须通过运营控制中心集散。

（2）车站

车站设有车站控制室，主要任务是接发列车，并做好乘客服务工作，遇突发情况要进行应急处理，确保行车安全和乘客的人身安全。车站行车组织工作由车站当班值班站长统一负责，行车值班员协助，值班站长必须服从行车调度员的统一指挥，执行调度命令。

（3）车辆段

车辆段设有控制中心和信号控制室。车辆段控制中心是车辆段管理、车辆维修组织和作业的控制中心，负责车辆段范围内的行车组织和维修施工管理，以及车辆日常检修、清洁、定修和临修工作控制，为运营及设备维修施工提供数量足够和工况良好的客车和工程列车。车辆段信号控制室设有计算机联锁设备，集中控制车辆段范围内的进路、道岔和信号机，隶属车辆段调度员管理。车辆段信号控制室与其邻接车站通过进路照查电路，共同组织与监控列车进出车辆段。

2. 行车组织工作主要岗位及职责简介

运营控制中心一般设置值班主任、行车调度员、电力调度员、环控调度员、维修调度员等岗位。车站实行层级负责制，包括站长、值班站长、行车值班员、车站客运服务人员等岗位。车辆段设置有车辆段调度员、信号楼值班员、调车长、调车员等岗位，车辆段行车作业由车辆段调度员统一指挥。表 1–4 所示为城市轨道交通行车组织工作主要岗位及职责。

表 1–4　城市轨道交通行车组织工作主要岗位及职责

<table>
<tr><th colspan="2">岗位</th><th>工作职责</th></tr>
<tr><td rowspan="5">运营控制中心</td><td>值班主任</td><td>负责统一协调和管理，完成调度指挥任务，协调解决运行中出现的问题；在非正常情况和应急情况下，决策并组织执行应急处置方案等</td></tr>
<tr><td>电力调度员</td><td>负责正线、车辆基地供电设备的监控、供电系统施工作业管理等</td></tr>
<tr><td>环控调度员</td><td>负责火灾报警系统的中心级监控，车站环控设备、隧道通风系统的中心级监控等</td></tr>
<tr><td>维修调度员</td><td>负责组织实施车站、正线及辅助线等设施设备的检查、维修，以及施工作业等</td></tr>
<tr><td>行车调度员</td><td>负责组织实施正线、辅助线的行车组织作业等，具体如下：
1. 检查各站执行列车运行图和行车相关施工计划的情况，及时发布行车命令和口头指示；在发布命令前，应准确了解掌握现场情况
2. 严格按列车运行图指挥行车，发生非正常情况或应急情况时，按照预案及时、准确处置，保障运营安全
3. 监控列车在车站到发、区间内的运行情况，及时、准确处理临时发生的问题，防止发生列车运行事故
4. 必要时可授权实行降级控制，保证列车运行安全</td></tr>
</table>

续表

岗位		工作职责
车站	站长	代表运营单位在车站行使属地管理权，组织领导车站员工开展工作
	值班站长	负责本班车站运营组织工作，服从运营控制中心调度员指挥，组织执行相关调度命令
	行车值班员	1. 开展车站行车组织工作，服从运营控制中心调度员指挥，执行相关调度命令 2. 负责操作、监控车站行车相关设施设备，注意乘客乘降，掌握车站客流情况，发现故障、异常情况时及时与调度员联系，按有关程序处理和报告 3. 负责车站施工作业登记及施工安全管理 4. 负责记录交接班事项和其他需要记录的事项
	站台巡视员	负责按站台接发列车规范接发列车，监视列车运行状态、乘客候车及上下车状态，提醒乘客注意安全，进行乘客疏导，及时处理站台区域发生的突发事件，及时主动为有需要的乘客提供服务
车辆段	车辆段调度员	统一指挥车辆段、车辆基地行车作业，负责日常运营和设备维修组织等工作，按管理制度和调车作业规程办理作业
	信号楼值班员	应按照车辆段调度员的指挥及接发列车计划、调车作业计划，准确及时准备进路，做好接发列车组织工作
列车	列车司机	负责正线、辅助线和车辆段内列车驾驶，安全、正点完成驾驶作业任务

三、行车组织工作主要内容

正常情况下，列车的运行处于中央自动监控状态。联锁系统根据 ATS 系统指令自动设置进路，列车在 ATP 系统的防护下，按照 ATS 系统指令由 ATO 系统自动驾驶，满足设定的行车、折返间隔和列车出入段等作业要求，并实现列车运行的自动调整。行车调度员仅监督列车运行和设备运转，当运行秩序被打乱而不能自动处理或遇到其他特殊情况时，进行人工介入。

行车组织工作按照业务范围不同，可分为车站行车作业组织、车辆段行车作业组织、施工作业组织、行车调度。

1. 车站行车作业组织

车站行车作业组织主要包括接发列车作业和列车折返作业。在接发列车和列车折返作业过程中，要监督行车设备运转状态，收集信息并上报运营控制中心，按照行车调度员命令调整列车运行，与列车司机执行联控措施。

在信号系统出现故障的情况下，车站可根据行车调度员的命令，被授权后，车站可采用自动控制或人工控制模式，准备列车进路，办理接发列车手续。在特殊要求或紧急情况下，车站可操纵车站控制室的综合后备盘（简称 IBP）和站台的紧急停车按钮，实现干预。

2. 车辆段行车作业组织

车辆段行车作业主要包括接发列车作业和调车作业。车辆段行车作业由车辆段调度员统一指挥，并由其负责车辆基地日常运营和设备维修组织等工作。车辆段的其他工作人员应服从车辆段调度员的指挥，按照各自职责开展工作。车辆段必须确保运用车状态良好，符合列车上线有关标准；备用车状态良好，停放在车辆段运用库指定位置，做好随时发车准备。

接发列车时，提前停止影响接发车进路的调车作业，灵活运用股道，做到正点发车、不间断接车、减少转线作业。发车前，信号楼值班员检查确认进路、道岔位置正确，影响进路的调车作业已经停止后，方可开放发车信号。接车前，信号接值班员检查确认接车线路空闲，进路、道岔位置正确，影响进路的调车作业已经停止后，方可开放接车信号。

调车作业是车辆段和折返站行车作业的重要内容，列车能否按列车运行图正点出发、运行与到达，线路通过能力能否得到充分利用，很大程度上取决于调车作业的组织。在车辆段，调车作业由车辆段调度员统一领导，由信号楼值班员指挥，根据调车作业计划单，正确、及时地显示信号。调车司机根据信号显示，准确、平稳地操纵机车，并时刻注意确认信号，不间断进行瞭望，确保作业安全。

3. 施工作业组织

城市轨道交通系统由线路、供电、通信、信号等多个设施设备系统组成，各个系统都要按照实际状况与检修周期进行维护、保养、检修、升级等施工作业，确保处于良好运营状态，保证行车安全。由于行车间隔短、列车开行密度大，施工作业在运营时间内无法进行，通常是在每天运营结束后进行，并且必须在次日运营开始前规定的时间结束。

夜间施工作业是城市轨道交通生产活动的重要组成部分，车站、区间、车辆段均有涉及。在地铁运营单位中，一般把施工作业分为三类：影响正线、辅助线行车的施工作业为A类；车辆段的施工作业为B类；车站、控制中心等范围内不影响行车的施工作业为C类。

由于施工作业集中在一个有限的时间、空间内完成，必须统一计划、统一指挥、统一组织、统一协调，处理好调度、车站、车辆段，以及行车、检修等各方面的关系。对于行车调度部门而言，既要按照批准的施工作业计划保证设备维修、线路扩建等施工任务顺利完成，又要保证次日运输服务能够正常进行。

4. 行车调度

行车调度是行车组织工作的具体化，行车调度工作机构设置在运营控制中心，具体实施行车调度工作的岗位是行车调度员。

行车调度工作遵守以下基本规则：

（1）指挥列车运行的命令和口头指示只能由行车调度员发布。

（2）行车调度员发布命令时，在车站由行车值班员或指定人员负责传达，在车辆段由车辆段调度员负责传达。

（3）行车调度员同时向多个车站行车值班员发布调度命令时，指定其中一名行车值班员复诵，其他行车值班员核对，确保无误。

当信号设备发生故障不能正常使用时，行车调度员发布调度命令停止基本闭塞法，采用电话闭塞法组织行车，列车司机以人工驾驶模式驾驶列车运行。当发生突发事件（如火灾）时，行车调度员按照应急预案开展工作。

第三节　行车组织技术发展沿革

自铁路诞生之日起，随着列车运行速度、发车频次不断提升，行车组织技术发展迅速。行车信号从以地面信号显示为主转向以车载信号显示为主，显示形式包括徒手、旗帜、气球、臂板、信号灯、仪表等。行车方法日新月异，经历人工闭塞、半自动闭塞、自动闭塞、准移动闭塞、移动闭塞等发展阶段。

一、行车信号的发展

铁路信号随着第一列火车在英国的出现而出现。早期的信号是十分简单的。现代信号借助电子工业的发展，使行车指挥系统走上自动化，列车运行也向着自动驾驶与自动控制发展。

1. 地面信号显示

1825 年，铁路在英国诞生，由于火车只能在固定的轨道上跑，为了防止追尾和相撞，最早的列车运行时，用一人持旗骑马前行，引导列车前进。这是最早的信号旗，也是铁路史上最早的信号。随着列车速度提高，这种方式很快被淘汰。

1841 年，英国人古利高发明了安装在一个高柱上的长方形臂板式信号机（见图 1–12a），以臂板放水平位表示停车，向下倾斜 45° 表示行进。早期的臂板式信号机由人站在机柱下扳动，以后改为将导线连到值班室进行操纵，减轻了工人劳动强度。我国铁路于 1907 年开始装设臂板式信号机。

1904 年，美国的东波士顿隧道里安装了世界第一架近射程的色灯信号机（见图 1–12c）。1914 年，美国的纽约、芝加哥等地铁路上安装了世界上第一批远射程的色灯信号机。1920 年，美国的波士顿和缅因铁路上装设了三显示的探照式色灯信号机。1924 年，我国铁路开始使用色灯信号机。

色灯信号机采用红、黄、绿、白、蓝等颜色的单个或组合色灯，表示相应的行车指令。在很长一段时间内，色灯信号机是铁路的主要信号显示方式。

除了色灯信号显示，还有手信号、徒手信号、音响信号和车载信号显示等几种显示方式应用在铁路和城市轨道交通中。手信号包括昼间使用的信号旗和夜间使用的手持信号灯（见图 1–12b）；徒手信号是指在列车救援或紧急情况下，未携带信号灯、信号旗时，使用拳头、单臂、双臂动作发出信号；音响信号包括鸣笛和口笛；车载信号显示（见图 1–12d）应用在列车自动控制系统中。

a）

b）

c）

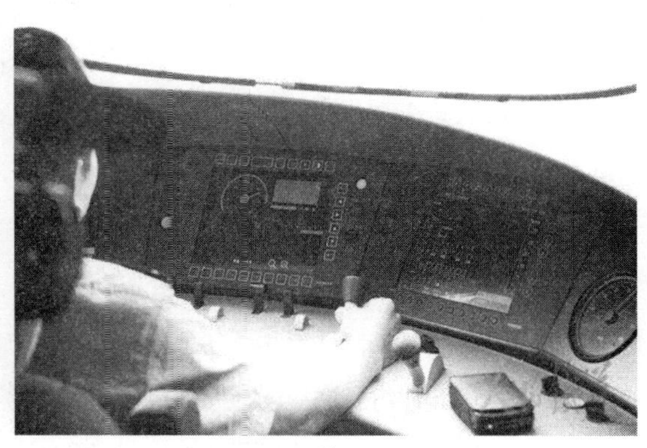

d）

图 1–12　几种信号显示方式

a）臂板式信号机　b）手持信号灯　c）色灯信号机　d）车载信号显示

2．机车信号显示、车载信号显示

地面信号向司机提供视觉信号，但由于地形和气候条件的影响，司机往往不能在规定的距离及时瞭望到前方信号机的显示，因而有产生冒进信号的危险。

1923 年，美国研制了车内信号，并于 1925 年正式应用于铁路，这便是最早的机车信号。机车信号将地面的视觉信号引入司机室，改善了司机的瞭望条件。但在“以地面信号机显示为主的显示制式”时期，机车信号一直处于辅助地位。机车信号采取色灯信号形式，复示列车运行前方地面信号机的显示，与地面信号机“显示相同”或“显示相符”。

随着列车的提速，地面信号机信号显示受显示方式、显示数目和显示距离等条件的限制，显然已经不适合高速行驶的列车，于是出现了满足列车控制系统高速行车要求的车载信号。车载信号不是复示列车运行前方信号机的显示，而是取代地面信号机；显示方式也不是色灯，而是数字化信息；显示的内容更加丰富，可以包括允许速度、实际速度、目标速度、目标距离、线路限速、制动能力等要素。

目前，我国高速铁路、地铁等普遍采用车载信号显示。地面信号显示只适用于列车运行速度 160 km/h 及以下的铁路。地铁车站、车辆段设置色灯信号机，在车辆段的行车作业和列车自动控制系统故障情况下，采用地面信号指示列车运行。

二、行车组织方法的发展

1. 时间间隔法与空间间隔法

（1）时间间隔法

在铁路发展初期，列车运行利用“时间间隔”保证行车安全，即每趟列车发出以后，间隔一段时间再发出后一列车，以防止列车相撞。采用这种行车方法时，追踪列车不能确切地得到前行列车的运行状况，所以并不能确保列车在区间的运行安全。正常情况下已不再使用。

列车按照事先规定好的时间由车站发车，使前行列车和追踪列车之间保持一定时间间隔的行车方法，称为时间间隔法。在铁路某些特殊条件下，如信号系统故障，且一切电话中断时，双线行车可使用时间间隔法，并只运行发送正方向的列车。

（2）空间间隔法

1842 年，英国人库克提出了空间间隔法，即先行列车与后续列车间隔开一定空间的运行方法。空间间隔法因为能较好地保证行车安全而被广泛采用，逐步形成铁路区间闭塞制度。

把线路划分为若干个段落（区间或分区），在每个段落内同时只准许一列列车运行，使前行列车和追踪列车之间必须保持一定距离的行车方法，称为空间间隔法。空间间隔法能严格地把列车分隔在两个空间，可以有效地防止列车追尾和正面相撞事故的发生，确保列车运行安全。空间间隔法是目前所采用的行车组织的基本方法，通常所说的闭塞就是基于空间间隔的闭塞方法。

2. 行车闭塞法的发展

闭塞是用信号或凭证保证运行列车之间保持安全追踪间隔的技术方法，是行车组织的基本方法。列车进入区间后，使之与外界隔离起来，区间两端车站都不再向这一区间发车，防止列车相撞和追尾，实现“一个区间（闭塞分区）内同一时间只允许一列车占用”的行车规则。闭塞方式经历了人工闭塞、半自动闭塞、自动闭塞、准移动闭塞、移动闭塞五个发展阶段。

（1）人工闭塞

人工闭塞包括电报闭塞、电话闭塞、电气路签（牌）闭塞。电话闭塞和电报闭塞是区间两端车站值班员用电话或电报办理行车联络手续，由发车站填制路票，发给司机作为列车占用区间凭证的行车闭塞法。城市轨道交通只在基本闭塞设备停用或发生故障时，将电话闭塞作为代用闭塞法使用。电气路签（牌）闭塞是以路签或路牌作为列车占用区间凭证的行车闭塞法，只在单线铁路早期使用。

（2）半自动闭塞

半自动闭塞是在区间两端车站各装设一台具有相互电气锁闭关系的半自动闭塞机，并以出站信号机开放显示为行车凭证的闭塞方法。列车出发离开车站时，出站信号机自动关闭，并使双方闭塞机处于“区间闭塞”状态，直到列车到达接车站办理到达复原时为止。半自动闭塞是我国单线铁路区间闭塞的主要类型。

（3）自动闭塞

自动闭塞是利用通过信号机把区间划分为若干个装设轨道电路的闭塞分区，通过轨道电路将列车和通过信号机的显示联系起来，使信号机的显示随着列车运行位置而自动变换的一种闭塞方法。由于自动闭塞把区间划分成更小的闭塞分区，可用更小的运行间隔时间开行追踪列车，从而大大提高通过能力和行车效率。

自动闭塞按照信号显示制度不同，可分为三显示自动闭塞、四显示自动闭塞和多显示自动闭塞。多显示自动闭塞往往由于地面信号机不具备多显示的条件，以车载信号显示为主。

（4）准移动闭塞

人工闭塞、半自动闭塞、自动闭塞均属于固定闭塞。准移动闭塞可以告知后续列车继续前行的距离，后续列车可根据这一距离合理地采取减速或制动，列车制动的起点可延伸至保证其安全制动的地点，从而可改善列车速度控制，缩小列车安全间隔，提高线路利用效率。但准移动闭塞中后续列车的最大目标制动点仍必须在先行列车占用分区的外方，并没有完全突破轨道电路的限制。准移动闭塞是一种介于固定闭塞和移动闭塞之间的闭塞方式。

（5）移动闭塞

采用移动闭塞时，通过车载设备和轨旁设备不间断的双向通信，控制中心可以根据列车实时的速度和位置动态计算后续列车的最大制动距离。移动闭塞取消了通过信号机分隔的固定闭塞分区，前后两列列车运行的最小空间间隔不再是固定的，闭塞分区随着列车的行驶，不断地移动和调整。两个相邻的移动闭塞分区就能以很小的间隔同时前进，使列车能以较高的速度和较小的间隔运行，从而提高运行效率。城市轨道交通主要采用移动闭塞法行车。

随着计算机技术快速发展，列车运行正向着自动控制和自动驾驶的方向发展，行车组织也正进一步向着集中化、自动化、智能化方向迈进。

思考与练习

1. 行车组织的原则有哪些？
2. 行车组织工作的一般要求有哪些？
3. 什么是闭塞？闭塞方式有哪几种？
4. 查阅中国城市轨道交通协会官方网站上的年度统计年报，获取以下数据：开通城市轨道交通的城市数、运营线路数、运营线路总长度、不同制式运营线路长度、日均实际开行列次、平均运行速度、高峰小时最短发车间隔。

第二章　行车组织基础设备

学习目标：

◆ 能够列举城市轨道交通行车组织的基础设备。

◆ 能够描述城市轨道交通轨道、限界、线路、车站、车辆、列车、车辆段、综合基地、信号机、轨道电路、联锁设备、自动控制系统、供电系统、通信系统和车站设备综合监控系统的定义、作用、基本结构和工作原理。

◆ 能够正确使用行车组织的基础设备。

行车组织的基础设备是城市轨道交通组织列车运行的基础。近年来，由于城市轨道交通设备故障导致的各类突发事件和交通事故时有发生，严重影响了城市轨道交通运营安全。

设备故障是指因设备质量原因或操作不当导致设备无法正常使用，必须人工干预或维修的事件。一般故障将造成短时间的列车运行秩序混乱，部分列车运行延误；严重故障则会导致事故的发生，以及较长时间的运营中断，严重影响系统运营可靠性。

为了保障列车有序、高效、安全运行，要充分了解行车组织的基础设备，它们主要包括轨道与线路、道岔、车辆、车站与车辆基地、信号系统、辅助设备等。

第一节　轨道与线路

线路是城市轨道交通的重要组成部分，是列车运行的基础，由路基、桥隧建筑物和轨道三部分组成。轨道作为线路的上部结构，其主要作用在于引导列车安全、快速、平稳地沿着路线延伸的方向运行，把列车的重力及列车在运行过程中所产生的冲击力均匀地传递给路基或桥隧等建筑物或构筑物。

为了确保列车按规定速度安全、平稳和不间断地运行，保证轨道交通部门高质量完成乘客运输任务，时刻保持线路的完好状态是非常必要的。

一、轨道

轨道一般由钢轨、轨枕、道床、连接零件、防爬设备等组成（见图 2–1）。轨道是一个整体性工程结构，经常处于列车运行的作用力作用下，所以它的各组成部分均应具有足够的强度和稳定性，以便保证列车按照规定的最高速度，安全、平稳和不间断地运行。

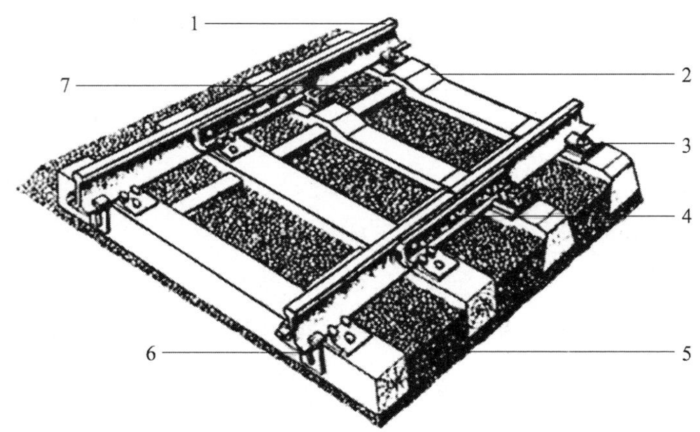

图 2-1　轨道基本组成

1—钢轨　2—轨枕　3—扣件　4—钢轨接头　5—道床　6—防爬器　7—防爬撑

注：图中画了多种类型的轨枕、扣件等，仅用于示例，并非现场线路中的实际使用情况。

1. 钢轨

钢轨是轨道的主要组成部分，用以支撑列车质量并引导车轮的运行方向，这就要求钢轨有足够的刚度、韧度和硬度。

为了使钢轨具有最佳的抗弯性能，钢轨的断面形状采用“工”字形，由轨头、轨腰和轨底组成（见图 2-2）。

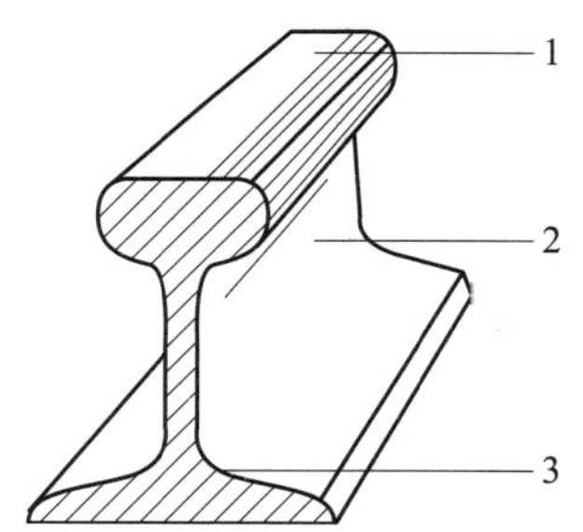

图 2-2　钢轨断面结构

1—轨头　2—轨腰　3—轨底

在我国，钢轨的类型以每米质量的近似值表示，单位为 kg/m，城市轨道交通所使用的钢轨有 50 kg/m 和 60 kg/m 两种。正线及辅助线选用的钢轨应根据近、远期客流量，并经技术经济综合比较确定，宜采用 60 kg/m 钢轨，也可采用 50 kg/m 钢轨。车场线宜采用 50 kg/m 钢轨。

目前我国钢轨的标准长度有 25 m 和 12.5 m 两种，传统的钢轨连接安装法是把一节一节的钢轨固定在轨枕上，各节钢轨之间的接头（称为钢轨接头，也称接缝）通常使用鱼尾板和螺栓接合。较新的钢轨连接安装法是持续焊接钢轨，使原本一节一节的钢轨经焊接后成为无缝钢轨或长钢轨。

2. 轨枕

轨枕是轨道的基础部件，它承垫于钢轨之下，将钢轨所承受的质量平均传递到道床上，同时又能有效地保持钢轨轨距和方向的稳定性。

轨枕按照制作材料不同，主要有木枕和钢筋混凝土枕两种。木枕（见图 2–3）具有弹性好、形状简单、加工容易、质量轻、铺设和更换方便等优点。主要缺点是消耗大量木材，使用寿命较短。经过防腐处理的木枕一般可用 15 年左右。为了保护生态平衡和森林资源，木枕的使用将越来越受限制。钢筋混凝土枕（见图 2–4）使用寿命长、稳定性能高、养护工作量小、材料来源较广，不仅可以节省大量木材，还有利于提高轨道的强度和稳定性，所以在城市轨道交通领域得到广泛采用。

图 2–3　木枕

图 2–4　钢筋混凝土枕

普通轨枕的长度为 2.5 m，道岔用的岔枕和钢桥上用的桥枕长度有 2.6 ～ 4.85 m 多种。

每千米线路上铺设轨枕的数量应根据运量及行车速度等运营条件确定，一般为 1 520 ～ 1 840 根。轨枕根数越多，轨道强度越高。

3．道床

道床是指路基、桥梁或隧道等下部结构之上，钢轨、轨枕之下的碎石、卵石层或混凝土层。它是钢轨或轨道框架的基础。

道床的主要作用是支撑轨枕，把来自轨枕上部的巨大荷载均匀地分布到路基面上，起到固定轨枕位置的作用，阻止轨枕纵向或横向的移动。

道床一般分为碎石道床、整体道床、沥青道床及其他道床等几类。城市轨道交通地面线多采用碎石道床，隧道线和高架线多采用整体道床。

（1）碎石道床

碎石道床（见图 2–5）又称有砟道床，通常是指轨枕下面、路基上面铺设的石砟垫层，是一种常见的道床形式。

碎石道床可以使轨道具有一定的弹性，有利于列车的平稳运行，此外还有容易排水、方便调校轨道位置的优点。其缺点是容易因行车作用而移位，道床上易滋生杂草，保养维护成本较高。

（2）整体道床

整体道床（见图 2–6）又称混凝土整体道床，也称无砟道床，是现代城市轨道交通中常用的道床形式。整体道床具有维护工作量小、结构简单、整体性强及表面整洁等诸多优点，但另一方面，由于整体道床是连续现浇的混凝土，一旦基底发生沉陷，修补极为困难。因此，对整体道床的设计和施工质量要求较高，同时也应将整体道床尽可能铺设于隧道内或石质路基等坚硬的基础之上。

图 2–5　碎石道床

图 2–6　整体道床

（3）沥青道床

沥青道床是指为了改善普通碎石道床的散体特性而加入乳化沥青或沥青砂浆使其稳定的一种道床轨道结构形式。其整体性强、弹性好，能增加线路强度，提高道床稳定性，减少线路的维修工作量，但是对沥青材料的性能要求比较高，必须配合使用能大幅度调整轨距及轨面高低的扣件。

（4）其他道床

随着城市轨道交通的发展和城市对环境要求的不断提升，原有的一些道床形式已经不太适应城市的发展和需求，于是各国开始不断研制和改进道床结构，出现了一些可以满足新发展、新需求的道床形式，如减振浮动道床。

4. 连接零件

连接零件包括接头连接零件和中间连接零件两类。

接头连接零件是用来连接钢轨与钢轨之间的接头的，包括夹板、螺杆、螺母和弹性垫圈等（见图 2–7）。钢轨接头处必须保持一定的缝隙，这一缝隙叫作轨缝。当气温发生变化时，轨缝可满足钢轨的自由伸缩。钢轨接头是线路上最薄弱的环节，它使行车阻力和线路维修费用显著增加，是线路维修工作的重点。

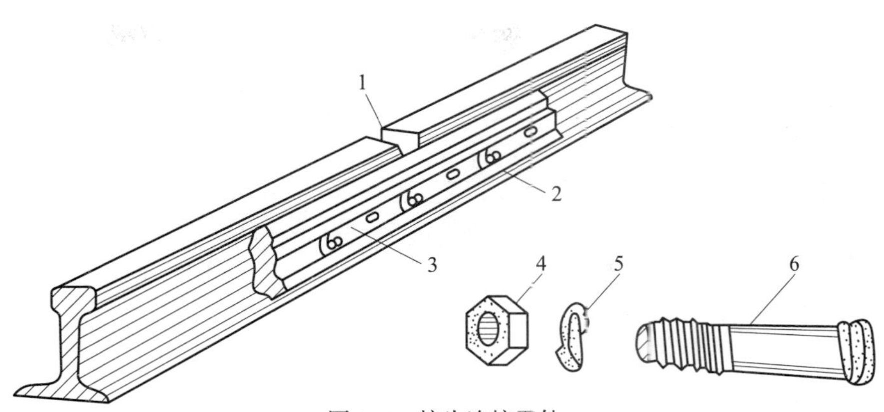

图 2–7　接头连接零件

1—轨缝　2—螺栓　3—夹板　4—螺母　5—弹性垫圈　6—螺杆

中间连接零件又称扣件，作用是将钢轨紧扣在轨枕上。中间连接零件因轨枕的不同，有钢筋混凝土枕用扣件和木枕用扣件两类。木枕用扣件包括普通道钉和垫板。垫板置于轨底与木枕之间，目的在于增加木枕与轨底的接触面积，使木枕经久耐用。同时，由于它的顶面做成 1∶40 的斜度，使线路上的钢轨具有适当的内倾度（叫作轨底坡），有利于防止和减轻轮对的蛇行运动。钢筋混凝土枕用扣件有扣板式扣件（见图 2–8）、拱形弹片式扣件和 ω 形弹条式扣件（见图 2–9）三种。ω 形弹条式扣件不仅比前两种使用的零件少，结构简单，而且弹性好，扣压力最大，因此在轨道交通中被大量采用。

图 2–8　扣板式扣件

图 2–9　ω 形弹条式扣件

5. 防爬设备

列车运行时常常产生作用在钢轨上的纵向力，使钢轨做纵向移动，有时甚至带动轨枕一起移动，这种纵向移动叫作轨道爬行。列车速度越高，轴重越大，轨道爬行就越严重。轨道爬行往往引起轨缝不匀、轨枕歪斜等线路病害，对轨道的破坏性极大，严重时还会危及行车安全，必须采用有效措施加以防止。通常的做法是加强钢轨与轨枕间的扣压力和道床阻力，或是设置防爬撑（见图 2–10）和防爬器（见图 2–11）等防爬设备。

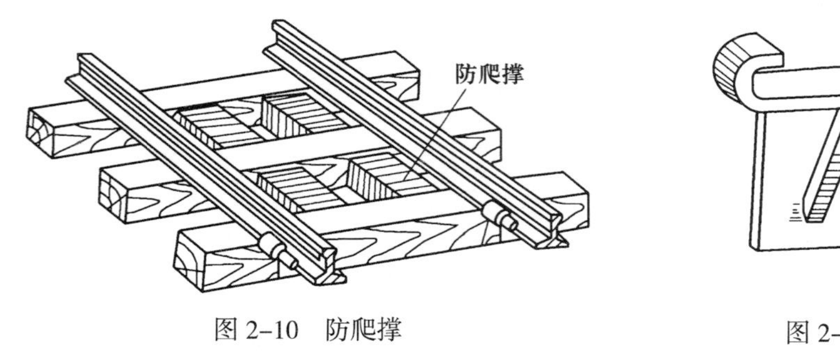

图 2-10　防爬撑

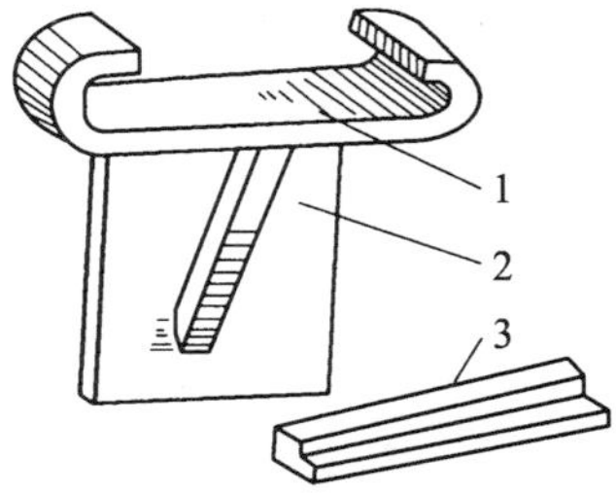

图 2-11　防爬器

1—轨卡　2—撑板　3—穿销

在直线地段，由于列车纵向力的作用，轨枕可能被拉斜。预防方法是将防爬器与防爬撑配合使用。

在曲线地段，由于列车横向力的作用，很容易引起轨距扩大。预防方法是采用轨距拉杆进行加固（见图 2-12）。

图 2-12　轨距拉杆加固

二、限界

限界是指列车沿固定的轨道安全运行时所需要的空间尺寸。城市轨道交通车辆在隧道内或高架上运行，一方面，隧道或高架要有足够的空间供车辆通行，同时还要配置线路结构以及通信、信号、供电、给排水等设备；另一方面，为了确保列车安全运行，凡接近城市轨道交通线路的各种建筑物及设备，必须与线路保持一定的距离。因此，限界主要分为车辆限界、设备限界、建筑限界、受电弓限界等，起控制作用的主要是设备限界和建筑限界。限界越大，安全度越高，但工程量和工程投资也随之增加。因此，确定合理限界既要考虑保证列车运行的安全，又要考虑系统建设成本。图 2-13 所示为矩形隧道限界示意图。

1. 车辆限界

车辆轮廓线依据车辆横剖面包络而成，是设计地铁限界的基础资料。

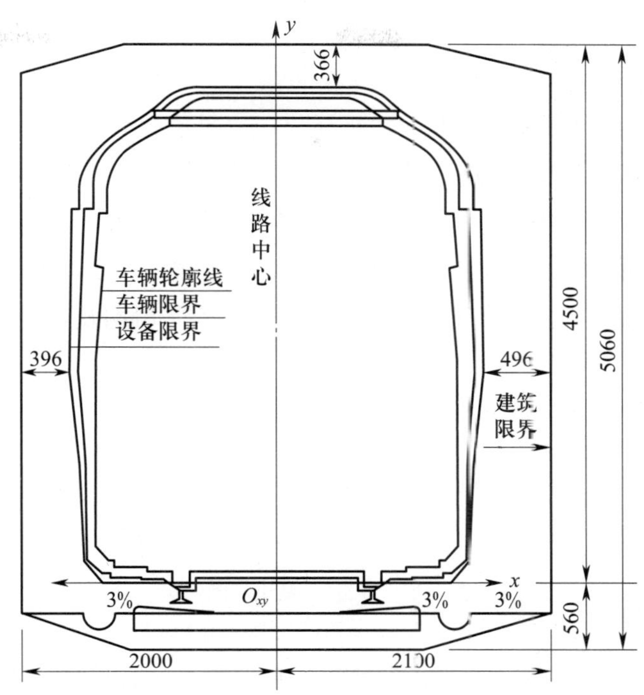

图 2–13　矩形隧道限界示意图

车辆限界是车辆在正常运行状态下所形成的最大动态包络线，用以确定车辆、站台和站台门的相关尺寸。

车辆限界与车辆轮廓线之间，必须留出一定的、确保行车安全所需的空间，这个空间考虑了以下因素：

（1）车辆制造公差引起的上下、左右方向的偏移或倾斜。

（2）车辆在名义载荷作用下弹簧受压引起的下沉，以及弹簧由于性能误差可能引起的超量偏移或倾斜。

（3）由于各部分磨耗或永久变形而造成的车辆下沉，特别是左右侧不均匀磨耗或变形而引起的车辆倾斜与偏转。

（4）由于轮轨之间以及车辆自身各部分存在的横向间隙而造成的车辆与线路间的偏移。

2. 设备限界

设备限界是用以限制设备安装的控制线，是车辆在故障运行状态下所形成的最大动态包络线。按照所处地段类型不同，设备限界可划分为直线设备限界和曲线设备限界。直线设备限界是在直线地段车辆限界外扩大一定安全间隙后形成。曲线设备限界应在直线设备限界基础上，按平面曲线不同、过超高或欠超高引起的横向和竖向偏移量，以及车辆、轨道参数等因素计算确定。

3. 建筑限界

建筑限界是位于设备限界以外的一个轮廓线，是在设备限界基础上满足设备和管线安装尺寸后的最小有效断面。它规定了地下隧道的形状、尺寸、位置，地下车站及站台的位置，以及地面建筑物（包括接触网支柱、声屏障和站台门等）的位置。

建筑限界和设备限界之间的空间，应能安排各种电缆线、消防水管及消火栓、动力照明箱、信号箱及信号灯、照明灯、扩音器、通风管、架空接触网及其固定设备或接触轨及其固定设备等。

三、线路

城市轨道交通线路是城市轨道列车运行的道路设施，是城市轨道交通系统的基本组成部分。线路的设计必须满足行车安全、线路平顺与养护方便等要求，保证舒适度，并符合有关设计规范的要求。

1. 线路设计原则

线路设计是城市轨道交通整个工程设计的“龙头”，它把握着项目的总体布局。因此，要想合理设计城市轨道交通线路，必须遵循以下原则：

（1）整体性原则

从城市交通规划的整体布局来看，城市轨道交通线路的设计要以城市整体规划为基础，综合分析轨道交通的施工和运营对人们出行和城市交通环境等方面的影响，为城市轨道交通网的建立创造条件。

（2）估算客流量原则

在城市轨道交通线路设计的过程中，要通过估算所在城市的大致客流量，并结合具体的情况进行线路设计。

（3）轨道线路走向原则

在进行城市轨道交通线路走向的设计时，应该尽量使得轨道交通途经的地区为城市人流量大的地区，并且交通站点的位置应尽量选择城市交通的枢纽，从而满足更多人的出行需求。

（4）交通协调原则

在进行城市轨道交通线路设计时，由于考虑的因素众多，因此协调性显得非常关键，要综合各种交通方式的相交线路和基本的交通建设条件，通过现场勘查制定最优的轨道交通线路设计方案，从而达到各个交通线路顺畅运营的目的。

2. 线路分类

按在运营中的作用不同，城市轨道交通线路可以分为正线、辅助线和车场线。

（1）正线

正线是指连接所有车站，贯穿运营线路始、终点，供车辆载客运营的线路。城市轨道交通正线是独立运行的线路，一般按双线设计，分为上行正线和下行正线，采用右侧行车制。大多数线路为全封闭线路，与其他交通线路相交处一般采用立体交叉。

（2）辅助线

辅助线是为保证正线运营而配置的线路，是为列车进行折返、停放、检查、转线及出入段作业所设置的线路。辅助线包括折返线、渡线、联络线、停车线、出入线、安全线等。

1）折返线。折返线是在线路两端终点站或准备开行折返列车的区间站设置的，供运营列车往返运行时掉头的线路。

城市轨道交通线路一般都较长，全线的客流分布不太均匀，这时可组织区段运行。区段运行是指列车根据运行调度的要求，在尽端站与中间站或中间站与中间站之间进行列车折返掉头。因此，在这些地方需要设置折返线，折返线的形式应能满足折返能力的要求。折返线除了供运营列车往返运行时掉头转线使用外，有些也可以用于夜间存车。图 2–14 所示为常见的折返线形式。

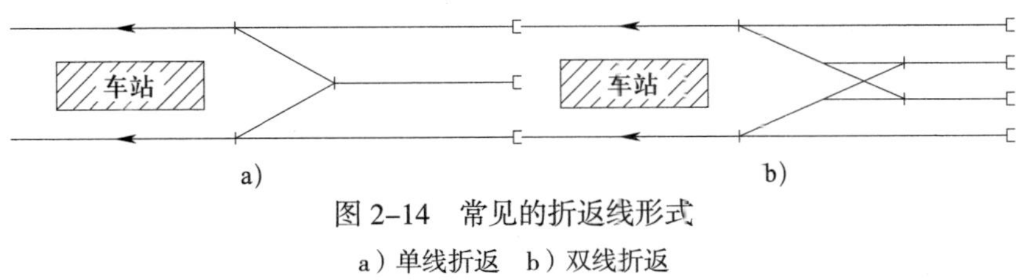

图 2–14　常见的折返线形式

a）单线折返　b）双线折返

2）渡线。渡线是指用道岔将线路上行线、下行线及折返线连接起来的线路，它可以使列车掉头、倒车甚至驶入对向轨道，以避开障碍物。渡线有单渡线和交叉渡线两种。渡线单独设置时，用来临时折返列车，增加运营列车调度的灵活性。渡线与其他辅助线合用时，能完善或增强其他辅助线的功能。图 2–15 所示为常见的渡线形式。

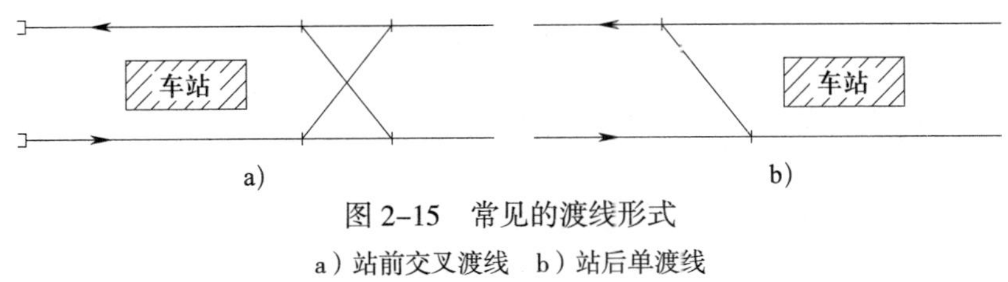

图 2–15　常见的渡线形式

a）站前交叉渡线　b）站后单渡线

3）联络线。联络线是轨道交通线路之间为调动列车等作业方便而设置的连接线路，主要是两条正线间的连接线（见图 2–16）。

联络线连接的轨道交通线往往不在一个平面上，因此有较大的坡度与较小的曲线半径，列车运行速度不可能很高。如果在地下建设联络线，施工难度较大，投资也随之加大。

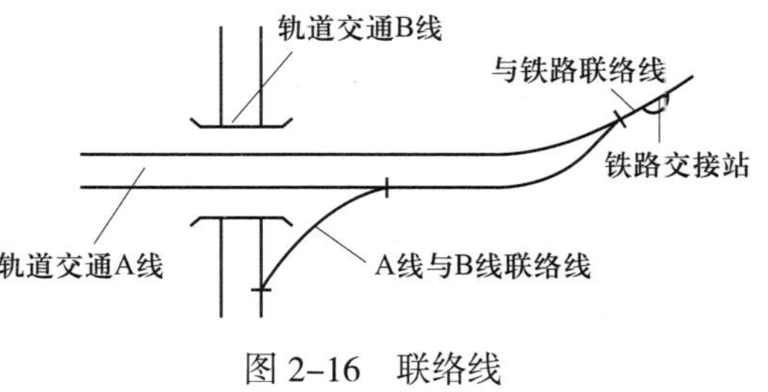

图 2-16　联络线

4）停车线。停车线一般设置在终点站或区间车站，专门用于停放列车，并可进行少量检修作业。在正线运营过程中，列车运行间隔通常很小，如出现非正常情况，为使故障列车能及时退出正线而不影响后续列车运行，通常每隔 3 ~ 5 个车站应加设停车线和渡线。

5）出入线。为保证运行列车的停放和检修，在城市轨道交通沿线适当的位置应设置车辆段。车辆段与正线连接的线路为车辆段出入线，是车辆段与正线之间的联络通道。出入线可以设计为单线或双线，与城市道路的交叉处可采用平交或立交，具体方案要根据远期线路通过能力确定。图 2-17 所示为车辆段出入线的三种典型形式。

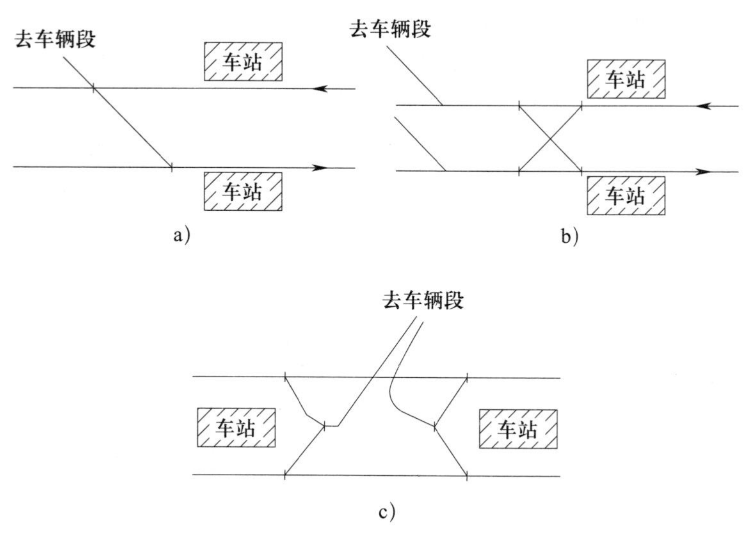

图 2-17　车辆段出入线的三种典型形式

6）安全线。为防止在车辆段出入线、折返线上行驶的列车未经允许进入正线，与正线列车发生冲突事故，在无其他列车运行隔开设备的情况下应设安全线，以保证列车安全、正常运行。安全线长度一般不小于 40 m。例如，当出入线上的列车在进入正线前需要一度停车，且停车信号机至警冲标之间的距离小于列车制动距离时，应设安全线（见图 2-18）。

（3）车场线

车辆段、停车场都是由许多线路相互连接组成的，这些相互连接组成车场的线路就是车场线。车场线因其功能不同，又分为停车线、检修线、洗车线、试车线等。

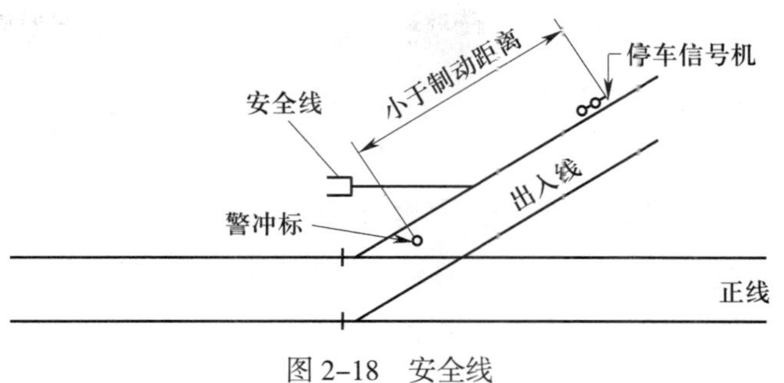

图 2-18　安全线

3. 线路平面、纵断面

线路在空间的位置是用线路中心线表示的，线路中心线是指距外轨半个轨距的铅垂线与两路肩边缘水平连线交点的纵向连线。线路中心线在水平面上的投影称为线路平面，表明线路的直、曲变化状态；线路中心线展直后在铅垂面上的投影称为线路纵断面，表明线路的坡度变化。

（1）线路平面

线路平面由直线、圆曲线以及连接直线与圆曲线的缓和曲线组成。

1）圆曲线。城市轨道交通线路在转向时所形成的曲线通常为圆曲线。曲线的设置虽然可以满足客流的需要，绕避各种障碍，适应线路走向，减少工程量，缩短工期，降低工程造价，但也会对列车运行造成阻力增大和限制行车速度等不良影响。

列车通过曲线时，由于惯性力的作用，外侧车轮轮缘挤压外轨，摩擦增大；同时还由于外轨长于内轨，内侧车轮在轨面上滚动时产生相对滑动，给运行中的列车带来一种附加阻力，称为曲线阻力。曲线半径越小，列车质量越大，曲线阻力就越大，因此，必须有一定限制。表 2-1 所示为线路平面的最小曲线半径要求。

表 2-1　线路平面的最小曲线半径要求　m

线路		一般情况		困难情况	
		A 型车	B 型车	A 型车	B 型车
	$v \leqslant 80$ km/h	350	300	300	250
	80 km/h $< v \leqslant$ 100 km/h	550	500	450	400
联络线、出入段 / 场线		250	200	200	150
车场线		150	110	110	80

2）缓和曲线。为保证列车安全，使线路平顺地由直线过渡到圆曲线或由圆曲线过渡到直线，避免离心力的突然产生和消除，常需要在直线与圆曲线之间设置一条曲率半径变化的曲线，这条曲线称为缓和曲线，图 2-19 所示为缓和曲线示意图。

在缓和曲线范围内，其半径由它所衔接的圆曲线半径渐变到无穷大（或相反），从而使车辆产生的惯性力逐渐减小（或增加），使行车更加平稳。

3）夹直线。在线路平面中，两条相邻曲线也不能直接相连。这是由于运行中的列车同时跨越两条曲线，会引起车辆左右摇摆，影响列车运行安全性和乘客乘车舒适度。为了提高列车运行安全性，改善乘客乘车舒适度，在这两条相邻曲线的缓和曲线之间需要一条直线来连接。连接这两条相邻曲线的直线叫作夹直线。

正线及辅助线上两相邻曲线间的夹直线长度不宜小于 25 m，困难情况下不得小于一节车的全轴距，车场线上的夹直线长度不得小于 3 m。

（2）线路纵断面

线路纵断面由平道、坡道及设于变坡点处的竖曲线组成。

1）坡道。坡道的陡与缓常用坡度来表示。坡度是指坡道线路中心线与水平夹角的正切值，坡道坡度的大小，业内通常是用千分率来表示（见图 2-20）。

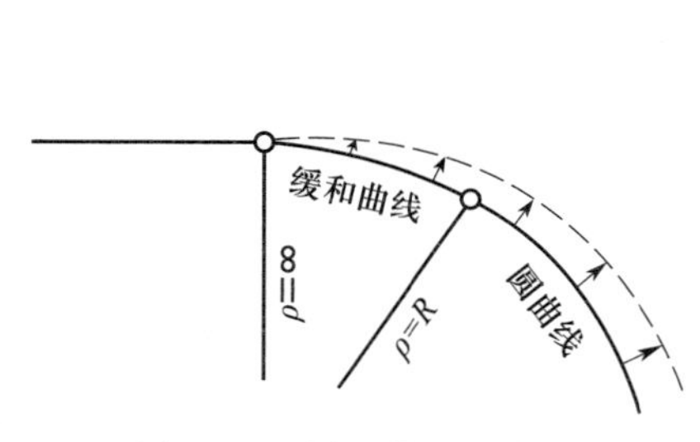

图 2-19　缓和曲线示意图

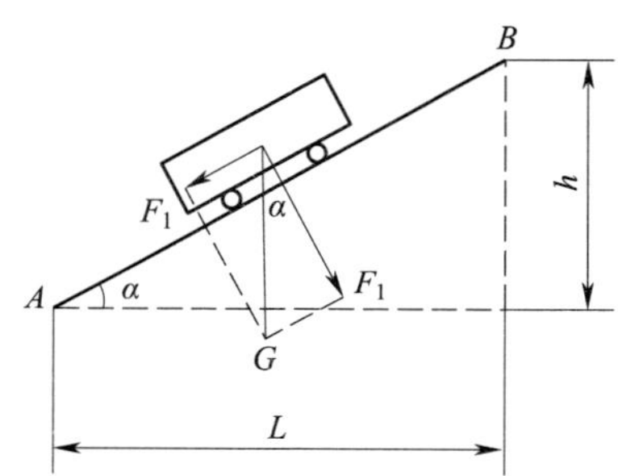

图 2-20　坡度与坡道阻力示意图

即：

$$i=\frac{h}{L}=\tan\alpha$$

式中　i——坡度值；

α——坡道段线路中心线与水平线的夹角。

列车在坡道上运行时，会受到由坡道引起的阻力，称为坡道附加阻力。

列车上坡时，坡道阻力规定为正值；下坡时，为负值。坡度越大，列车上坡时的坡道阻力也就越大，同样牵引动力（在列车运行速度相同的条件下）所能牵引的列车质量也就越小。

为了在列车牵引功率一定、运行速度一定的条件下，确保列车运力一定，在设计线路纵断面时要对线路的最大坡度进行限制，即设定最大坡度。正线的最大坡度不宜大于 30‰，困难地段可采用 35‰，联络线、出入段的最大坡度不宜大于 40‰。

为了满足纵向排水需要，还需设定最小坡度。隧道内和路堑地段正线的坡度一般不小于 0.3%。隧道内折返线和停车线既要保持隧道内最小的排水坡度，又需满足停放车辆和检修作业的要求。地面和高架桥上的正线在采取了排水措施后不受此限制。

2）变坡点。平道与坡道、坡道与坡道的交点，称为变坡点。列车经过变坡点时，坡度突然变化，车钩内产生附加应力。坡度变化越大，附加应力越大，容易造成断钩事故（见图 2–21）。为了保证列车运行的平稳和安全，规定相邻坡段的坡度代数差大于 2‰时，应以竖曲线连接（见图 2–22）。

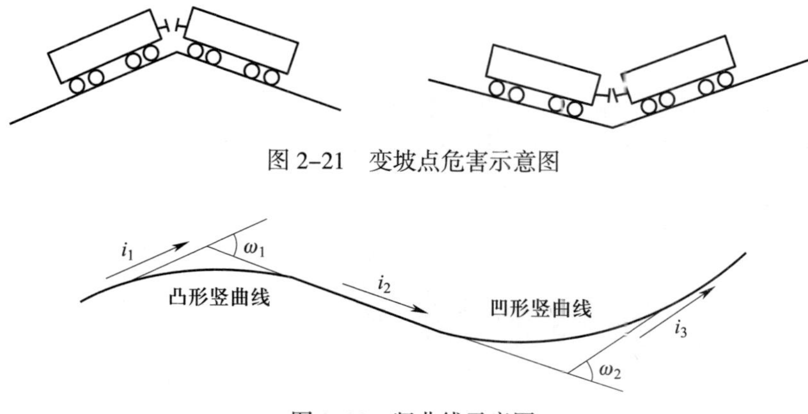

图 2–21　变坡点危害示意图

图 2–22　竖曲线示意图

4. 线路标志

线路标志是地铁线路上所设的表示建筑物和设备状态或位置，以及地铁各级管理机构管界范围的标志。常见的线路标志有以下几种：

（1）百米标（千米标）

百米标（千米标）设在列车运行方向的线路右侧，表示正线每百米（或每千米）距离该线路起点的长度。

百米标表示方法是“百米数＋米”，如果百米标上面的数字如图 2–23 所示，即 26 百米 +40 米，表示长度为 26 × 100+40=2 640 m，即此位置距离该线路起点的距离为 2 640 m。千米标表示方法是“千米数＋米”，如果千米标上面的数字如图 2–24 所示，即 15 km+243 m，表示长度为 15 × 1 000+243=15 243 m，即此位置距离该线路起点距离为 15 243 m。

图 2–23　百米标示例图　　图 2–24　千米标示例图

（2）曲线标

曲线标设在曲线中点处列车运行方向右侧，上面标明圆曲线、缓和曲线和曲线半径，以及外轨超高与轨距加宽度（见图 2–25）。

圆曲线和缓和曲线始、终点标设于直线与缓和曲线、圆曲线与缓和曲线的连接处，表明缓和曲线的起点与终点。该标上分别写有“直缓、缓圆、圆缓、缓直”字样。

（3）坡度标

坡度标设在线路坡度和变坡点处列车运行方向右侧，标明其所朝方向的上、下坡坡度值及其长度。如图 2–26 所示的坡度标表示坡度为 3‰的下坡道，坡长为 560 m，变坡点在 12 125 m 处。

图 2–25 曲线标示例图

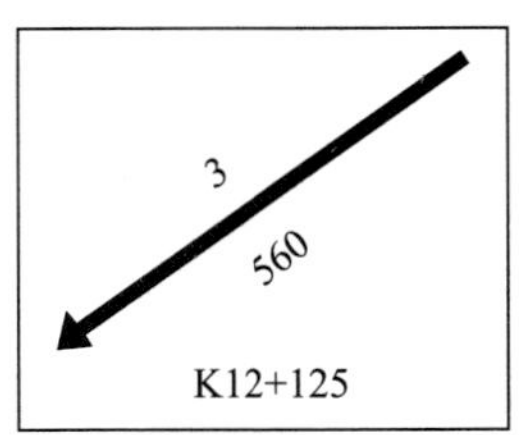

图 2–26 坡度标示例图

第二节 道 岔

列车、车辆等在运行过程中，常常需要由一条线路转入另一条线路，或跨越其他线路，就需要设置线路的连接、交叉设备，即道岔。地铁线路采用双线，中间站不设配线，很少有交叉和连接存在，在车站、车辆段范围设置道岔较多。

一、道岔设置的原则

1. 道岔应尽量设置在直线地段。
2. 道岔宜靠近车站设置。
3. 道岔的钢轨类型不得低于线路上的钢轨类型。
4. 正线和辅助线上采用的道岔号数不得小于 9 号。
5. 车场线采用的道岔一般为 7 号道岔。

车辆段道岔的号数较小，是由于车辆段作业区车速低，同时可以少占地，节约投资。

二、道岔的结构和工作原理

1. 道岔的结构

道岔由转辙部分、连接部分、辙叉部分组成。以普通单开道岔为例，道岔的结构如图 2–27 所示。

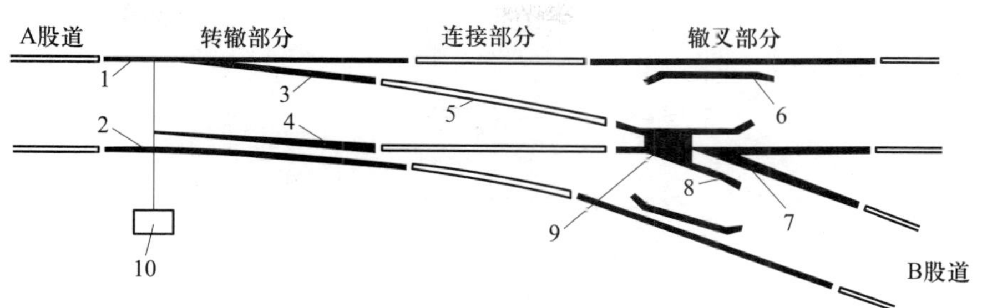

图 2-27 普通单开道岔示意图

1、2—基本轨 3、4—尖轨 5—导曲线轨 6—护轨 7—辙叉心 8—翼轨 9—有害空间 10—转辙机械

（1）转辙部分

转辙部分由两根尖轨、两根基本轨、连接零件及转辙机械组成。转辙部分可通过尖轨的平移，实现列车安全转线的目的。其开通方向分为定位和反位，原则上通往直线方向为定位，通往曲线方向为反位。如图 2-28 所示，Ⅰ股道在道岔 W201 的曲线方向（侧股方向），Ⅱ股道在其直线方向（直股方向），若道岔 W201 开通Ⅰ股道方向，则称道岔开通反位；开通Ⅱ股道方向，则称道岔开通定位。

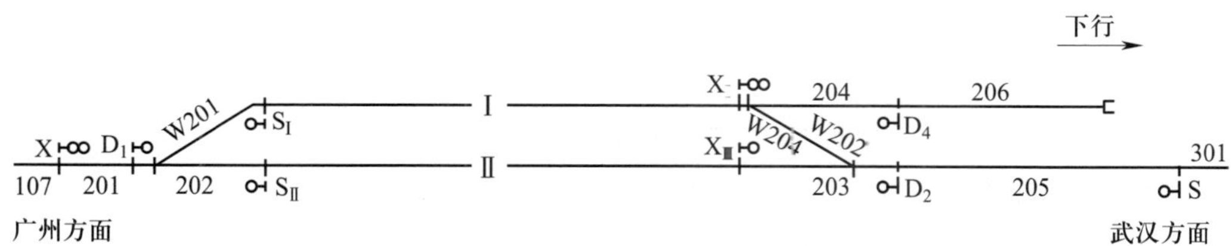

图 2-28 道岔开通方向示意图

（2）连接部分

连接部分由两根导轨、两根基本轨组成，它将转辙部分和辙叉部分连成一组完整的道岔。

（3）辙叉部分

辙叉部分由辙叉心、翼轨、护轨等组成。如图 2-29 所示，翼轨的最窄处到辙叉心的最尖端之间有一个空隙，存在轨线中断不连续的情况，形成一个有害空间。车轮通过此处时，有可能因走错辙叉槽而引起脱轨。因此，可在辙叉两侧设置护轨，严格保证车轮过渡过程安全顺利地完成。如果没有护轨，当车轮迎尖轨驶来时，轮缘将猛烈撞击辙叉心的尖端，破坏辙叉心，甚至误入异线造成脱轨。护轨还能牵制轮对的另一侧车轮，迫使车轮按规定的路径行驶。

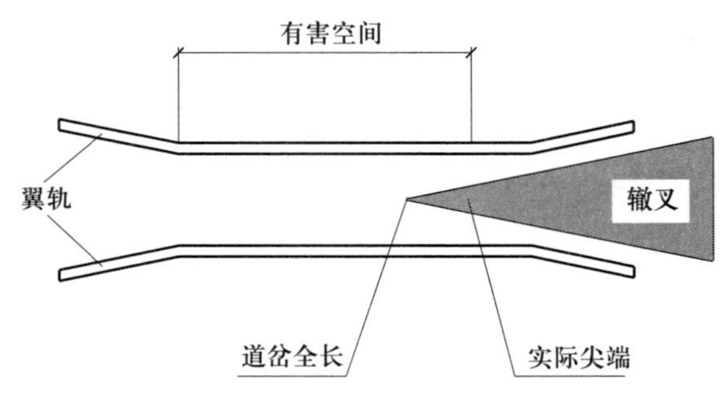

图 2–29　道岔有害空间示意图

2. 道岔的工作原理

如图 2–27 所示，当机车车辆要从 A 股道转入 B 股道时，操纵转辙机械使尖轨移动位置，尖轨 3 密贴基本轨 1，尖轨 4 脱离基本轨 2，这样就开通了 B 股道，关闭了 A 股道，机车车辆进入连接部分沿着导曲线轨过渡到辙叉和护轨单元。

正常使用时道岔采用遥控操作、电气锁闭；故障情况时，道岔采用现场手摇、人工锁闭。一般来说，道岔的操作由扳道员专人负责，在没有扳道员的车站可以由站长指定能够胜任该工作的其他人员进行操作。

知识窗

道岔使用规定

1. 正常情况下的操作：遥控操作、电气锁闭

正常情况下，由车站值班员通过 ATS 工作站对管辖道岔进行监护，实时监控本班工作中车站 ATS 工作站的状况，发现故障及异常情况应及时汇报并做相应处理。

运营前检查时，确认施工结束、设备恢复正常后，需对道岔、进路、信号机进行测试，确认 ATS 工作站运作正常。

道岔根据建立进路的要求而自动工作，其动作必须满足下列条件：

（1）道岔区段空闲，有车不能转（区段没有锁闭）。

（2）进路在解锁状态（进路没有锁闭）。

（3）值班员操作：进路操纵或单独操纵（一般单独操纵只在试验时用）。

（4）道岔一经启动，必须转到底，并锁在所处位置。

（5）道岔转不到底（有异物等）可以反转回原来位置，以防电动机过载，不允许道岔处于四开状态。

（6）道岔转换结束，自动切断电动机电路。

（7）道岔被挤，应有挤岔表示。

2. 故障情况下的操作：现场手摇、人工锁闭

故障情况下，由车站值班员、站务员2人组成现场组在行车调度员、车控室的指挥下到线路现场，运用“手摇道岔六部曲”的方法扳动道岔到指定方向。

三、道岔的分类

道岔按其用途和结构不同，主要分为连接类道岔、交叉类道岔和组合类道岔三大类。

1. 连接类道岔

连接类道岔包括单式道岔和复式道岔。单式道岔可分为单式普通道岔、单式同侧道岔、单式异侧道岔，如图2-30所示，单式异侧道岔又可分为对称双开道岔、不对称双开道岔。复式道岔可分为复式同侧道岔（见图2-31）和复式异侧道岔，复式异侧道岔又可分为对称三开道岔和不对称三开道岔，如图2-32所示。城市轨道交通最常用的是单式普通道岔（或称普通单开道岔），数量占90%以上。

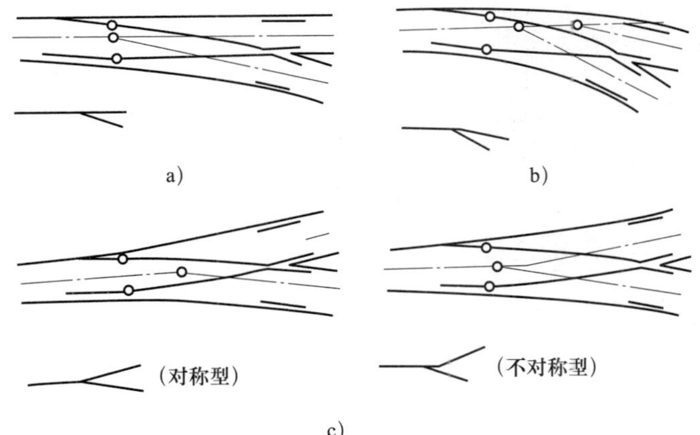

图2-30　单式道岔示意图

a）单式普通道岔　b）单式同侧道岔　c）单式异侧道岔

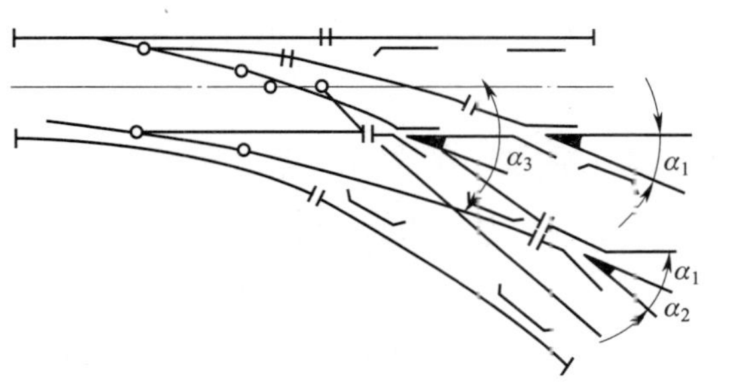

图2-31　复式同侧道岔示意图

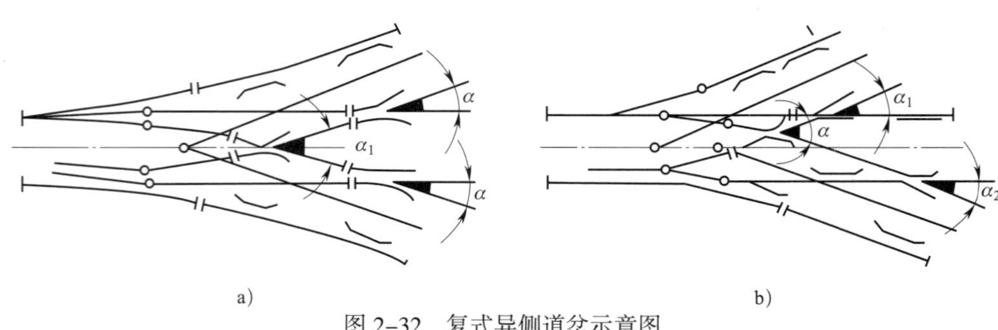

图 2–32　复式异侧道岔示意图

a）对称三开道岔　b）不对称三开道岔

三开道岔相当于两组异侧顺接的单开道岔（见图 2–33），但其长度却远比两组单开道岔的长度之和为短。因此，三开道岔常用于铁路轮渡桥头引线、驼峰编组场，以及地形狭窄又有特殊需要的地段。三开道岔运行条件较差，非十分困难时，不轻易采用。

2. 交叉类道岔

交叉类道岔包括直角固定交叉、菱形交叉两种，主要用于跨越线路，如图 2–34 所示。

图 2–33　三开道岔

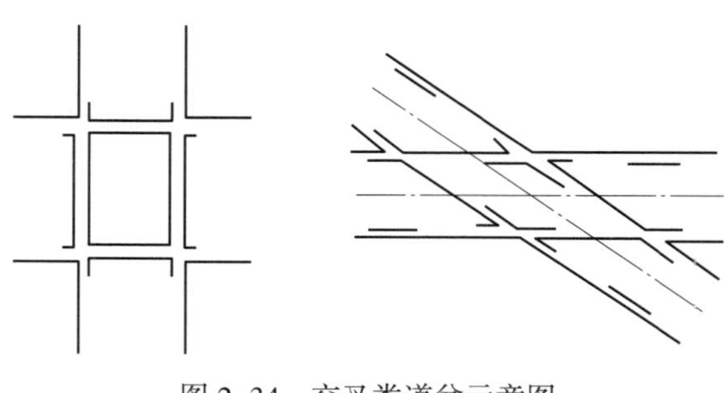

图 2–34　交叉类道岔示意图

a）直角固定交叉　b）菱形交叉

3. 组合类道岔

组合类道岔将连接和交叉的功能结合起来，主要包括交分道岔和渡线。交分道岔（见图 2–35）又可分为单式交分道岔和复式交分道岔，渡线（见图 2–36）又可分为单渡线、交叉渡线和梯线。

复式交分道岔相当于两组对向铺设的单开道岔，实现不平行股道的交叉，但具有道岔长度短、开通进路多及两个主要行车方向均为直线等优点，因而能节约用地，提高调车能力并改善列车运行条件。

单渡线由两副单开道岔和道岔间的直线段组成，交叉渡线由四副单开道岔和一副菱形交叉组成，梯线是将几条平行线连接的公共线。

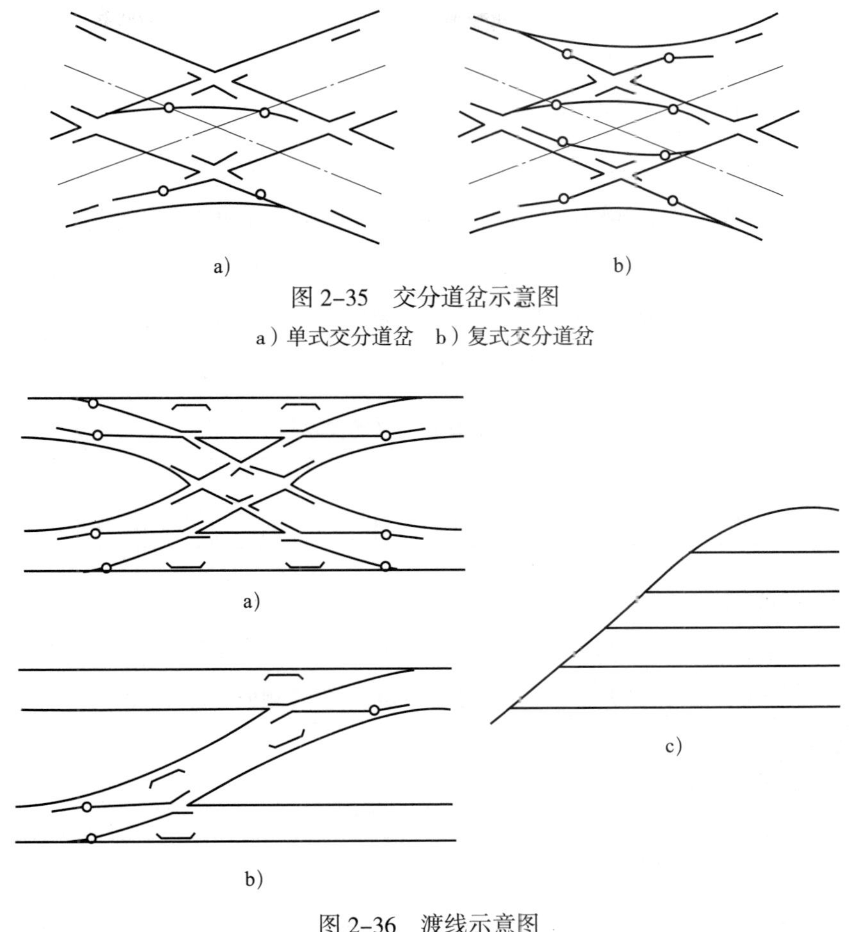

图 2-35　交分道岔示意图

a）单式交分道岔　b）复式交分道岔

图 2-36　渡线示意图

a）交叉渡线　b）单渡线　c）梯线

四、道岔号数与通过速度

1. 道岔号数

道岔按号数不同，可分为 6 号、7 号、8 号、9 号、12 号、18 号道岔以及大号码（如 30 号、38 号、42 号）道岔等，常用的单开道岔有 9 号、12 号、18 号，大号码道岔主要用于要求侧线通过速度较高的联络线。道岔号数用辙叉角（α）的余切值表示，如图 2-37 所示。

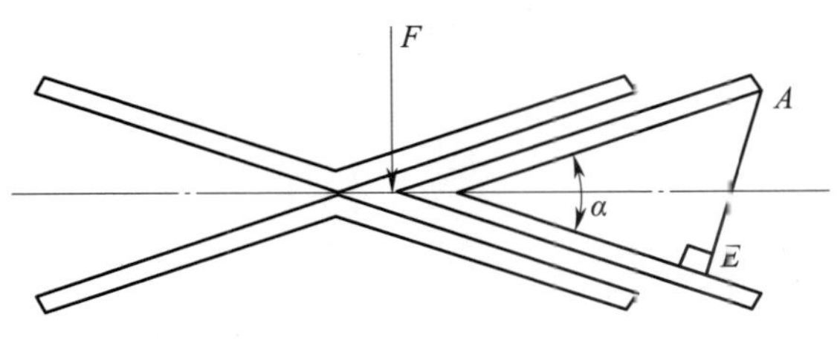

图 2-37　道岔号数示意图

道岔号数计算公式为：

$$N=\cot\alpha =FE/AE$$

式中　N——道岔号数；

α——辙叉角。

从上式中可见，辙叉角 α 越小，N 值就越大，见表 2–2，导曲线半径也越大，列车侧线通过道岔时就越平稳，允许的过岔速度也就越高。所以，采用大号道岔对于列车运行是有利的。但是，道岔号数越大，道岔越长，造价自然就高，占地也要多得多。因此，选择道岔号数要因地制宜，因线而异，不可一概而论。我国铁路主要线路上大多采用 9 号、12 号、18 号三个型号的道岔。

表 2–2　道岔号数与辙叉角的关系

道岔号数	6	7	9	12	18	24
辙叉角	9° 27′ 44″	8° 07′ 48″	6° 20′ 25″	4° 45′ 49″	3° 10′ 48″	2° 23′ 09″

2. 道岔通过速度

车辆或列车沿道岔直向运行，行车速度在 100 km/h 以下时，一般不需要限速，通过道岔侧向时则需要限速，限速根据道岔号数大小而定。道岔侧向构造速度见表 2–3。道岔侧向允许通过速度见表 2–4。

表 2–3　道岔侧向构造速度

道岔号	7	9	12
速度 /（km/h）	30	35	50

表 2–4　道岔侧向允许通过速度

道岔号	7	9	12
速度 /（km/h）	25	30	50

第三节　车　　辆

车辆是完成城市轨道交通运输工作的工具，是行车组织工作的直接对象。城市轨道交通车辆技术含量较高，车辆的数量、品种、质量和技术水平直接影响城市轨道交通的运营和发展。

一、客车车辆

1. 客车车辆分类

（1）按牵引动力配置分类

城市轨道交通车辆按牵引动力配置不同，可分为动车（motor，用 M 表示）和拖车

（trailer，用 T 表示）。

动车本身带有动力装置，即装有牵引电动机，具有牵引和载客的双重功能。动车又可分为带有受电弓的动车和不带受电弓的动车。拖车本身没有动力牵引装置，需要通过动车的牵引拖带实现运行，仅有载客功能，可设置司机室（用 Tc 表示），也可带受电设备。

（2）按车辆规格（车体宽度）分类

城市轨道交通车辆按车体宽度不同，可分为 A 型车、B 型车和 C 型车三种。

A 型车为高运量地铁车辆的基本车型，宽度为 3 m，轴重较重，载客人数较多，车体尺寸较大，单向运能为每小时 5 万 ~ 7 万人次。B 型车为大运量地铁车辆，宽度为 2.8 m，相对 A 型车各项指标值均较小，单向运能为每小时 3 万 ~ 5 万人次。C 型车更小，一般为轻轨车辆的基本车型，宽度为 2.6 m，单向运能为每小时 1 万 ~ 3 万人次。

2. 客车车辆构造

城市轨道交通车辆是按功能分类的多个子系统组成的紧密联系的综合系统，主要由车体、转向架、车钩缓冲装置、制动装置、空调通风系统、电气牵引系统、辅助供电系统，以及列车控制和故障诊断系统等组成。

（1）车体

车体由底架、侧墙、端墙、车顶等部件组成，为封闭筒形结构，是容纳乘客的地方，是司机驾驶的处所，又是安装与连接其他设备和部件的基础。车体分为有司机室车体和无司机室车体两种。

（2）转向架

转向架装置于车体与轨道之间，用来牵引和引导车辆沿着轨道行驶并承受和传递来自车体及线路的各种载荷，缓和其动力作用。转向架分动力转向架和非动力转向架两种，一般由构架、轮对轴箱装置、弹性悬挂装置、中央牵引连接装置、牵引驱动装置（动车）、制动装置等部分组成。

（3）车钩缓冲装置

车钩缓冲装置安装在底架牵引梁上，是车辆的安全部件，其作用是将车辆互相连挂，连接成为一组车体，同时传递车辆之间纵向的牵引力和冲击力，并实现气路的连接。

（4）制动装置

制动装置的主要作用是产生制动力，保证运行中的列车按需要减速或在规定的距离内安全停车，以及防止静止的车辆溜走，保证行车安全。

（5）空调通风系统

城市轨道交通车辆客流密度较大，为改善车厢的空气质量，必须要设置空调通风系统。其作用是为客室和司机室的室内环境提供温度调节、空气除湿和通风。

（6）电气牵引系统

电气牵引系统包括车辆上的受流器和各种电气牵引设备及其控制回路，它是车辆上高电压、大电流、大功率的电传动回路。

（7）辅助供电系统

辅助供电系统为地铁车辆上除牵引电动机以外的设备提供电源，主要是由逆变装置、整流装置、蓄电池、扩展供电装置等构成。

（8）列车控制和故障诊断系统

列车控制和故障诊断系统是列车通信网络以列车中央控制单元为核心的一个列车监控系统。它由具有列车控制级和车辆控制级功能的多台计算机系统和一些专门开发的高处理速度的微型计算机组成，可以实现控制指令传输、列车状态显示、异常检测、车上检查等功能。

二、列车

城市轨道交通列车一般是指由动车和拖车按照一定的比例编组而成的电动车组。

1. 列车编组

列车编组是指按照预期的目的将各独立的车辆连接起来成为一个运行体。列车编组需考虑的因素有线路坡度、运营密度、站间距离、舒适度、安全可靠性、工程投资、客流大小等。

列车编组主要包括列车中动车与拖车的分布形式，以及车辆之间的连接方式。城市轨道交通列车采用固定编组，辆数为 4 ~ 8 节，具体需依据客流量而定，一般采用 6 节编组，其中包含两辆带司机室的拖车（Tc）、两辆无司机室带受流设备的动车（M）、两辆不带受流设备的动车（M_1），列车排列形式为 Tc–M–M_1–M_1–M–Tc，其中，Tc 车始终编在列车的两端，其他车型在列车中的位置可以互换，这样就能保证所编列车首尾两节车均带司机室。

当采用 4 节编组时，其排列为 Tc–M–M–Tc。当采用 8 节编组时，其排列为 Tc–M–M_1–M–M_1–M–M_1–Tc 或 Tc–M–M_1–M_1–M_1–M_1–M–Tc。

2. 列车车门编号

每节车辆都有两个车端，分别为 1 位端和 2 位端。车端是按车钩的自动化程度高低来定义的。车辆两端的车钩一般都为不同类型的车钩，自动化程度较高的车钩所在的一端定义为 1 位端，而自动化程度较低的车钩所在的一端定义为 2 位端。

当人站立在 1 位端面向 2 位端时，人的右侧即为车辆的右侧，人的左侧即为车辆的左侧。列车车侧的定义与车辆车侧定义不同，当司机驾驶列车时，司机的右侧即为列车的右侧，司机的左侧即为列车的左侧。

我国地铁车辆 A 型车每侧车门数为 5 个，B 型车每侧车门数为 4 个，每扇车门有两片

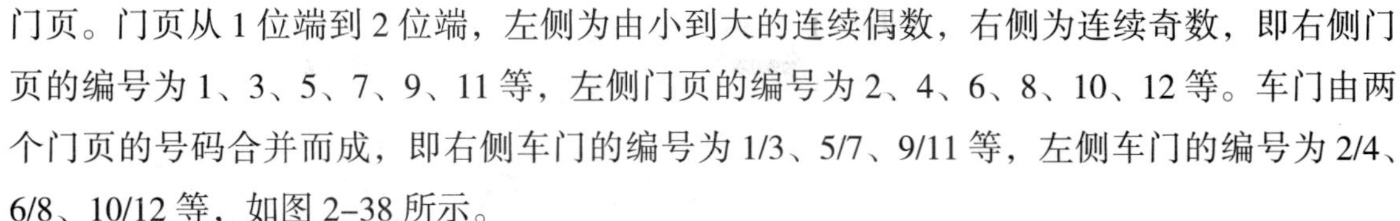

门页。门页从 1 位端到 2 位端，左侧为由小到大的连续偶数，右侧为连续奇数，即右侧门页的编号为 1、3、5、7、9、11 等，左侧门页的编号为 2、4、6、8、10、12 等。车门由两个门页的号码合并而成，即右侧车门的编号为 1/3、5/7、9/11 等，左侧车门的编号为 2/4、6/8、10/12 等，如图 2–38 所示。

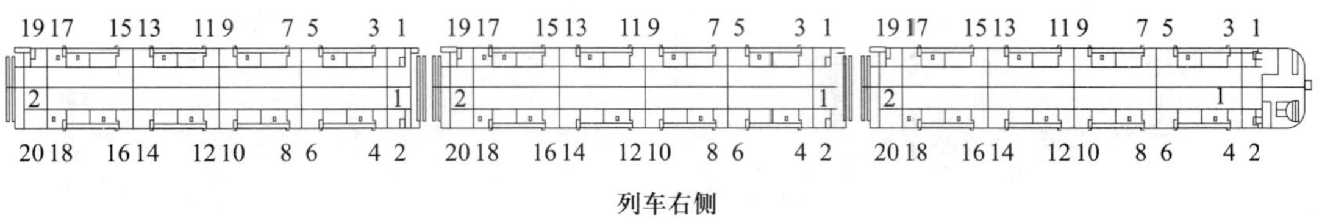

图 2–38　车门编号示意图

3. 列车车次

每列车进入正线开始运营前，都会被赋予一个唯一对应的号码，这个号码称为列车车次号。需要注意的是，目前国家还未对城市轨道交通列车车次编号做统一规定，各地铁公司根据其自身的需要自行编号。

以某地铁公司为例，其车次由 6 位数组成，前两位为服务号，中间一位为方向号，后三位为序列号。其中，服务号用于对正线列车的辨认，有效范围为 01 ~ 99；方向号 1 表示下行方向列车，2 表示上行方向列车；序列号按列车类型及运行顺序编制，随着列车的折返而变化，有效范围为 001 ~ 999。

三、非载客车辆

1. 工程车

工程车是指由机车和车辆编组而成，用于轨道上施工、运输货物的列车（含内燃机车、接触网检修车等单机编组），如内燃机车、轨道平板车等。

（1）工程车的作用

1）用于地铁列车、运输车辆及无动力轨道车辆的牵引、调车作业。

2）在隧道内、车辆段内对事故车辆进行救援作业。

3）在停电状态下对接触网上部设备进行安装、维修及日常检查、保养。

4）进行地铁工程维修、地铁正线货物运输等。

（2）工程车种类

常见的工程车包括内燃机车、钢轨打磨车、轨道平板车、网轨检测车、接触网作业车等。

1）内燃机车。内燃机车用于轨道交通车辆的牵引和调车、在隧道内进行救援，以及线路或供电等设备施工、维修时的牵引作业，如图 2–39 所示。内燃机车应具有双机重联功能。

2）钢轨打磨车。钢轨打磨车用于对轨道和道岔进行保养性和修复性打磨，可消除钢轨表面锈蚀、表面疲劳裂纹、波浪磨损、斑点、飞边等缺陷，如图 2–40 所示。

图 2–39　内燃机车

图 2–40　钢轨打磨车

3）轨道平板车。轨道平板车可在内燃机车或轨道车牵引下装载线路施工、检修或救援用的物资、器材、设备等，如图 2–41 所示。

图 2–41　轨道平板车

4）网轨检测车。网轨检测车主要用于工程接触网、轨道、隧道限界等项目检测，并为其他项目检测设备预留接口。网轨检测车自身不带动力，由电动轨道车牵引进行检测作业，也可由其他内燃动力的轨道车辆牵引。

5）接触网作业车。接触网作业车主要用于接触网设备的检测及维修、架线作业。

2. 救援列车

列车在正线运行时发生故障，如失去动力或者制动无法缓解时，将会直接导致列车无法运行，从而堵塞正线线路，此时就需要对故障车实施救援。简单来说，救援的过程就是利用正常的列车（即救援车）连挂故障车，形成列车组，由救援车提供动力，牵引或者推进故障车运行，将故障车尽快移出运营线路，使正线的其他列车恢复正常运行。

执行救援任务的列车通常为电客车或工程车。由电客车担任救援车时，一般是空车前往救援；由工程车担任救援车时，由于其与电客车的车钩高度和构造均不相同，因此必须携带过渡车钩。

第四节　车站与车辆基地

在运输生产活动中，车站和车辆基地起着极为重要的作用。车站是客流集散的场所，是乘客出行乘坐列车的始发、终到及换乘地点，也是运营企业与服务对象的主要联系环节。车辆基地是集车辆停放、检查、维修、清洁、整备，乘务人员管理，行车设备设施、机电设备的维护检修，器材、材料、备品仓储保管和供应，职工的教育和培训等多项任务为一体的综合基地。

一、车站

车站是线路上供列车到发、通过的分界点，某些车站还具有折返、停车检修和临时待避等功能。车站还是轨道交通各工种联劳协作的生产基地。

1. 车站的类型

（1）按客流量大小分类

车站按客流量大小不同，可分为大车站（高峰每小时客流量在 3 万人次以上）、中等车站（高峰每小时客流量在 2 万 ~ 3 万人次）和小车站（高峰每小时客流量在 2 万人次以下）。

（2）按设置位置分类

车站按设置位置不同，可分为地下站（线路、主体建筑和设备设施设置在地下隧道，又可分为浅埋式车站和深埋式车站）、地面站（线路、主体建筑和设备设施设置在地面）和高架站（线路、主体建筑和设备设施设置在高架桥上）。

（3）按运营功能分类

车站按运营功能不同，可分为终点站、中间站、折返站和换乘站。

终点站是指线路两端或列车交路两端的车站，除供乘客上下车外，通常还具有列车折返、停留或临时检修等运营功能。中间站一般只供乘客上下车，是线网中数量最多的车站。有的中间站设有配线，可供列车越行；也有的中间站设有折返设备，可供列车折返。折返站是终点站与中间站中设有折返线、渡线等折返设备，可供长、短交路列车进行折返作业的车站。换乘站设在不同线路的交汇地点，除供乘客上下车外，还供乘客由一条线路的列车换乘到另一条线路的列车上去。

（4）按是否具有站控功能分类

车站按是否具有站控功能，可分为集中站和非集中站。

集中站是指具有站控功能的车站，集中站车站值班员根据调度命令，可监控集中站管辖线路上的列车运行、办理电话闭塞行车和执行扣车、催发车等列车运行管理措施。集中站通常为有道岔车站。非集中站是指不具有车站控制功能的车站。非集中站通常为无道岔车站。

2. 车站的构成

车站是轨道交通客流的集散地，同时又是轨道交通运营设备集中设置的场所，主要包括线路、道岔、通信、信号、环控、自动售检票、自动扶梯、电梯、照明、给排水、消防、防灾报警、设备监控等设备系统，由出入口、通道、站厅层、站台层、设备用房、管理用房及生活用房等几部分构成（见图 2–42）。

图 2–42　车站截面示意图

3. 车站站台

（1）站台的类型

车站根据选址及客流量的大小配备建设不同的站台，车站站台主要分为岛式站台、侧式站台和混合式站台三类。

1）岛式站台。岛式站台位于上、下行行车线路之间，站台空间宽阔，一般常用于客流量较大的车站（见图 2–43）。它的特点是站台面积利用率高，调剂客流灵活，乘客中途改变乘车方向方便，车站管理集中。

2）侧式站台。侧式站台位于上、下行行车线路的两侧，一般用于两个方向客流较均匀（或流量不大）的车站（见图 2–44）。它的优点是上下行乘客避免相互干扰，正线和站线间不设喇叭口，造价低，改建容易。它的缺点是站台空间利用率低，不可调剂客流，中途改变乘车方向需经地道或天桥，车站管理分散，站台空间不及岛式站台宽阔。

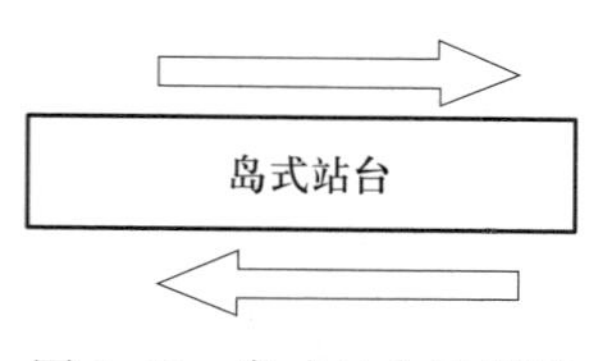

图 2–43　岛式站台示意图

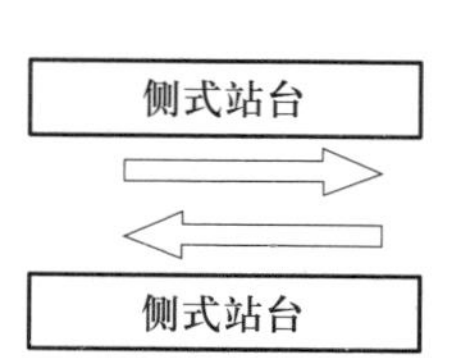

图 2–44　侧式站台示意图

3）混合式站台。混合式站台车站一般包括一岛一侧式和一岛两侧式两种（见图 2–45），主要用于两侧站台换乘或列车折返。

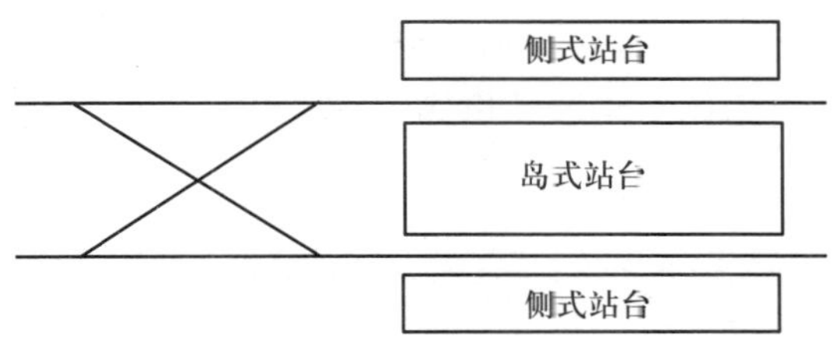

图 2–45　混合式站台示意图

（2）站台的布局

站台上的设施包括站台门、消防设施、自动扶梯等。图 2–46 所示为某地铁车站站台布局。

图 2–46　某地铁车站站台布局示意图

1）站台门。站台门也称屏蔽门或安全门，主要由钢架结构、顶盒、门体组合、下部支撑结构、门机、电气控制系统和供电系统七大部分组成。站台门的门体组合包括固定门、滑动门、手动解锁机构（见图 2–47）。

图 2–47　站台门的门体组合

固定门包括应急门和端门，它们分别在不同情况下使用，以达到安全控制效果。应急门在紧急情况下允许手动打开，端门用于车站工作人员在站台和轨行区间进出，兼顾紧急情况下疏散乘客的要求。每个车门对应的站台门上均安装有手动解锁机构，当列车进站停稳后站台门无法自动开启时，可使用手动解锁机构解锁。

应急门共有四种样式，每一种样式的解锁方法有些差异。

2）自动扶梯。扶梯是站台乘客到达站台候车区的重要设备。为适应现代乘客的需求，城市轨道交通车站多使用自动扶梯。自动扶梯是由一台特种结构形式的链式输送机和两台带式输送机组合而成的，用于不同楼层间运载人员上下的连续输送机械。自动扶梯由驱动链条安全装置、防下沉安全装置、扶手带入口安全装置、梯级链条安全装置、紧急止动开关六部分组成（见图 2–48）。

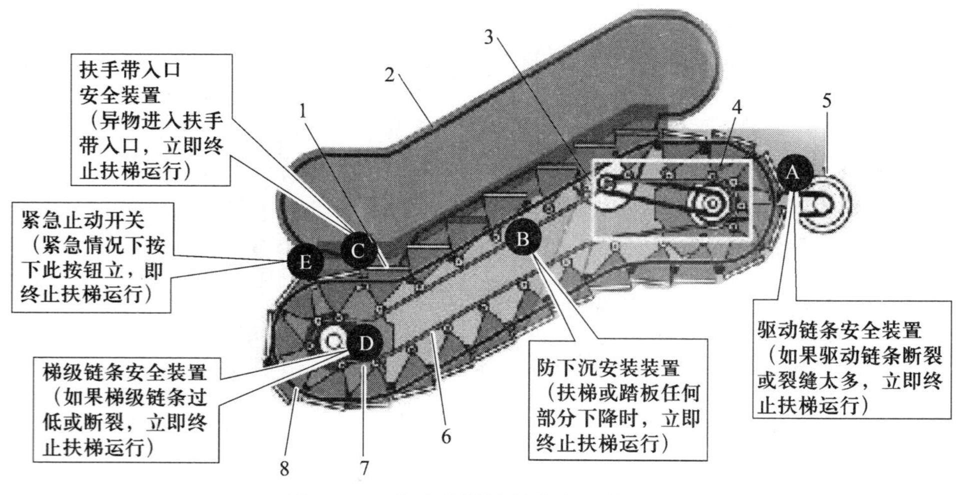

图 2–48　自动扶梯的结构和工作原理

1—阶梯　2—扶手　3—扶手驱动器　4—驱动齿轮　5—电动机　6—内栏　7—返回轮　8—导链

知识窗

自动扶梯操作方法及事故应急处理

1. 自动扶梯的操作方法

为了乘客的安全，操作人员需小心操作自动扶梯。必须确保自动扶梯完全停止，才能改变运行方向。停止或启动自动扶梯时，必须确保梯级上没有乘客。

（1）启动

1）用锁匙“开关”启动并在中间位置取出锁匙。

2）用锁匙启动“蜂鸣器”。

3）如果一切正常，用锁匙启动自动扶梯，并保持此位置 0.5 ~ 1.0 s，然后取出锁匙。

（2）停止

1）确定自动扶梯上没有乘客。

2）用锁匙启动“蜂鸣器”。

3）用锁匙关闭自动扶梯。

4）用锁匙将“开关”关闭，并在中间位置取出锁匙。

（3）暂时改变方向

先将自动扶梯停止运行。在自动扶梯未完全停止之前，切勿改变运行方向，否则其机械结构可能会损坏。自动扶梯在一个方向运行达 3 个月，应更换一个方向运行。

2. 自动扶梯事故应急处理

使用自动扶梯发生紧急事故时，可按如下指引应对：

（1）自动扶梯停顿

1）错误使用紧急止动开关。发现因紧急止动开关被按下而使自动扶梯停顿时，应重新开启。重新开启时，应确保自动扶梯上没有乘客。

2）电源发生故障。当电源恢复正常时，可用开关开启自动扶梯。注意，当电源发生故障时，应用扩音器向乘客作出指示。

3）发现不正常的杂音和振动的位置（顶部、底部或中间）、状况（连续或间歇）等，应关闭扶梯并通知保养人员维修。

4）异味或冒烟。发现有异味或冒烟时，关闭自动扶梯，采取适当行动并通知保养人员。

5）其他。发现玻璃护壁板破裂时，立即关闭自动扶梯并通知保养人员更换。

（2）火警

若发生火警，要保持镇定并采取适当行动。

1）用扩音器通知车站内的乘客。

2）停止所有自动扶梯并关闭防火门。

3）切勿利用自动扶梯作逃生用途，因当电力中断而使自动扶梯突然停顿，乘客容易发生意外并造成更大的恐慌。

4）带领乘客经楼梯逃生。

5）关闭自动扶梯前，鸣警钟提醒并确定扶梯上没有乘客。

（3）浸水

1）当扶梯浸于水中时，应立即关闭扶梯。若扶梯四周都有水流，要阻挡水流，保护扶梯，并通知保养人员检查机件。

2）在保养人员检查机件前，不得使用扶梯。

3）站台紧急停车按钮（EMP）。该按钮设于站台柱墙上和站台监控亭（见图 2-49），与站控室内 LCP 控制盘上的紧急及切除停车报警按钮相连通，当发现行车不安全时，可立即按压控制客车紧急停车。

图 2-49　紧急停车按钮

二、车辆基地

车辆基地是城市轨道交通车辆段及其相关配套设施设备的统称，作为城市轨道交通配套系统，它主要包括车辆段、综合维修中心、材料总库、教育培训中心和必要的生活设施。国内有些地铁城市还将行车调度指挥中心、地铁公安分局或运营公司部分职能处室整合在车辆基地内。其服务对象包括移动设备（车辆）、机电设备（如车站的自动扶梯、站台门、乘客导向设施、环控设备、给排水设备等）、供电设备（如变电站、变电所、接触网、电力电缆等）、通信信号设备，以及轨道、桥梁、隧道、房屋建筑等固定维护设施和部门。

1. 车辆基地的功能

（1）车辆段

城市轨道交通车辆段主要担负着一条或几条线路城市轨道交通车辆的停放、检查、维修、清洁整备等任务。有的车辆段还负责乘务人员的组织管理、出乘、换班等业务工作，并相应配备乘务值班室等设施。

1）车辆段的类型。车辆段根据功能不同，可分为检修车辆段和运用停车场（简称停车场）。检修车辆段根据其检修作业范围不同，可分为架（厂）修段和定修段。独立设置的停车场隶属于相关车辆段。

2）车辆段的主要功能。车辆段的主要功能如下：列车的停放、调车编组、日常检查、一般故障处理和清扫洗刷、定期消毒；车辆修理，包括月修、定修、架修与临修；车辆的技

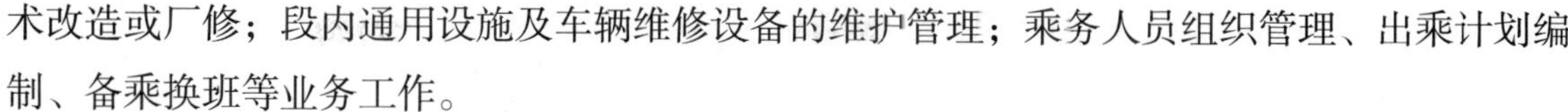

术改造或厂修；段内通用设施及车辆维修设备的维护管理；乘务人员组织管理、出乘计划编制、备乘换班等业务工作。

根据各城市线路的情况不同，可以另外设置仅用于停车和日常检查维修作业的停车场或检车区，一般附属于主要车辆段管理，规模较小，其功能主要为：停放列车、调车编组、日常检查、一般故障处理和清扫；车辆月修与临修；可另设工区，管理乘务人员出乘、备乘倒班。

知识窗

架　修

根据国家标准《地铁设计规范》（GB 50157—2013）的规定，当车辆走行里程达到 60 万 km 或者时间间隔达到 5 年时，应对车辆重要部件进行分解、清洗、检查、探伤、修理，并对车辆进行全面检测、调试及试验，以恢复车辆综合性能，达到规程要求和质量验收标准。这个过程称为架修。架修需要用到固定式架车机和工艺转向架。固定式架车机能同步提升 n 节不解钩的列车单元组，方便地对列车车体下部的机械、电气、气动管路等零部件进行检拆、维修、保养和更换，还能对转向架进行拆卸，对单个轮对进行更换，使用灵活、用途广泛、安全可靠。工艺转向架用于电力机车、地铁列车维修过程中，替换车辆转向架，支撑并带着车体（含车体上全部部件）在厂区内走行流转。

架修后的车辆将焕然一新地投入到线路的运营服务中。

（2）综合维修中心

综合维修中心（简称维修中心）是指城市轨道交通系统中各种设备和设施的维修管理单位。它的业务范围较广，涉及轨道交通线路、路基、轨道、桥梁、涵洞、隧道和房屋建筑等设施的维护、保养，以及供电、通信、信号、机电和自动化设备的维修保养和故障修理工作。

1）基本功能。综合维修中心是城市轨道交通系统的重要组成部分之一，一般应具有以下基本功能：

①承担全线轨道、道岔、隧道、路基等建筑及设备的日常维护和定期检修任务。

②承担全线车站建筑、站内装饰、导向标志、出入口设施、风亭等的日常维护和定期检修任务。

③承担全线各种变电所、接触网、供电线路及设备的运营管理、日常维护和定期检修任务。

④承担全线各种机电系统及设备，包括环控系统、给排水系统、电梯及自动扶梯等的

运营管理、日常维护和定期检修任务。

⑤承担全线通信、信号系统的运营管理、日常维护和定期检修任务。

⑥承担全线车站设备监控系统（BAS）、防灾报警系统（FAS）、电力监控系统（SCADA）等的日常维护和定期检修工作。

2）设置原则。

①综合维修中心可分别设立供变电、接触网、通信、信号、机电、土务、建筑等专业车间和流动维修班组，任务量不大时可设综合性维修车间和流动班组。

②各车间规模应根据各项设备种类、规格、数量和修理周期等进行设计，并结合检修工艺要求及总体要求确定。

③正线区间及车站中各项设备的维护、检测、试验，均以现场作业为主、回送综合维修中心检修为辅的方式进行，设备的大、中修宜委外。

④使用效率较低的设备（如接触网检测车、接触网放线车等特种车辆）应考虑多条线共用，部分仪器、仪表可考虑与车辆段内其他车间设备共用。

⑤综合维修中心根据各专业任务量不同，可分别或集中设置生产调度室和技术室等行政办公设施。生产车间按作业性质不同，分为机电车间、修建车间、工务车间、通号车间和接触网工区等，还应设置与检修配套的配电间、压缩空气管道等辅助设施。

（3）材料总库

材料总库担负着轨道交通系统材料、配件、设备、机具和劳保用品等的采购、存放、发放和管理工作，为轨道交通工程各系统的建设、运营和维修所需材料、机电设备和配件等提供储存和供应服务，并负责材料的采购、保管和发放工作。在工程建设期间，材料总库可作工程材料、设备临时存放的地点。

材料总库由机电库、特殊配件库、材料库、易燃品库、卸料线、堆场等组成。存放量小时，也可将机电库、特殊配件库、材料库合并布置，形成综合材料库，有条件时可采用自动化立体仓库。易燃品库用于存放氧气、乙炔、氢气、油脂、化学物品等，应单独设置并分成隔间。材料库的布置宜邻近卸料线和堆场。

（4）培训中心

培训中心负责组织和管理车辆段及综合基地职工的技术教育和培训。城市轨道交通系统网络一般宜共用一个培训中心。培训中心内应设有教室、设备室、教职员工办公室和配套设施。培训中心应以城市快速轨道交通线网规划为依据，进行合理规划，根据功能和任务确定建设规模。

2. 车辆基地主要设施设备

（1）车辆段主要设施设备

1）停车场。车辆段应有足够的停车场地，确保能够停放管辖线路的回段电动车辆和工

程车辆。车辆段的位置应保证列车能够安全、便捷地进出正线运行，并保证车辆段出入线坡度、长度适宜。停车场应以库内停车为主，在不能满足现有列车停放需求的情况下，可使用露天停车场等其他类型的停车设施。

2）检修库。车辆段内需设检修库，包括架修库、定修库和月修库，列检作业在列检库或停车库（线）进行。架修库和定修库内要有桥式起重机、架车设备、车轮镟削机床及存轮库，必要时应设不落轮车轮镟床，应设置单独的转向架、电动机、制动机维修车间，以及转向架等设备的清扫装置、单独设立的喷漆库和车辆配件仓库等。

3）洗车设备。在车辆段内一般安装自动洗车机，用于对车辆进行自动清洗，完成喷淋、去污、上蜡、吹干等洗车作业。为保持车厢内部和难以自动清洗部位的整洁，还需设置专用的车辆人工清扫线。

4）运营管理部门。根据运营管理模式的要求，多数运营管理部门在车辆段内设有相应的办公室，包括乘务队办公室、运转值班室、信号值班室、乘务员备乘休息室、内燃机工程轨道车司机休息用房等。车辆段内还应有设备维修车间，负责段内的动力设施及通用设备维修。

5）维修管理部门。车辆段内一般还设有城市轨道交通线路供电、通信信号、工务和站场仓库等设备设施的维修管理部门。

6）其他设施。车辆段内还有测试列车综合性能的试车线，存放内燃机车、工程车的车库，以及机关办公楼与其他服务设施，如培训场地、消防设施、食堂、会议厅、专用通道等。

（2）综合维修中心车间组成

1）机电车间。机电车间由供电工段和机电工段两部分组成。供电工段承担城市轨道交通供电系统的牵引变电所、降压变电所、电力监控设备、供电电缆等的日常巡检、保养和维护工作，包括电气工班、继电器工班、远动工班、仪表计量工班、蓄电池工班、电缆工班。机电工段负责全线机电系统和设备，如环控系统、自动售检票系统、给排水系统、动力照明系统、电梯及自动扶梯、站台门、车站监控设备的日常巡检、保养和维护工作，包括电机工班、环控工班、电梯工班、给水工班、站台门工班、自控工班、自动售检票工班等。

2）修建车间。修建车间由建筑工段和桥隧工段组成。建筑工段承担全线房屋建筑、车站建筑、站内外装饰、室内外上下水、出入口、风亭和其他地面设施的日常巡检、保养和维护工作，需要配备木工班、电工班、建筑工班等。桥隧工段承担全线高架桥、隧道的日常巡检、维护和堵漏工作，由隧道巡检工班和清扫工班组成。

3）工务车间。工务车间承担线路的轨道、道岔及其设备的日常巡检、探伤和养护工作，根据工作量大小，由若干个养路工班组成。

4）接触网工区。接触网工区负责接触网或接触轨的日常维护、检修和事故抢险。需要配备轨道牵引车、接触网检测车、架放线车等，可存放于特种车库。

5）通号车间。通号车间负责全线所有通信信号系统和设备的运行维护和故障处理工作。

第五节 信 号 系 统

城市轨道交通信号系统是保证列车运行安全，实现行车指挥和运行现代化，提高运输效率的关键系统设备，主要由联锁、闭塞、调度集中三部分设备组成。信号系统能按照联锁条件自动完成对列车进路的安全防护，同时根据闭塞原理自动监控、指挥列车运行，保证列车之间的安全间隔，为自动驾驶提供支持。

信号系统是一个庞大而复杂的系统，其组成结构在不同的厂商间存在一定的差异。本书根据站务人员的工作需要，根据“实现端”和“控制端”的逻辑将信号系统的主要设备分成室外设备和室内设备两部分进行阐述。

一、室外设备

室外设备是指信号系统依据联锁原理，在线路上实现进路控制、指挥列车运行的具体联锁设备，主要包括信号机、微机计轴（轨道电路）、转辙机。

知识窗

联 锁 设 备

联锁是道岔、进路（或区段）、信号机按一定的规则和条件建立的相互关联、制约的安全关系。为了保证行车安全，必须建立规则，制约信号的开放与关闭、道岔的转换和进路的建立。实现这种关系的设备称为联锁设备。

1. 信号机

信号机是用来指示列车运行和调车作业的现场设备，它直接向司机发出行车指令。不同颜色的灯号表示信号开放及关闭，信号开放时允许列车通过进路，信号关闭时禁止列车越过。

目前国内城市轨道交通大多采用透镜式 LED 二极管信号机，这种信号机有高柱、矮型和地铁型三种类型，可根据需要任意组成单显示、二显示、三显示等结构，如图 2-50 所示。信号机安装不得侵入设备限界，一般安装在列车前进方向的轨道右侧。信号机根据布置区域不同，分别由车辆段信号楼微机

图 2-50　三显示 LED 信号机

联锁系统或正线信号系统控制，依据进路联锁条件显示信号。

灯号显示指令含义具体由该线路的“行车组织规则”规定。

（1）入车辆段信号显示方式

某地铁入车辆段信号显示方式见表 2–5。

表 2–5　　某地铁入车辆段信号显示方式

序号	信号灯显示	行车指示	备注
1	黄灯	允许进车辆段	
2	红灯	禁止越过	
3	红灯 + 黄灯	引导信号允许越过	一般限速 25 km/h

（2）二显示信号机显示方式

某地铁二显示信号机显示方式见表 2–6。

表 2–6　　某地铁二显示信号机显示方式

序号	信号灯显示	行车指示	备注
1	绿灯	开通直股允许越过	
2	黄灯	开通弯股（侧股）允许越过	根据道岔通过速度限速
3	黄灯 + 红灯	引导信号允许越过	一般限速 25 km/h
4	红灯	禁止越过	

（3）停车库内调车信号显示方式

某地铁停车库内调车信号显示方式见表 2–7。

表 2–7　　某地铁停车库内调车信号显示方式

序号	信号灯显示	行车指示	备注
1	黄灯	允许动车	司机要注意限速
2	红灯	禁止越过	

注：停车库内调车信号机为红色、白色灯光显示，其他信号机为蓝色、白色灯光显示。红色、蓝色灯光表示禁止越过，白色灯光表示允许调车。

2. 轨道电路及微机计轴

轨道电路及微机计轴的主要功能是监督列车的占用情况，反映线路的空闲状况，为构成闭塞、建立进路、开放信号机提供安全保障。目前国内各地地铁正线大多使用计轴系统配合各类无线通信技术，实现轨道区段空闲和占用情况的自动检测。

整个轨道系统路网依据适当的距离布置计轴或轨道电路，将线路划分为许多的轨道区段。在非移动闭塞有效的情况下，一个区段就是最小的一个列车占用检测单位。

（1）轨道电路

轨道电路以钢轨作为导体，两端加机械绝缘（或电气绝缘），接上送电和受电设备构成电路回路，根据电路导通与否，判断线路是否有列车占用，如图 2–51 所示。

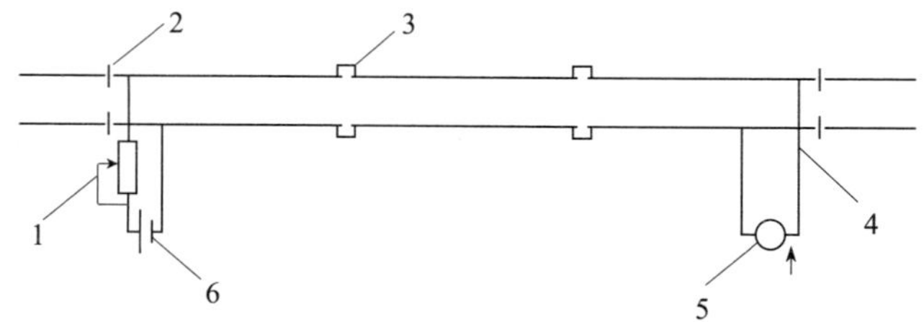

图 2–51　轨道电路

1—轨道电阻　2—钢轨绝缘　3—钢轨接续线　4—引接线　5—轨道继电器　6—轨道电源

当轨道电路设备、线路完好，又没有列车、车辆占用时，轨道电路的电流从电源正极经钢轨、轨道继电器线圈回到负极而构成闭合回路，继电器处于吸起状态，表示轨道区段内无车占用，此状态称为轨道电路的调整状态，如图 2–52 所示，接通的灯为绿色。

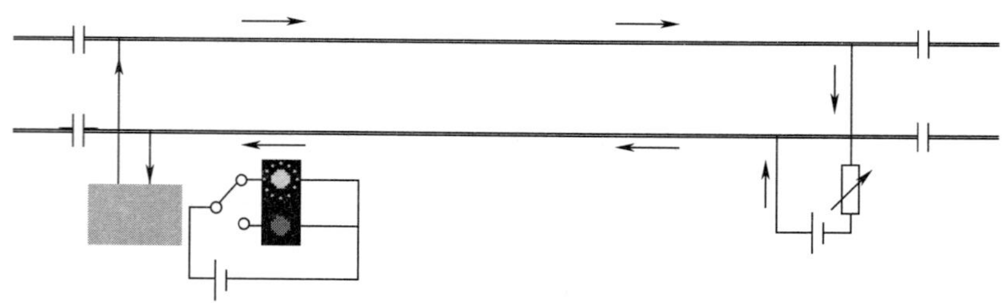

图 2–52　轨道电路的调整状态

当轨道电路设备、线路完好，但是有列车、车辆占用时，因为车辆的轮对电阻比轨道继电器线圈电阻小，所以轨道电路被轮对分路后，流经继电器线圈的电流急剧变小，不足以使衔铁保持吸起状态，致使继电器失磁落下，表示轨道区段有车占用，此状态称为轨道电路的分路状态，如图 2–53 所示，接通的灯为红色。

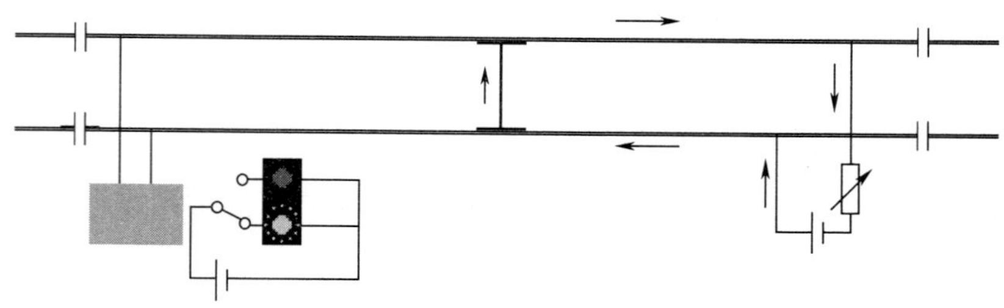

图 2–53　轨道电路的分路状态

当轨道区段内发生轨道或线路断裂时，流经继电器的电流中断，使继电器失磁落下，此状态称为轨道电路的断轨状态，接通的灯也为红色，以符合“故障—安全”原则。

（2）微机计轴

微机计轴是铁路两端车站上装设的设备，利用安装在钢轨上的闭环传感器监督列车轮对经过数，经过设在室内的微机系统检测后，将本站的轮对数利用半自动设备发送至对方站，列车到达对方站后，对方站收到轮对数与发车站的相同时，自动开通区间。换言之，微机计轴是一种能检测通过车轮数量的铁路信号设备，它能够取代许多的普通轨道电路。微机计轴的工作原理如图 2–54 所示。

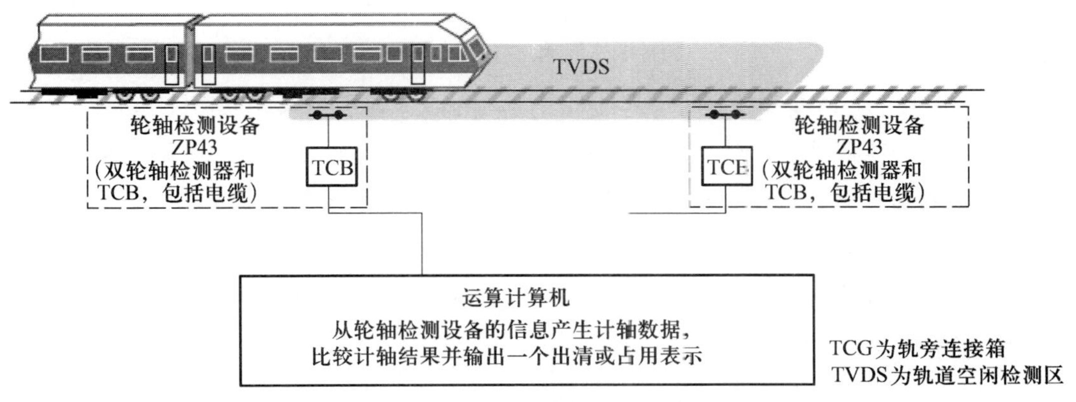

图 2–54　微机计轴的工作原理

计轴器（或称检测点）安装在轨道区段的每一个端点，如图 2–55 所示。同时，每个区段有一个由计算机实现的、与区段各端检测点相关的电子计数器。一个检测点由两个独立的传感器组成，检测点借助于每个传感器被经过的次序，能检测列车运行方向。当每个轮对驶过轨道区段的始端检测点时，该区段的计数器递增；当列车经过同样的末端检测点时，该区段的计数器递减。如果联网计数计算结果是零，轨道区段对后续的列车来说被认为是“出清”。

图 2–55　计轴器

完成这些工作需要借助于被称作评估器的安全型计算机，它位于中心的位置（信号机械室内），而检测点位于需要的区域。每一个检测点都经由专用的铜芯电缆或通信传输系统连接到评估器。检测点距评估器的距离可以很远。当采用计算机区域联锁设备时，这点非常有用，信号设备可以分别安装在线路旁边的机柜内。

微机计轴解决了传统轨道电路存在的“压不死”和“红光带”等诸多问题，但不能像轨道电路一样，检查轨道的完整性。

知识窗

“压不死”和“红光带”

“压不死”是轨道电路分路不良的俗称，又称为“丢车”或“白光带”，即当列车进入某一轨道区段时，对应区段的轨道继电器却仍处在吸起状态或时吸时落状态，此时相应的信号灯和控制台上会错误地显示绿灯和白灯，表明该轨道电路已失去了检查轨道区段占用状态的功能。当发生这样的情况时，列车司机和车站调度人员就会误认为该区段内无车占用，进行行车和办理进路操作，从而造成列车冲撞、脱轨等严重的行车事故。

“红光带”就是信号系统上错误的轨道占用表示，最常见的原因是铁路轨道电路短路。导致轨道电路短路的原因有很多，只要是导体搭在两根钢轨上，形成回路，就能产生电路短路。轨道电路短路后，监视器上会形成红光带，以示故障。

3. 转辙机

转辙机是重要的信号基础设备，用于实现对道岔的转换和锁闭，是直接关系行车安全的设备，对于保证行车安全、提高运输效率有非常重要的作用。图 2–56 所示为 ZDJ9 型转辙机的结构图。

（1）转辙机的作用

转辙机的作用是接收到命令后带动道岔尖轨，实现道岔开通位置转换。道岔有一对可以移动的尖轨，一根密贴于基本轨，另一根离开基本轨，转辙机可以使一对尖轨改变一个位置，从而使列车进入不同的股道，如图 2–57 所示。转辙机的主要功能为转换道岔、锁闭道岔尖轨、表示道岔开通位置。

1）根据操作要求，将道岔转换至定位或反位。铁路道岔定反位依据《铁路技术管理规程》确定。国内城市轨道交通运营企业习惯将道岔开通直股时称为定位，也有企业将道岔开通方定义为左位及右位（尖轨与左侧基本轨密贴时，道岔开通右位）。

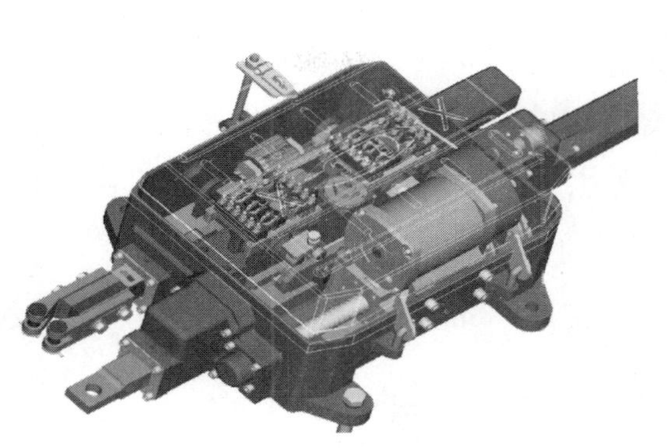
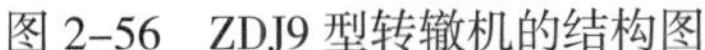

图 2–56　ZDJ9 型转辙机的结构图

图 2–57　道岔与转辙机的结合（双转辙机）

2）道岔转换至规定位置而且密贴后，自动实行机械锁闭，防止外力改变道岔位置。

3）当道岔尖轨与基本轨密贴后，正确反映道岔位置，并给出相应表示。

4）发生挤岔以及道岔长时间处于“四开”位置（尖轨与基本轨不密贴）时，及时发出报警。

（2）转辙机的操作

转辙机可以通过调度集中设备由行车调度员或行车值班员在 OCC 或联锁站进行远程控制，也可在现场通过手摇道岔进行现场操作。手摇道岔操作应按照“手摇道岔操作六部曲”执行。

“手摇道岔六部曲”作业要求如下。

一看：看岔心、岔尖有无障碍物或异常情况，道岔开通位置是否正确，是否需要改变位置（如果正确，则转至第四步；如果不正确，则转至第二步）。

二开：用转辙机钥匙打开转辙机遮断器（如果道岔已上钩锁器，先断开安全接点，再拆下钩锁器）。

三摇：插入手摇把，摇动道岔转向所需的位置，在听到“咔嚓”的落槽声后停止，取出手摇把（听不到落槽声时，确认尖轨密贴即可）。

四确认：确认尖轨缝隙不大于 4 mm。

五加锁：确认道岔位置开通正确，遮断器打开后，外勤值班员用钩锁器锁定道岔尖轨。

六汇报：确认所有道岔位置正确，向行车值班员或信号楼值班员汇报道岔开通情况。

二、室内设备

室内设备是指信号系统位于车站内、OCC 内，站务人员、行车调度员实现对室外设备下达控制指令的人机交互界面。室内设备一般有位于站台的紧急停车按钮、车控室内的 LCP 控制盘（现在一般整合在 IBP 后备控制盘上）及车站 ATS 工作站、位于 OCC 的中央级 ATS 工作站。

1. LCP 控制盘

LCP 控制盘位于车控室（现在一般集成在 IBP 盘上），是行车组织控制的一种按钮式运行控制辅助设备，如图 2–58 所示。它可以通过人工按钮实现快速、直接的操作控制，具体有对运行双方向实现扣车、紧急停车等功能。车站发生危及行车安全的情况时，可以在 LCP 上进行紧急停车操作。

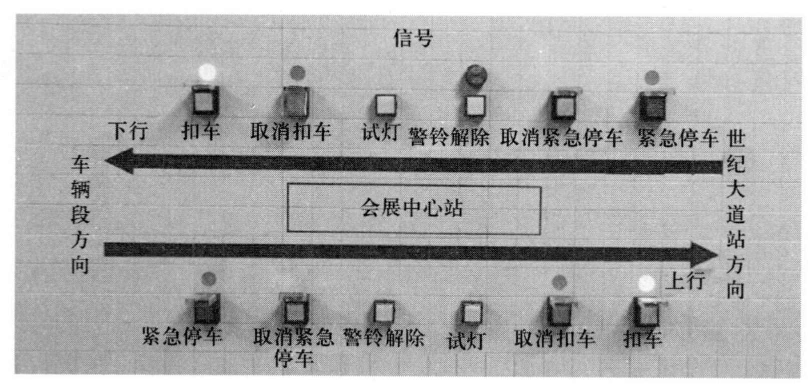

图 2–58　LCP 控制盘（IBP 盘信号模块）

（1）状态显示

扣车有效：IBP 盘“扣车”黄灯常亮。车站扣车：IBP 盘“取消扣车”红灯闪烁。跳停：IBP 盘“扣车”黄灯闪烁。

（2）车站设置扣车操作步骤

“扣车”黄灯常亮状态下，按下“扣车”按钮，则扣车生效，“取消扣车”红灯闪烁。

（3）车站取消扣车操作步骤

按下“取消扣车”按钮，扣车取消，恢复正常。

（4）紧急停车操作步骤

按下“紧急停车”按钮，“紧急停车”按钮红灯常亮，蜂鸣器响起。

2. 车站 ATS 工作站

车站 ATS 工作站是位于车控室的信号系统网络的区域终端设备（同台式计算机的组成类似），向车站人员显示反馈联锁设备和列车运行状态（见图 2–59）。该工作站能够在与调度中心失去通信联络和缺少授权的情况下，对本管辖范围内的信号、区段、道岔等设备进行人工操作，以及进路的手动办理。

3. 中央级 ATS 工作站

中央级 ATS 工作站是位于 OCC 的信号系统网络的中央级终端设备，能够远程控制车站设备、监视列车运行状态、人工控制进路，还能操作信号设备、道岔设备、轨道设备，以及与车站 ATS 工作站进行控制权限转换。

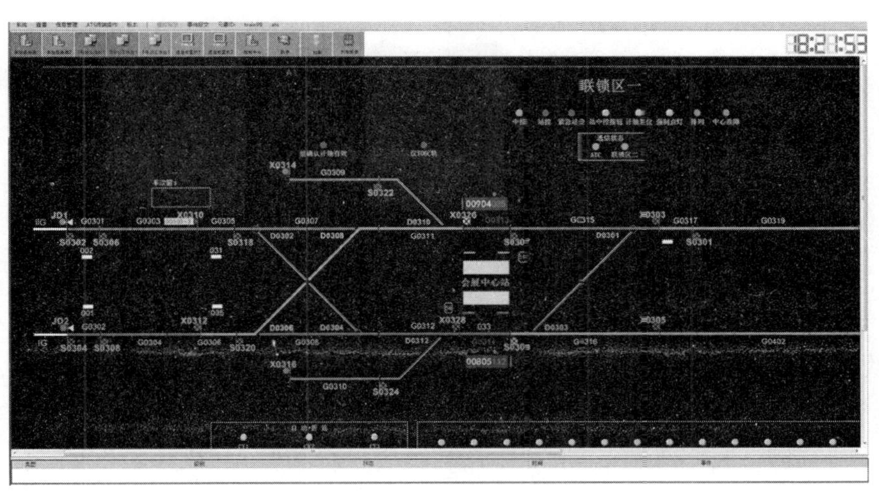

图 2-59　车站 ATS 工作站主界面

三、列车自动控制系统

城市轨道交通信号系统的核心是列车自动控制（简称 ATC）系统。ATC 系统包括三个子系统，即列车自动监控（简称 ATS）系统、列车自动防护（简称 ATP）系统和列车自动驾驶（简称 ATO）系统。

ATS 系统负责列车全部的运行监督和管理，包括中央和各站设备；ATP 系统负责全部的列车运行防护，也就是对那些与安全有关的子系统进行监控，如轨道占用状态监督、列车追踪运行、列车超速保护等，其设备包括轨旁设备和车载设备两个部分；ATO 系统负责列车的全部牵引和制动自动控制。三个子系统之间相互渗透，通过信息交换网络构成闭环系统，实现地面控制与车上控制结合、现地控制与中央控制结合，进而构成一个以安全设备为基础，集行车指挥、运行调整和列车驾驶自动化等功能为一体的列车自动控制系统。它是现代城市轨道交通核心控制技术之一。

1. 列车自动控制系统简述

ATC 系统按闭塞制式可分为固定闭塞式、准移动闭塞式和移动闭塞式。固定闭塞式 ATC 系统按控制方式不同，可分为速度码模式（台阶式）和目标－距离码模式（曲线式）；按机车信号传输方式不同，又可分为点式和连续式。目前移动闭塞式 ATC 系统在我国的城市轨道交通系统中使用最为广泛。

（1）固定闭塞式 ATC 系统

固定闭塞是指基于传统轨道电路的自动闭塞方式，闭塞分区按线路条件经牵引计算确定，一旦划定，将固定不变。固定闭塞式 ATC 系统中，列车以闭塞分区为最小行车间隔，根据这一特点实现行车指挥和列车运行的自动控制。固定闭塞 ATC 系统又可分为速度码模式和目标－距离码模式（见图 2-60）。

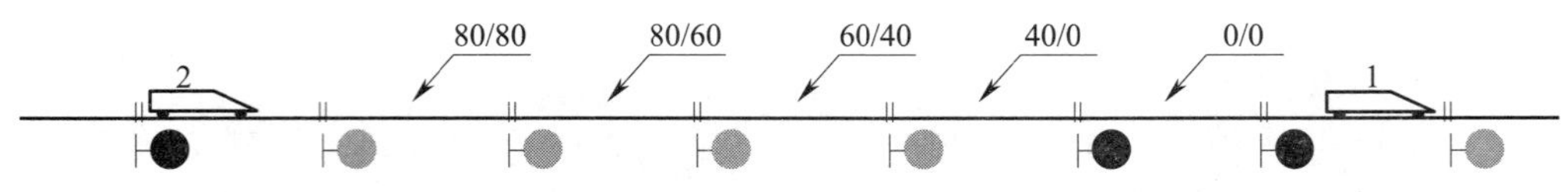

图 2-60　基于固定闭塞式的速度码控制方式示意图

由于列车定位是以固定区段为单位的（系统只知道列车在哪一个分区中，而不知道在分区中的具体位置），所以固定闭塞的速度控制模式是分级的（即阶梯式的），需要向列车传送的信息只有速度码。

（2）准移动闭塞式 ATC 系统

图 2-61 所示为基于准移动闭塞式的列车控制方式示意图。准移动闭塞对前、后列车的定位方式是不同的，前行列车的定位仍沿用固定闭塞的方式，后续列车的定位则采用连续的或移动的方式。为了提高后续列车的定位精度，目前各系统均在地面每隔一段距离设置一个定位标志（可以是轨道电路的分界点或信标等），列车通过时提供绝对位置信息。由于准移动闭塞同时采用移动和固定两种定位方式，所以它的速度控制模式既具有无级（连续）的特点，又具有分级（阶梯）的性质。若前行列车不动而后续列车前进时，其最大允许速度是连续变化的。而当前行列车前进，其尾部驶过固定区段的分界点时，后续列车的最大速度将按“阶梯”跳跃上升。

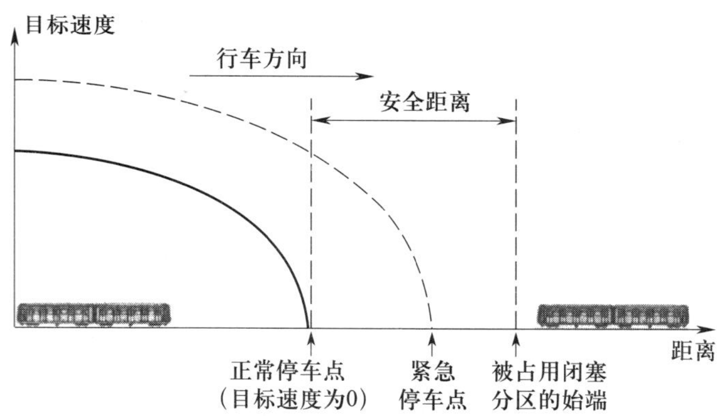

图 2-61　基于准移动闭塞式的列车控制方式示意图

（3）移动闭塞式 ATC 系统

图 2-62 所示为基于移动闭塞式的列车控制方式示意图。移动闭塞式 ATC 系统通常采用无线通信和地面交叉感应环线向列控车载设备传递信息。列车安全间隔距离是根据最大允许车速、当前停车点位置、线路等信息计算得出，信息被循环更新，保证列车不间断收到即时信息。移动闭塞式 ATC 系统利用列车和地面间的双向数据通信设备，使地面信号设备可以得到每一列车连续的位置信息，并据此计算出每一列车的运行权限，动态更新发送给列车。列车根据接收到的运行权限和自身的运行状态，计算出运行速度曲

线，实现精确的定点停车，实现完全防护的列车双向运行，更有利于充分发挥线路的通过能力。

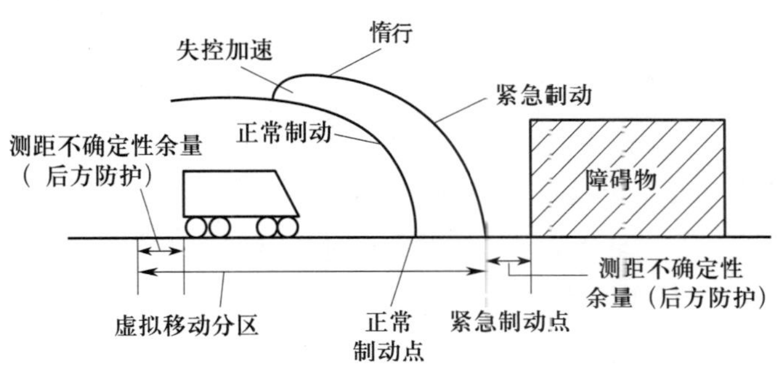

图 2-62　基于移动闭塞式的列车控制方式示意图

2. 列车自动监控系统

ATS 系统由控制中心、车站、车场和车载设备组成。ATS 系统在 ATP 系统的支持下完成对列车运行的自动监控，实现以下基本功能：

（1）通过 ATS 车站设备，能够采集轨旁及车载 ATP 系统提供的轨道占用状态、进路状态、列车运行状态，以及信号设备故障等控制和监督列车运行的基础信息。

（2）根据联锁表、计划运行图及列车位置，自动生成输出进路控制命令，传送至车站联锁设备，设置列车进路，控制列车停站时间。

（3）系统能自动完成正线区段内列车识别号（服务号、目的地号、车体号）跟踪，列车识别号可由中央 ATS 系统自动生成或调度员人工设定、修改，也可由列车经车－地通信系统发送。

（4）系统能根据列车运行实际的偏离情况，自动生成调整计划供调度员参考，或自动调整列车停站时间，控制发车时间。

（5）ATS 系统中央故障时，由调度员人工介入设置进路，对列车运行进行调整，由 ATS 系统车站完成自动进路或根据列车识别号进行自动信号控制，由车站人工进行进路控制。

（6）在计算机辅助下完成对列车基本运行图的编制及管理，并具有较强的人工介入能力。通过设在车辆段的终端，向车辆段管理及行车人员提供必要的信息，以便编制车辆运用计划和行车计划。

（7）列车运行显示屏及调度台显示器能对轨道区段、道岔、信号机和在线运行列车等进行监视，能在行车调度员工作站上给出设备故障报警及故障源提示。

（8）能在中央专用设备上提供模拟和演示功能，用于培训及参观。能自动进行运行报表统计，并根据要求进行显示打印。

（9）能在车站控制模式下与计算机联锁设备结合，将部分或所有信号机置于自动模式状态。

(10)能向通信设备、广播、旅客向导系统提供必要的信息。

3. 列车自动防护系统

ATP 系统由地面设备和车载设备组成，监督列车在安全速度下运行，确保列车一旦超过规定速度，立即施行制动，主要实现以下功能：

(1)自动连续地对列车位置进行检测，并向列车发送必要的速度、距离、线路条件等信息，确定列车运行的最大安全速度。提供列车速度保护，在列车超速时提供常用制动或紧急制动，保证前行与后续列车之间的安全间隔，满足正向行车时的设计行车间隔和折返间隔。能对反向运行列车进行防护。

(2)确保列车进路正确及列车的运行安全。确保同一方向上的不同列车之间具有足够的安全距离，以及防止列车侧面冲撞。

(3)防止列车超速运行，保证列车速度不超过线路、道岔、车辆等规定的允许速度。

(4)为列车车门的开启提供安全、可靠的信息。

(5)根据联锁设备提供的进路上轨道区间运行方向，确定相应轨道电路发码方向。

(6)任何车 – 地通信中断以及列车的非预期移动(含退行)、任何列车完整性电路的中断、列车超速(含临时限速)、车载设备故障等均将产生安全性制动。

(7)实现与 ATS 系统的接口和有关的信息交换。

(8)系统的自诊断、故障报警、记录。

(9)列车的实际速度、推荐速度、目标速度、目标距离等信息的记录和显示。具有人工或自动轮径磨耗补偿功能。

4. 列车自动驾驶系统

ATO 系统是控制列车自动运行的设备，由车载设备和地面设备组成，在 ATP 系统的保护下，可以根据 ATS 系统的指令实现列车自动驾驶、速度自动调整、列车车门控制，具体功能如下：

(1)自动控制列车的启动、牵引、巡航、惰行和制动，以较高的速度进行追踪运行和折返作业，确保达到设计行车间隔及平均运行速度。

(2)在 ATS 系统监控范围的入口及各站停车区域(含折返线、停车线)进行车 – 地通信，将列车有关信息传送至 ATS 系统，以便对在线列车进行监控。

(3)控制列车按照运行图运行，达到节能及自动调整列车运行的目的。

(4)实现车站站台定点停车控制、舒适度控制及节省能源控制。

(5)能根据停车站台的位置及停车精度，自动地对车门进行控制。

(6)与 ATS 系统和 ATP 系统结合，实现列车自动驾驶、有人或无人驾驶。

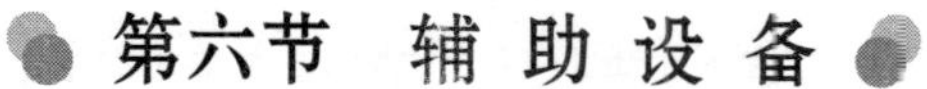

第六节　辅助设备

城市轨道交通是一个跨专业、多岗位联动的庞大系统，列车的运行服务需要多种系统的支持和辅助，其中最主要的就是供电系统、通信系统及车站设备综合监控系统。城市轨道交通系统的庞大，从 OCC 的指挥分工中可见一斑。

知识窗

OCC 的指挥分工

值班主任是 OCC 当值调度班组长，各调度员由值班主任协调统一指挥。在处理突发事件、事故时，各调度员有责任向值班主任提供本岗位的协助处理方案，并及时报告相关信息。

行车工作由行车调度员（简称“行调”）统一指挥。

变电、接触网系统的维修、抢险组织由电力调度员（简称“电调”）统一指挥。

门梯和自动化系统的维修、抢险组织由环控调度员（简称“环调”）统一指挥。

通信、信号、AFC、PIDS、门禁、桥隧线路、房建系统的维修、抢险组织由综合调度员统一指挥。

一、供电系统

供电系统为城市轨道交通系统运营提供所需电能，它不仅为电动列车提供牵引用电，而且还为参加运营服务的其他设施设备提供电能，如照明、通风、空调、给排水、通信、信号、防灾报警、自动扶梯等设施设备。

城市轨道交通供电系统构成如图 2-63 所示，一般包括外部电源系统（主变电所）、内部供电系统、电力监控系统。内部供电系统包括牵引供电系统和动力照明供电系统。

1. 外部电源系统

城市轨道交通系统作为城市电网的一个用户，一般都直接从城市电网取得电能，无须单独建设电厂。外部电源系统涉及城市电网和城市轨道交通系统的接口问题，是供电系统的重要组成部分。

外部电源系统的供电方式有集中式供电、分散式供电、混合式供电三种类型。

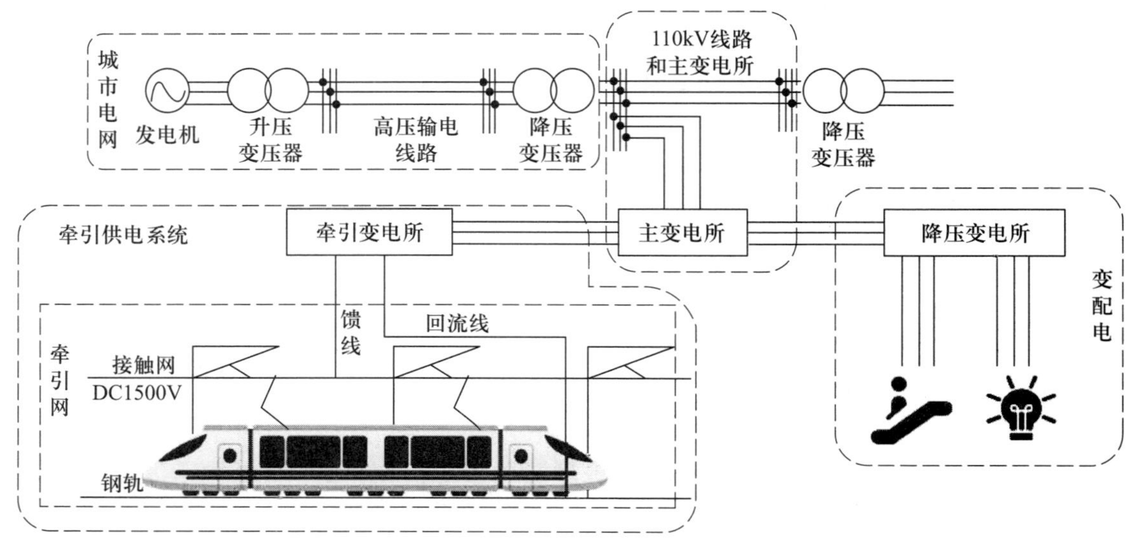

图 2-63 城市轨道交通供电系统构成

（1）集中式供电

采用集中式供电时，在城市轨道交通沿线，根据用电容量和线路长短建设专用的主变电所。主变电所进线电压一般为 110 kV，经降压后变成 35 kV 或 10 kV，供给牵引变电所与降压变电所。主变电所应有两路独立的进线电源。集中式供电有利于城市轨道交通供电形成独立体系，便于管理和运营，如图 2-64 所示。

（2）分散式供电

分散式供电是指在地铁沿线直接由城市电网引入多路电源构成供电系统的供电方式，一般为 10 kV 电压级，如图 2-65 所示。分散式供电要保证每座牵引变电所和降压变电所均获得双路电源，要求城市轨道交通沿线有足够的电源引入点及备用容量。

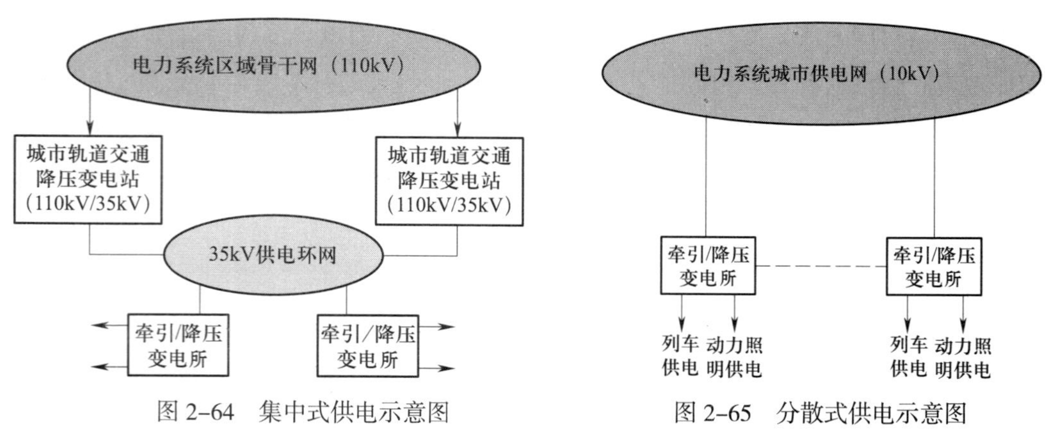

图 2-64 集中式供电示意图　　图 2-65 分散式供电示意图

（3）混合式供电

混合式供电是指将前两种供电方式结合起来的供电方式，一般以集中式供电为主，个别地段引入城市电网电源作为集中式供电的补充，使供电系统更加完善和可靠。

2. 内部供电系统

（1）牵引供电系统

牵引供电系统包括牵引变电所和接触网，如图 2–66 所示。牵引变电所将三相高压交流电变成适合电动车辆使用的直流电，馈电线再将牵引变电所的直流电送到接触网上，电动车辆通过其受流器与接触网的直接接触而获得电能。

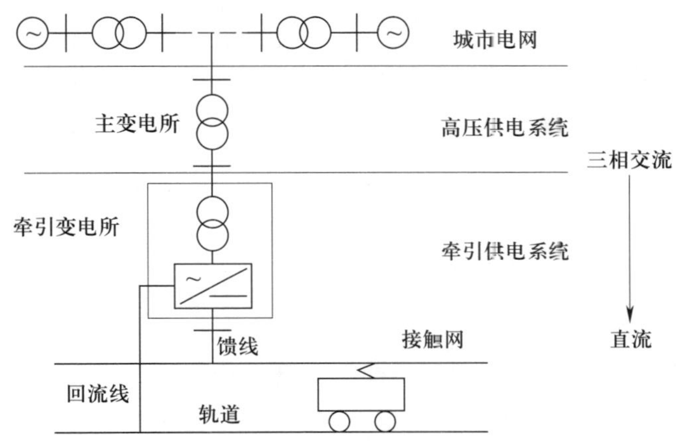

图 2–66　牵引供电系统构成示意图

接触网是沿线路敷设的专为电动车辆供给电源的装置，由正极接触网供电，负极走行轨回流。全世界城市轨道交通线路中，除巴黎个别线路为第四轨回流外，全都采用走行轨回流。接触网主要有接触轨和架空接触网两种敷设形式。接触轨可以分为上部接触式、下部接触式、侧面接触式三类不同受电方式，接触网可以分为刚性接触网和柔性接触网。图 2–67 为接触网工作原理示意图，图 2–68 所示为接触轨结构示意图。

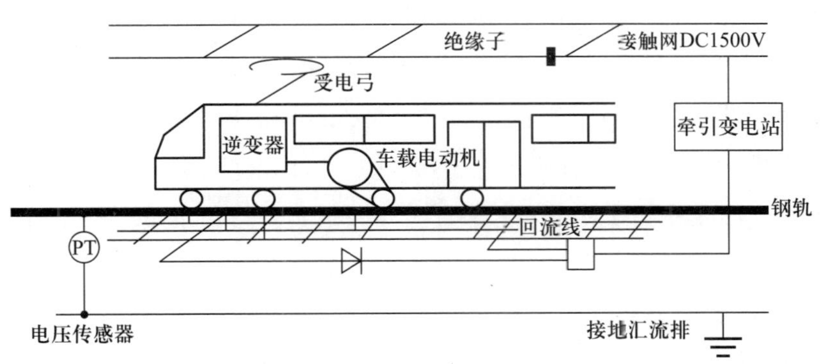

图 2–67　接触网工作原理示意图

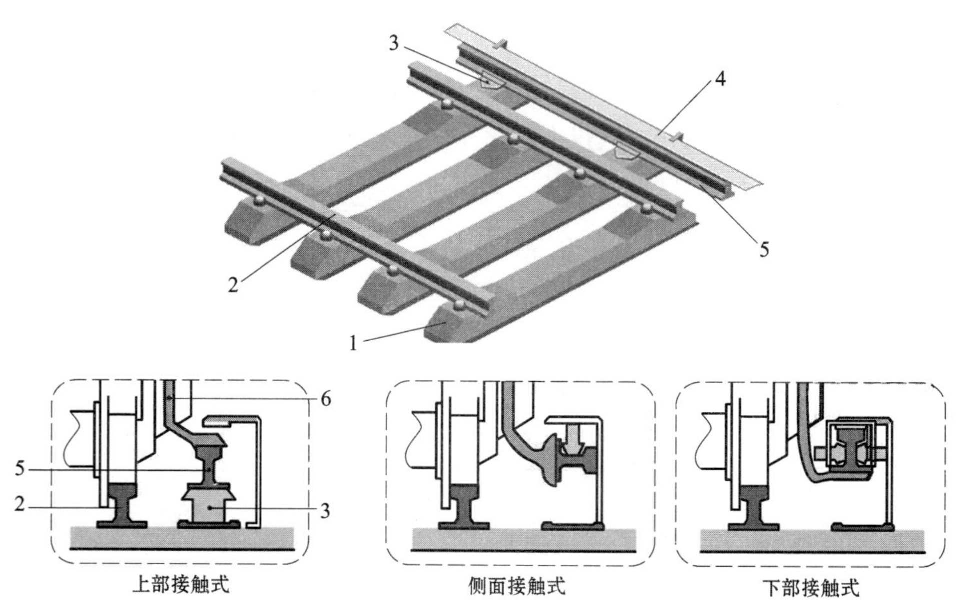

图 2-68　接触轨结构示意图

1—轨枕　2—铁轨　3—绝缘体　4—防护罩　5—接触轨（第三轨）　6—集电装置

（2）动力照明供电系统

动力照明供电系统为车站和区间各类照明设施、扶梯、风机、水泵等动力机械设备和通信、信号、自动化等设备提供电源，由降压变电所和动力照明配电线路组成。

动力照明供电系统的降压变电所一般设有两台电力变压器，其容量应该满足：正常运行时，两台变压器分列运行，同时供电，负荷率不超过 70%；当一台变压器发生故障解列时，自动切除三类负荷，另一台变压器可承担该所供电范围内的全部一、二类负荷，保证城市轨道交通的正常运行。一类负荷要求双电源、双电缆，供电末端自动切换，来电自复；二类负荷为双电源、单电缆；三类负荷为单电源、单电缆。

一类负荷包括通信系统、信号系统、牵引供电系统、电力监控系统、防灾报警系统、机电设备监控系统、主控系统、自动售检票系统、站台门、防淹门、消防泵、废水泵、雨水泵、事故风机及其风阀、排烟风机及其风阀、站厅和站台照明、事故照明。

二类负荷包括非事故风机及其风阀、排污泵、自动扶梯、设备区照明和管理区照明、楼梯升降机、民用通信电源、冷冻机组控制器电源、维修电源。

三类负荷包括冷水机组（多联空调机）、冷冻水泵、冷却水泵、冷却塔风机、广告照明、清扫电源。

3. 电力监控系统（SCADA）

电力监控系统保证控制中心对主变电所、牵引变电所、降压变电所等供电设备运行状态进行监视、控制和数据采集，实现集中监视和集中控制。

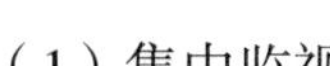

（1）集中监视

控制中心对各变电所的量值进行遥测：正常状态下确保系统合理运行；事故时及时了解事故的发生范围，加快事故处理进度，提高安全运行水平。遥测的主要参数包括进线、母线、馈线的电压、电流、有功电能、无功电能、有功功率、无功功率及主变压器温度等。

（2）集中控制

变电所的各种实时信息，包括断路器开关的位置、保护信号和预告信号，通过通信网络传输到控制中心，并显示在模拟屏上。电力调度员可以通过中央远程控制，实现开关操作、停送电操作，实现无人化或少人化控制，提高运行操作质量，改善劳动条件。

二、通信系统

通信系统应安全、可靠，在正常情况下应为运营管理、行车指挥、设备监控、防灾报警等系统传送语音、数据、图像等信息。在非正常或紧急情况下，通信系统应能作为抢险救灾的通信手段。通信系统可以采用有线及无线通信等方式，为城市轨道交通工作人员提供内部、外部联络用的通信手段，还可以将大量的监控数据进行传输，为调度指挥及相关人员传输有关设备、行车、灾害的信息和现场图像，作为决策依据，并提供发布各种控制和指挥命令的通信手段。

1. 通信系统应符合的条件

（1）传输系统应满足通信各子系统和其他系统信息传输的要求。

（2）无线通信系统应为控制中心调度员、车站值班员等固定用户与列车司机、防灾人员、维修人员、公安人员等移动用户之间提供通信手段，满足行车指挥及紧急抢险的需要，并应具有选呼、组呼、全呼、紧急呼叫、呼叫优先级权限等调度通信、存储及监测等功能。

（3）电视监视系统应为控制中心调度员、车站值班员、列车司机等提供列车运行、防灾救灾和乘客疏导等视觉信息。

（4）公务电话系统应满足城市轨道交通各部门间进行公务通话及业务联系的需要，并应纳入公用网。公务电话系统设备应具备综合业务数字网络的交换能力。

（5）专用电话系统应保证控制中心调度员及车站、车辆基地值班员之间实现行车指挥和运营管理；调度电话系统应具有单呼、组呼、全呼等调度功能。

（6）广播系统应保证调度员和车站值班员向乘客通告列车运行和安全、向导等服务信息，向工作人员发布作业命令和通知。防灾广播应优先于行车广播。

（7）时钟系统应为工作人员、乘客及相关系统设备提供统一的标准时间信息。

2. 通信系统的主要组成

通信系统主要包括传输系统、公务电话系统、专用电话系统、无线系统、广播系统、电视监控系统、时钟系统、电源及接地系统。

三、车站设备综合监控系统

综合监控系统（ISCS）由控制中心 CISCS、各车站级 SISCS、车辆段 ISCS、停车场 DISCS、网络管理系统（NMS）、培训管理系统（TMS）、维护管理系统（MMS）等组成。一般软件采用分层体系结构，借助成熟稳定的中间件技术，使系统模块化和松耦合，实现故障分离；同时采用分布式 C/S 结构和标准 TCP/IP 协议，并且在软硬件方面实现冗余容错管理，保证系统安全稳定运行。

1. 车站设备综合监控系统的主要功能

图 2-69 所示为车站设备综合监控系统结构，地铁综合监控的主要功能包括对机电设备的实时集中监控功能和各系统之间的协调联动功能两大部分。一方面，通过综合监控系统，可实现对电力设备、火灾报警信息及其设备、车站环控设备、区间环控设备、环境参数、站台门设备、防淹门设备、电扶梯设备、照明设备、门禁设备、自动售检票设备、广播和闭路电视设备、乘客信息显示系统的播出信息和时钟信息等进行实时集中监视和控制的基本功能；另一方面，通过综合监控系统，还可实现晚间非运营情况下、日间正常运营情况下、紧急突发情况下和重要设备故障情况下各相关系统设备之间协调互动等高级功能。

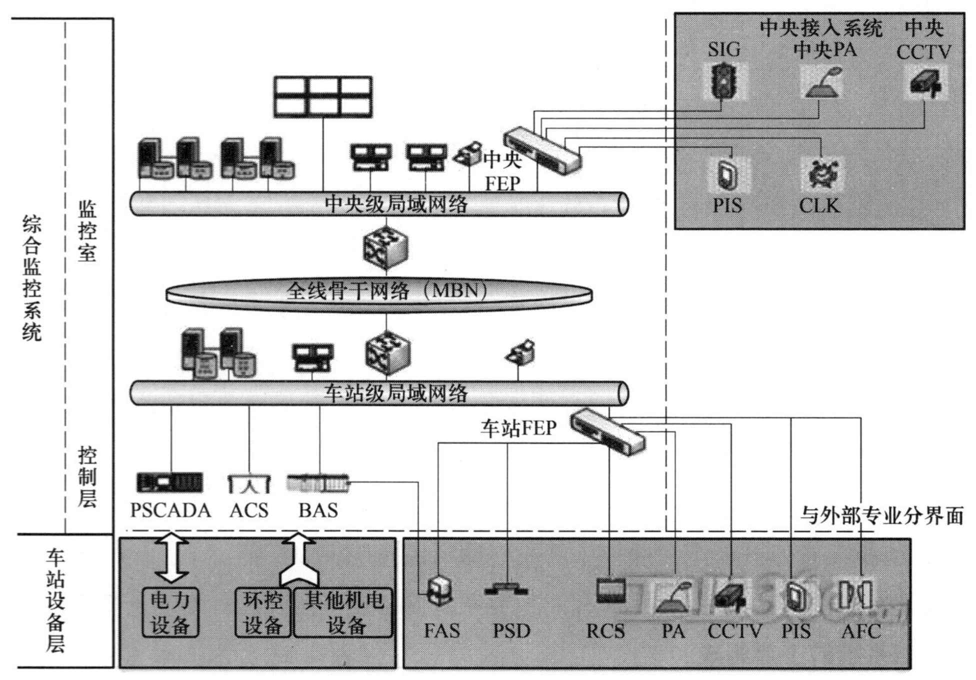

图 2-69　车站设备综合监控系统结构

车站设备综合监控系统主要实现以下功能：站台门状态的远程监控，BAS 环控模式、照明模式的启动与关闭，BAS 管理设备（风机、风阀、冷水机组、水泵、水阀等设备）的点动操作和运行状态监控，FAS 运行状态监控和报警反馈，气体保护系统运行状态监控和报警反馈，扶梯、液压梯运行状态监控，供电系统运行状态监控和远程控制、AFC 系统运行状态监控和远程控制、防淹门状态监控和远程控制、远程控制广播系统实现自动广播和人工广播。

2. 综合后备盘（IBP）的应急操作

综合后备盘（IBP）是一种人机接口装置，设置在每个车站的控制室，当在中央一级发生通信故障或在车站一级发生人机界面故障时，可作为车站设备综合监控系统的应急操作设备。IBP 为信号系统、机电设备监控系统、门禁系统、自动售检票系统、站台门系统、电扶梯系统、防淹门提供一个统一的硬件安装平台，使应急处理更为便利。图 2–70 所示为车站 IBP 盘各模块分布图。

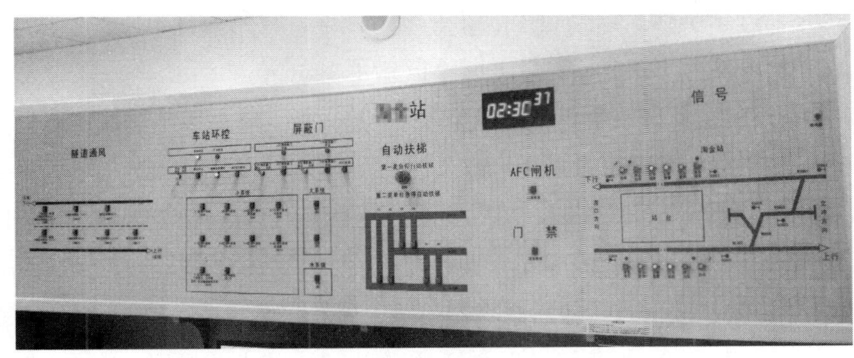

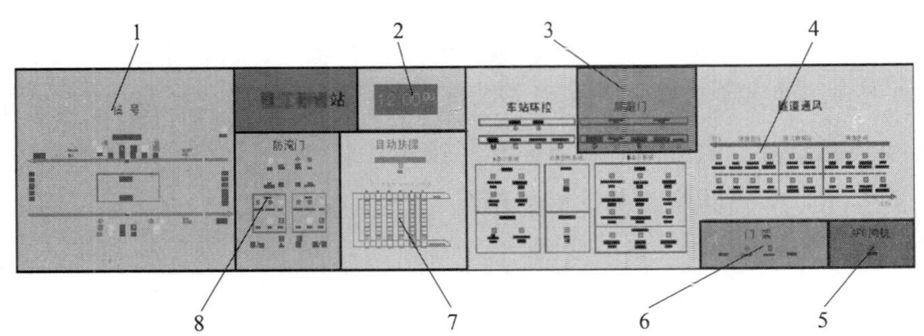

图 2–70　车站 IBP 盘各模块分布图

1—信号系统备用控制区　2—电子时钟显示　3—屏蔽门备用控制区　4—EMCS 备用控制区　5—AFC 备用控制区
6—ACS 备用控制区　7—扶梯备用控制区　8—防淹门备用控制区或消防联动备用控制区

（1）信号系统备用控制区

图 2–71 所示为信号系统备用控制区。信号系统备用控制区对线路上下行分别进行控制，上下行的按钮是一样的，分别有扣车、终止扣车、灯泡试验、切断报警、取消紧停、紧

急停车，还有一个蜂鸣器，可进行扣车、终止扣车、灯泡试验、切断报警、取消紧停、紧急停车等功能的操作。

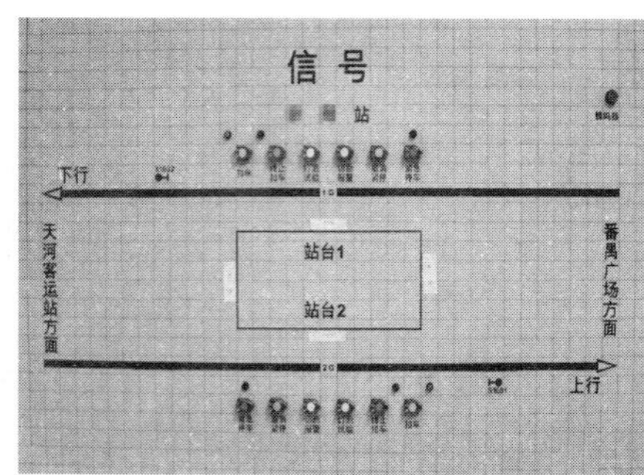

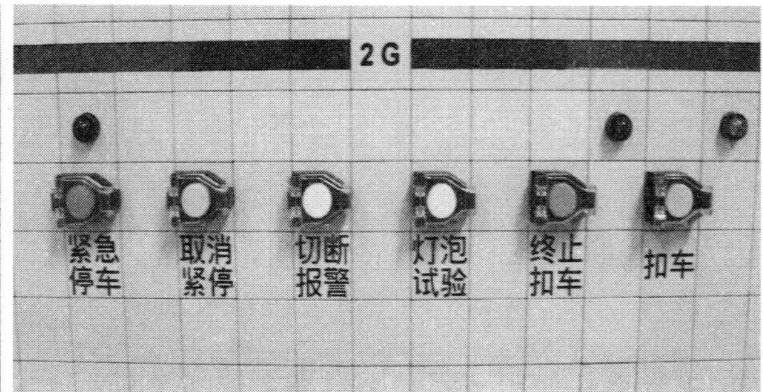

图 2-71　信号系统备用控制区

“扣车”按钮：“扣车”操作只对处于 CTC 模式下采用 AM、SM 驾驶模式的装备列车有效。当上行扣车允许（黄色）指示灯亮起的时候，按下上行线“扣车”按钮可以将上行线的列车扣起。此时上行扣车指示灯亮起（闪烁为车站扣车、常亮为行车调度员扣车），列车将停留在站台，不允许离开（注意：黄灯灭时不能扣车）。

“终止扣车”按钮：依次按下“终止扣车”“扣车”和“终止扣车”按钮，红色扣车指示灯熄灭（注意：取消扣车时一定要谁扣谁放）。

“灯泡试验”按钮：按下此按钮，IBP 盘上信号系统的指示灯将全部亮起，以便检查指示灯是否正常。

“切断报警”按钮：按下此按钮后蜂鸣器不响，停止报警声响。

“紧急停车”按钮：“紧急停车”操作只对处于 CTC 模式下采用 AM-C、SM-C、AR 驾驶模式的装备列车有效，对 CTC 模式下采用 AM-I、SM-I 驾驶模式的非装备列车或 ITC 模式下采用 AM-I、SM-I 的列车只具备有限功能。按下上行线“紧急停车”按钮，上行线列车将紧急停车。蜂鸣器响，上行紧急停车（红色）指示灯亮起，列车将不允许驶进、驶出站台。

“取消紧停”按钮：按下“取消紧停”按钮，上行线列车将取消紧急停车，上行紧急停车（红色）指示灯熄灭（注意：按“紧急停车”和“取消紧停”按钮，蜂鸣器都会报警，按下“切断报警”按钮后蜂鸣器不响）。

（2）防淹门备用控制区

图 2-72 所示为防淹门备用控制区。

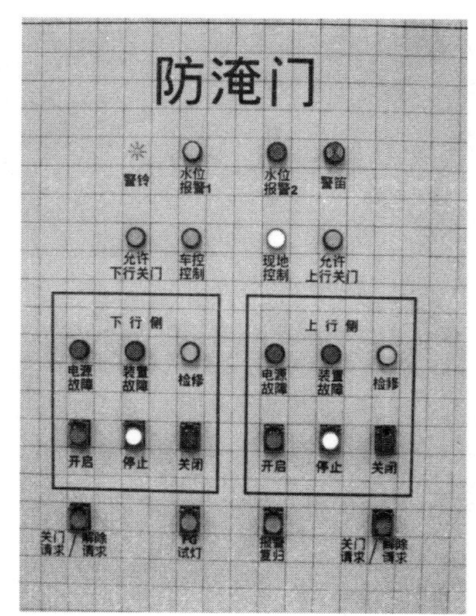

图 2-72　防淹门备用控制区

“水位报警 1”指示灯：灯亮时表示本站隧道水位达

到 1 级报警状态，警铃发出报警信号。

“水位报警 2”指示灯：灯亮时表示本站隧道水位达到 2 级报警状态，警笛发出报警信号。

“车控控制”指示灯：灯亮时表示本站上行侧防淹门处于车控控制状态，可以使用 IBP 盘控制防淹门。

“现地控制”指示灯：灯亮时表示本站防淹门处于现地控制状态，必须到现场控制防淹门，不能使用 IBP 盘控制。

“允许上 / 下行关门”指示灯：灯亮时表示允许上 / 下行关门，此时可以操作防淹门系统上 / 下行侧的按钮。

“关门请求 / 解除请求”按钮：按下此按钮，向信号系统发出上 / 下行关门请求，请求通过后，“允许上 / 下行关门”指示灯亮起。“允许上 / 下行关门”指示灯未亮之前，再按一次此按钮可以解除关门请求。

“FG 试灯”按钮：按下此按钮，IBP 盘上防淹门系统的指示灯将全部亮起，以便检查指示灯是否正常。

“报警复归”按钮：水位报警时按此按钮可停止报警声响。

“抢修”指示灯：灯亮时表示本站上 / 下行侧防淹门处于抢修状态。

“开启”按钮：开启本站上 / 下行侧防淹门（“允许上 / 下行关门”灯亮起时有效）。

“停止”按钮：停止本站上 / 下行侧防淹门（“允许上 / 下行关门”灯亮起时有效）。

“关闭”按钮：关闭本站上 / 下行侧防淹门（“允许上 / 下行关门”灯亮起时有效）。

需要注意的是，水位报警 1 和水位报警 2 报警时都要派人到现场确认情况。

（3）扶梯备用控制区

图 2–73 所示为扶梯备用控制区。第一类急停自动扶梯：为出入口所有扶梯按下此“急停”按钮，本站自动扶梯全部急停。第二类单台急停自动扶梯：按下每条扶梯对应的“急停”按钮，可对该扶梯实施急停控制。

（4）BAS 备用控制区

图 2–74 所示为 BAS 备用控制区，可实现 BAS 的 A、B 端站厅小系统火灾模式控制、站厅公共区大系统火灾模式控制、隧道火灾模式控制、阻塞模式下的隧道通风控制等。

“自动状态”指示灯：灯亮时，BAS 备用控制区处于自动状态，此时不能使用 IBP 盘控制。

“手动状态”指示灯：灯亮时，BAS 备用控制区处于手动状态，此时可以使用 IBP 盘控制启动相关的环控模式。

“自动 / 手动”钥匙转换开关：切换车站环控系统的自动 / 手动状态。

“模式中止”按钮：中止当前紧急模式的执行。

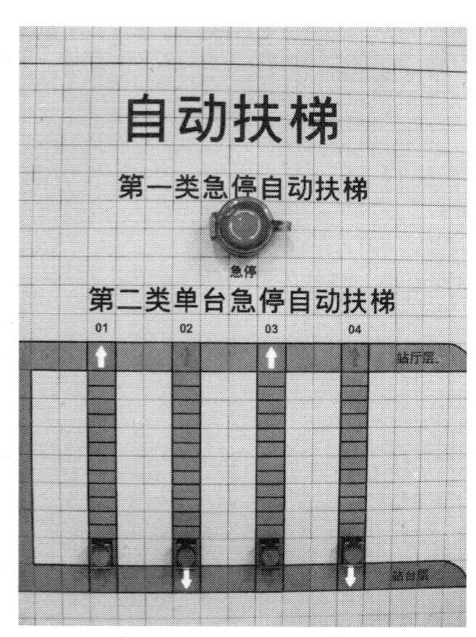

图 2–73　扶梯备用控制区

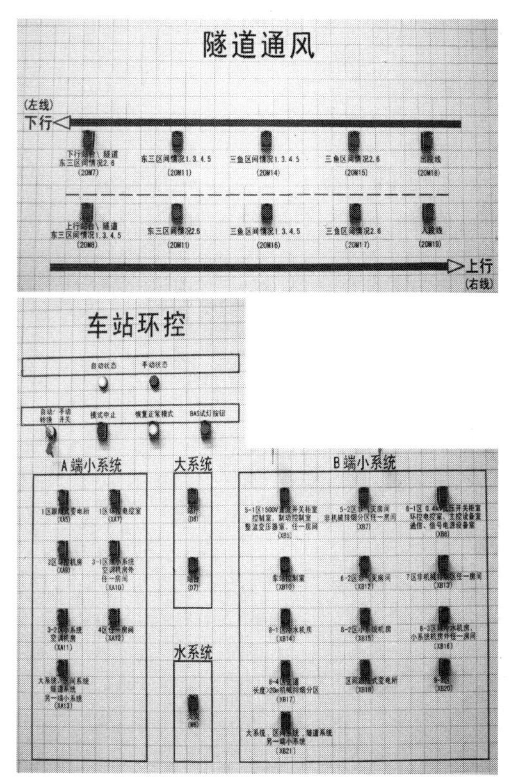

图 2–74　BAS 备用控制区

“恢复正常模式”按钮：停止执行紧急模式，控制 BAS 恢复执行正常运营情况下的模式。

“BAS 试灯”按钮：按下此按钮，IBP 盘上门禁系统的指示灯将全部亮起，以便检查指示灯是否正常。

其他按钮分别是执行相应紧急模式的启动按钮，当 BAS 备用控制区处于手动状态的时候，按下相应按钮，BAS 便会执行相应的紧急模式。

需要注意的是，操作时要按照环控调度员命令执行，不要擅自操作。

（5）屏蔽门备用控制区

图 2–75 所示为屏蔽门备用控制区。

“上行侧屏蔽门开启”指示灯：灯亮时，上行屏蔽门处于开启状态。

“上行侧屏蔽门禁止 / 允许”钥匙转换开关：将此开关切换到“允许”状态时，才能使用“上行侧屏蔽门开启”按钮。

“上行侧屏蔽门开启”按钮：按下此按钮后，本站站台上行线的屏蔽门将全部开启。

“下行侧屏蔽门开启”指示灯：灯亮时，下行屏蔽门处于开启状态。

“下行侧屏蔽门禁止 / 允许”钥匙转换开关：将此开关切换到“允许”状态时，才能使用“下行侧屏蔽门开启”按钮。

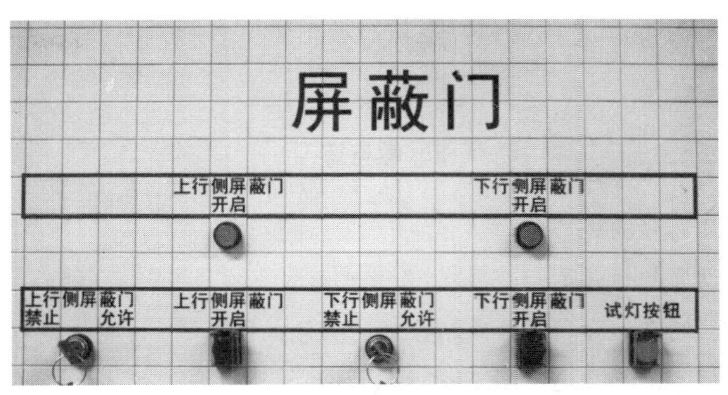

图 2-75　屏蔽门备用控制区

“下行侧屏蔽门开启”按钮：按下此按钮后，本站站台下行线的屏蔽门将全部开启。

“试灯”按钮：按下此按钮，IBP 盘上屏蔽门系统的指示灯将全部亮起，以便检查指示灯是否正常。

需要注意的是，当站台某侧整列屏蔽门不能开启时，可以通过在 IBP 盘上操作，先把钥匙转到“允许”位，然后按屏蔽门开启，上面的指示灯亮，再按一次，屏蔽门关闭。屏蔽门开关门控制优先级从高到低依次为手动解锁、屏蔽门专用钥匙手动操作（就地级）、火灾紧急操作、PSL 操作（站台级）、屏蔽门与信号联锁控制（系统级）。

（6）AFC 备用控制区

图 2-76 所示为 AFC 备用控制区。

“紧急释放”按钮：按下此按钮，本站内所有 AFC 闸机将全部释放，让乘客通过（紧急情况下才能使用）。操作后，所有进出闸机都会变成常开状态，再按一次恢复正常模式。

（7）ACS 备用控制区

图 2-77 所示为 ACS 备用控制区。

图 2-76　AFC 备用控制区

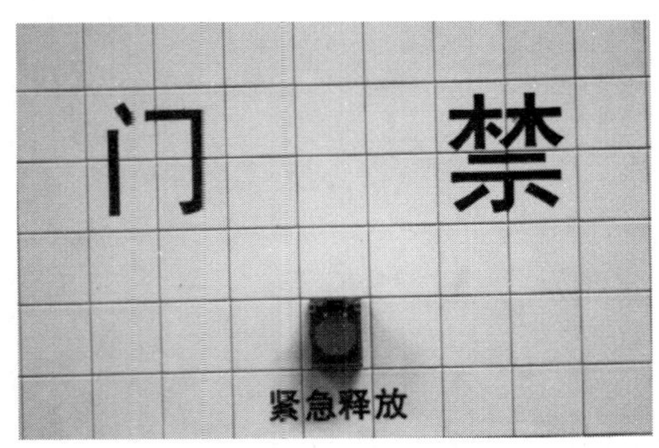

图 2-77　ACS 备用控制区

“紧急释放”按钮：按下此按钮，本站门禁系统所有门将全部释放（紧急情况下才能使用）。

思考与练习

1. 车站由哪几部分构成？
2. 停车场的设置必须满足哪些要求？
3. 岛式站台、侧式站台和混合式站台分别有什么特点？
4. 简述 ATC 系统的组成子系统及其主要功能。

第三章　行车组织基本原理

学习目标：

◆ 能够列举城市轨道交通行车组织的基本原理。

◆ 能够描述行车信号、行车凭证、行车进路、行车闭塞法、联锁、列车运行图、行车规章与报表的基本内容。

◆ 能够运用行车组织的基本原理解决给定条件下的具体问题。

城市轨道交通系统是一种大运量的公共交通系统。随着运营里程的增加和客运量的大幅攀升，城市轨道交通作为城市公共交通主动脉，由于线路多在地下、环境相对封闭，即便发生一起 10 min 以内的停运故障，也会造成极大影响，存在重大安全隐患，因此要求列车运行保持极高的安全性。

列车在城市轨道交通车辆基地、正线有目的的移动过程中，必须有可靠的运行环境，并遵循一定的规则，避免产生延误、停运、追尾甚至相撞等事件、事故。因此，为了保障列车有序、高效、安全运行，要充分了解行车组织的基本原理。

第一节　行 车 信 号

在城市轨道交通系统中，信号系统是一个集行车指挥和列车运行为一体的重要系统，直接影响运营安全、运营效率和服务质量。信号系统的运作有控制中心调度指挥模式、车站就地控制模式和列车控制模式三种模式。

一、行车信号概述

1. 信号基本含义

行车信号是以标志物、灯具、仪表和音响等向行车人员传送列车、机车、车列等运行条件、行车设备状态和行车有关指示的技术与设备，其作用是保证列车、机车、车列等安全有序运行。

一般使用的视觉信号有三种基本颜色：红色表示禁止、必须停车、禁止越过，黄色表示警告、注意或减速运行，绿色表示允许、按规定速度运行。

在车辆段的信号显示中，部分线路还采用蓝色表示禁止越过，月白色表示允许调车。

七种色光中，红色光的波长最长，其穿过介质的能力最强，即光线的穿透力最强。同样强度的光，红色相比其他颜色更能引起人的注意。因此，红色灯光、红色旗帜普遍应用于交通运输领域，作为要求停车的信号。

表 3–1 所示为常见信号的图形表示符号。

表 3–1　　常见信号的图形表示符号

名称	符号	名称	符号
红色灯光	●	空灯位	⊗
黄色灯光	⊘	稳定红灯	●
绿色灯光	○	稳定绿灯	○
蓝色灯光	⊙	高桩信号	├○　○┤
月白色灯光	◎	矮柱信号	│○　○│

2. 信号基本要求

（1）各种信号机的灯光排列、颜色、外形尺寸应符合标准。

（2）信号机的显示方式和表达的含义必须统一并且符合规定的要求。

（3）信号机的设置必须保持能够进行实时检测、故障警告，为列车运行提供安全保障、正确信息。

（4）一般情况下，城市轨道交通系统的信号机设置在运行线路的右侧，与列车司机的驾驶位置相同，便于瞭望和确认信号。

（5）信号显示应满足“故障 – 安全原则”，即在系统或设备发生故障、错误或失效的情况下，能自动导向安全侧并具有减轻直至避免损失的功能，确保行车安全的要求。

（6）行车手信号、行车听觉信号的显示方式和表达的含义应该符合规定要求。

（7）信号机的设置及行车手信号、行车听觉信号的显示应考虑线路地形、地物的相关影响。

（8）各种地面信号机及表示器的显示距离应符合下列规定：行车信号和道岔防护信号应不小于 400 m，调车信号和道岔状态表示器应不小于 200 m，道岔状态表示器以外的各种表示器应不小于 100 m。

3. 信号基本类型

（1）按接收信号的感官分类

按接收信号的感官不同，可以把信号分为视觉信号和听觉信号两大类。视觉信号是用

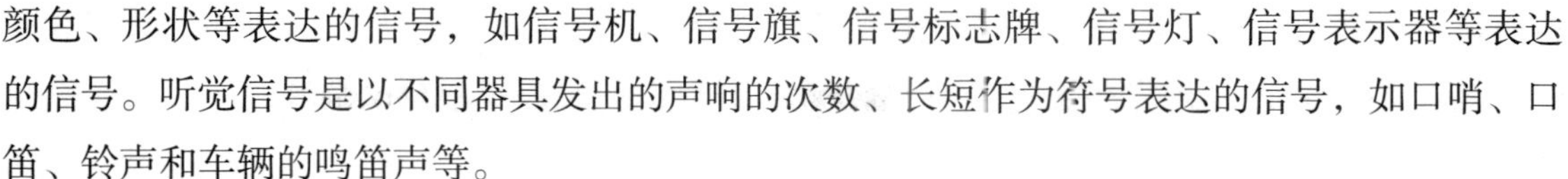

颜色、形状等表达的信号，如信号机、信号旗、信号标志牌、信号灯、信号表示器等表达的信号。听觉信号是以不同器具发出的声响的次数、长短作为符号表达的信号，如口哨、口笛、铃声和车辆的鸣笛声等。

（2）按信号是否可以移动分类

按信号是否可以移动，可以把信号分为固定信号、移动信号和手信号三类。固定信号是被固定地安装在运行线路一定位置，用以指示列车运行和调车工作的信号，如信号机、行车信号标志牌、信号表示器等。当运行线路在特殊情况下需要施工、救援，要求列车禁止驶入某地点、区域或必须减速运行时，应设置移动信号，如停车信号牌或灯、减速信号牌或灯、减速防护地段终端信号牌或灯。移动信号应根据需要临时设置或撤除。手信号是行车有关人员手拿信号旗或直接用手臂显示的信号，用来表达相关的含义，指示列车或者车辆的允许和禁止条件。

（3）按信号的用途和功能分类

按信号的用途和功能不同，可以将信号分为信号机信号和信号表示器信号。

信号机可分为进站信号机、出站信号机、防护信号机、调车信号机、复示信号机、阻挡信号机、引导信号机等。信号表示器是表示运行线路设备状态、位置变化的信号，如道岔表示器、脱轨表示器、车挡表示器、发车表示器等（见图 3–1）。

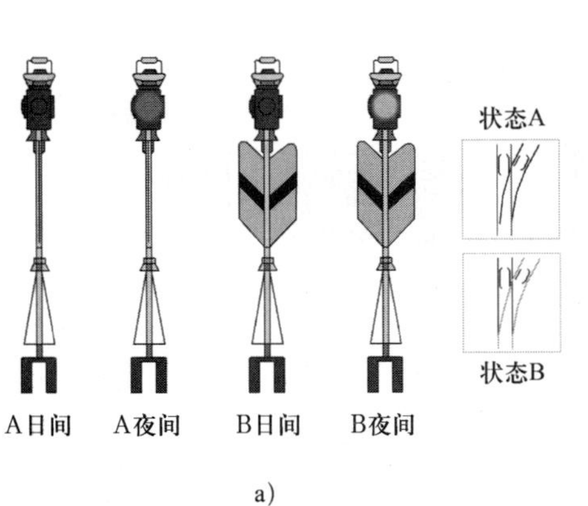

a）

b）

图 3–1　信号表示器

a）道岔表示器　b）脱轨表示器

二、行车信号显示

行车信号的显示方式包括色灯信号、手信号、徒手信号、音响信号等。

1. 色灯信号显示

色灯信号机是行车组织最基本的信号设备，其常态显示为红色，表示禁止越过，保证其所防护的区间（区段）不被列车、车列和机车侵入。在轨道电路等设备发生故障时，色灯信号机应显示红色。当色灯信号机无显示色时，视作显示红色。在车辆段，调车作业也有采用蓝色灯光表示禁止越过。某地铁正线进路色灯信号显示见表 3–2，车辆段色灯信号显示见表 3–3。

表 3–2　某地铁正线进路色灯信号显示

序号	信号灯显示	行车指示
1	绿灯	开通直股允许越过
2	黄灯	开通弯股（侧股）允许越过
3	红灯 + 黄灯	引导信号允许越过
4	红灯	停止（禁止越过）

表 3–3　某地铁车辆段色灯信号显示

序号	信号灯显示	行车指示
1	黄灯	允许列车出、入车辆段
2	红灯	停止（禁止越过）
3	蓝灯	停止（禁止越过）
4	红灯 + 黄灯	引导信号，允许列车入车辆段
5	月白灯	允许调车

2. 手信号显示

在特定情况下，需要使用手信号沟通相关行车信息。地面车站、车辆基地内，昼间使用信号旗，夜间使用信号灯；地下车站只使用信号灯。使用信号旗时，一般左手持红色信号旗，右手持绿色信号旗。某地铁列车运行手信号显示规定见表 3–4，调车手信号显示规定见表 3–5。

表 3–4　某地铁列车运行手信号显示规定

序号	类别	显示方式	
		昼间	夜间
1	停车信号：要求列车停车	展开的红色信号旗，无红色信号旗时，两臂高举头上，向两侧急剧摇动	红色灯光，无红色灯光时，用白色灯光上下急剧摇动
2	紧急停车信号：要求司机紧急停车	展开红色信号旗下压数次，无红色信号旗时，两臂高举头上，向两侧急剧摇动	红色灯光下压数次，无红色灯光时，用白色灯上下急剧摇动
3	减速信号：要求列车降低速度运行	展开的黄色信号旗，无黄色信号旗时，用绿色信号旗下压数次	黄色信号灯光，无黄色灯光时，用白色或绿色灯光下压数次

续表

序号	类别	显示方式	
		昼间	夜间
4	发车（指示）信号：要求司机发车	展开的绿色信号旗上弧线向列车方面作圆形转动	绿色灯光上弧线向列车方面作圆形转动
5	通过信号：准许列车由车站通过	展开的绿色信号旗	绿色灯光
6	引导信号：准许列车进入车站或车辆段	展开黄色信号旗，高举头上并左右摇动	黄色灯光高举头上并左右摇动
7	降弓信号	左臂垂直高举，右臂前伸并左右水平重复摇动	白色灯光上下左右重复摇动
8	升弓信号	左臂垂直高举，右臂前伸并上下重复摇动	白色灯光作圆形转动
9	好了信号：进路开通、某项作业完成的显示	用拢起的信号旗作圆形转动	白色灯光作圆形转动

表 3–5　　某地铁调车手信号显示规定

序号	类别	显示方式	
		昼间	夜间
1	停车信号	展开的红色信号旗，无红色信号旗时，两臂高举头上，向两侧急剧摇动	红色灯光，无红色灯光时，用白色灯光上下急剧摇动
2	减速信号	展开的绿色信号旗下压数次	绿色灯光下压数次
3	指挥列车或车辆向显示人方向来的信号	展开的绿色信号旗在下方左右摇动	绿色灯光在下方左右摇动
4	指挥列车或车辆向显示人反方向去的信号	展开的绿色信号旗上下摇动	绿色灯光上下摇动
5	指挥列车或车辆向显示人方向稍行移动的信号（包括连挂）	左手拢起红色信号旗直立平举，右手持展开的绿色信号旗在下方左右小摆动	绿色灯光下压数次后，再左右小摆动
6	指挥列车或车辆向显示人反方向稍行移动的信号（包括连挂）	左手拢起红色信号旗直立平举，右手持展开的绿色信号旗在下方上下小摆动。	绿色灯光平举上下小摆动

续表

序号	类别	显示方式	
		昼间	夜间
7	三、二、一车距离信号	右手持展开的绿色信号旗下压三、二、一次	绿色灯光平举下压三、二、一次
8	连挂作业	两臂高举头上，拢起的信号旗杆成水平，末端相接	红、绿色灯光（无绿色灯时用白色灯光代替）交互显示数次
9	试拉信号（连挂好后试拉）	按本表第 5 或第 6 项的信号显示，当列车启动后立即显示停车信号	
10	取消信号：通知前发信号取消	拢起手信号旗，两臂于前下方交叉后，左右摇动数次	红色灯光作圆形转动后，上下摇动

3. 徒手信号显示

调车人员或管理人员及行车有关人员检查工作或遇列车救援、发生紧急情况，没有携带信号灯或信号旗时，可用徒手信号显示。某地铁徒手信号显示规定见表 3–6。

表 3–6　　某地铁徒手信号显示规定

序号	徒手信号类别	显示方式
1	紧急停车信号（含停车信号）	两手臂高举头上，向两侧急剧摇动
2	三、二、一车信号	单臂平伸后，小臂竖直向外压直，反复三次为三车、二次为二车、一次为一车
3	连挂信号	紧握两拳头高举头上，拳心向里，两拳相碰数次
4	试拉信号	如本表第 5 或第 6 项，当列车刚启动时，马上给停车信号（第 1 项）
5	向显示人方向稍行移动	左手高举直伸，右手平伸，小臂左右摇动
6	向显示人反方向稍行移动	左手高举直伸，右手向下斜伸，小臂上下摇动
7	发车（指示）信号（好了信号）	单臂向列车运行方向上弧圈做圆形转动

4. 音响信号显示

音响信号包括鸣笛（列车、车列、工程车、轨道车等）和口笛，长声为 2 s，短声为 0.5 s，间隔为 1 s，重复鸣示时，必须间隔 5 s 以上。某地铁鸣笛信号显示规定见表 3–7，某地铁口笛信号显示规定见表 3–8。

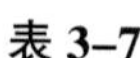

表 3-7　　　　　　　　　　　　　**某地铁鸣笛信号显示规定**

序号	名称	鸣示方式	使用时机
1	启动注意信号	一长声 —	调试列车在正线或工程车启动时，客车接近没有站台门或整列站台门常开不能正常使用的车站时，天气不良时
2	警报信号	一长三短声 —···	发现线路有危及行车安全的情况时，列车发生重大事故及其他需要救援的情况时
3	紧急停车信号	连续短声 ······	司机发现邻线发生障碍，向邻线上运行的列车发出紧急停车信号时，邻线列车司机听到后，应立即紧急停车
4	召集信号	三长声 — — —	紧急情况下，需要时

表 3-8　　　　　　　　　　　　　**某地铁口笛信号显示规定**

序号	工作项目	鸣示方式	
1	发车、指示机车向显示人反方向移动	一长声	—
2	指示机车向显示人方向移动	一短一长声	·—
3	指示发车	一长一短声	—·
4	制动机减压	一短声	·
5	制动机缓解	二短声	··
6	取消	二长一短声	— —·
7	再显示	二长二短声	— —··
8	列车接近通报信号： 上行 下行	 二长声 一长声	 — — —
9	停车信号	连续短声	······

5. 行车标志

行车标志包括线路标志和信号标志，主要用于在列车运行时的驾驶和运行设备的巡检、维修等情况下指示相关目标、条件和操作要求。

（1）线路标志

线路标志表示建筑物、线路设备的位置或状态。与行车直接相关的线路标志主要有百米标、千米标、坡度标、桥梁标，以及圆曲线、缓和曲线始终点标。

百米标表示正线距离里程计算起点每一百米的长度，以百米为单位。千米标表示线路从起点开始计算的连续里程标志，以千米为单位。圆曲线、缓和曲线始终点标设置在直线、缓和曲线、圆曲线三者相互连接处或开始与终止处，标明所朝方向为直线、缓和曲线、圆曲线。坡度标设置在线路纵断面的变坡点处，标明坡度、坡段长度等信息。桥梁标设置在桥梁中心或桥头，表示桥梁位置。

（2）信号标志

信号标志是表示运行线路所在地点的情况和状态，指示行车人员依据标志的要求，及时、正确地进行相关作业和操作的标志。与行车相关的信号标志主要有警冲标、站界标、鸣笛标、停车标、一度停车标和预告标（见图 3–2）。

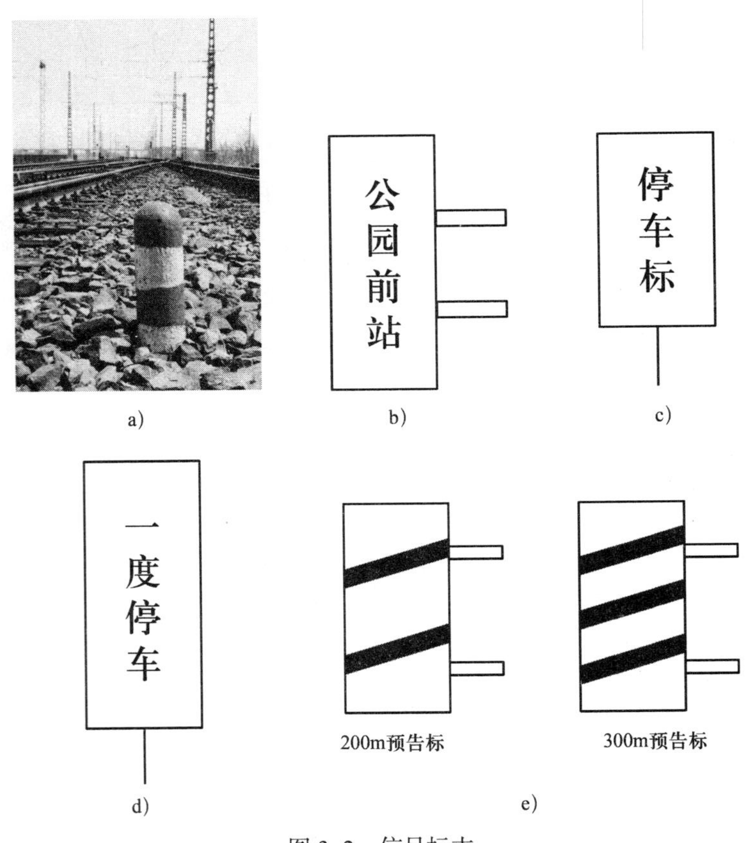

图 3–2　信号标志

a）警冲标　b）站界标　c）停车标　d）一度停车标　e）预告标

警冲标设置在两条线路汇合处，防止停留在一条线路的车辆越标后，邻线列车或车列、机车通过时发生侧面冲撞。站界标设置在车站与区间的分界处，用于划分车站管辖范围区界和识别列车运行时的位置。鸣笛标设置在道口、桥梁、隧道口，以及线路状况复杂地段外方规定位置，要求司机鸣笛。停车标用于指示列车停车位置。一度停车标用于要求列车、车列、机车在该地点停车，确认线路、道岔状态并进行相关操作后才能继续行驶。预告标设置

在非自动闭塞区段进站信号机外方，预告进站信号机的位置和距离。

三、行车凭证

行车凭证是列车占用区间或闭塞分区的许可，是实现不间断地接发列车、调车作业和保证行车安全的必要手段。

1. 信号显示

正常情况下，信号机、手信号、徒手信号和音响信号给出的允许进行某一作业的显示，是最基本也是最常用的一种行车凭证，如进路防护信号机显示绿色、黄色，调车信号机显示月白色等。

2. 路票

当信号设备故障，采用电话闭塞法行车时，路票是列车占用区间的行车凭证，如图 3–3 所示。发车站查明区间空闲，发车进路准备妥当并且接车站同意接车后，填写路票给列车司机，列车司机确认路票正确后，凭车站发车指示信号动车。

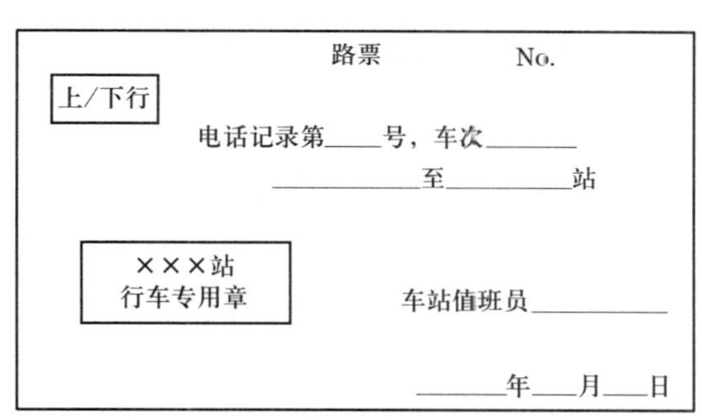
路票　　No.
上/下行
电话记录第____号，车次______
__________至________站
×××站
行车专用章
车站值班员__________
______年___月___日

图 3–3　路票

3. 目标点、速度码

采用移动闭塞时，列车运行的行车凭证是目标点，如同固定闭塞系统中的允许信号，列车只有获得了目标点，才能够向前移动。速度码是目标点的具体表现形式，由系统自动计算得出，列车自动驾驶（ATO）系统依据速度码控制列车运行。在列车驾驶位仪表盘上，会实时显示当前最高允许速度和推荐运行速度。

4. 调度命令

行车调度员在组织指挥日常运输工作中对有关部门和人员所发布的有关完成日常运输生产的具体部署和指挥行车工作的指令，称为调度命令。编有号码并在调度命令登记簿（见表 3–9）上登记的，称为书面调度命令，表 3–10 所示为某地铁的书面调度命令样式。无须编号或登记的，称为口头调度命令，表 3–11 所示为某地铁常用口头命令（救援加开命令）格式。行车调度员是通过调度命令或口头指示进行调度指挥的。根据集中管理、统一指挥、逐级负责的原则，调度命令和口头指示只能由行车调度员发布。

表 3–9　　调度命令登记簿

表号：　　　　　　　　　　　　　　　　　　　　　　　　　　　　____年____月

日期	命令				复诵人姓名	接收命令人签名	行车调度员姓名	阅读时刻（签名）
	发令时间	号码	受令及抄知处所	内容				

表 3–10　　书面调度命令（限速命令）

受令处所	车辆段派班室、车辆段调度员、× × 站～ × × 站，车辆段派班室交各次列车司机（× × 站交 × × × × 次司机）	日期	命令号码	行车调度员代号	发令时间
		× × ×	× × ×	× × ×	× × ×
命令内容	①根据 × × × 的要求，自发令时起至另有通知时止 × × 站至 × × 站上 / 下行线（× × km+ × × m ～ × × km+ × × m，轨道区段 × × ×）限速 × × km/h ②各次列车司机加强瞭望，注意安全				

表 3–11　　某地铁口头命令格式（救援加开命令）

序号	接收对象	内容格式
1	救援车司机	× × 次改开 × × × × 次担任救援任务，到 × × 站上 / 下行线（× × 站～ × × 站上 / 下行区间 × × ～ × × km），连挂故障车后，推送（或牵引）到 × × 折返线 / 停车线（或经出 / 入段线回车辆段）
2	故障车司机	现执行救援程序，× × × × 次来车方向 × × 站，连挂完毕后推送（或牵引）到 × × 折返线 / 停车线（或经出 / 入段线回车辆段）
3	故障点车站	因 × × 次故障，由 × × 次改开 × × × 次担任救援，× × × 次经 × × 至 × × 站上 / 下行线推送（或牵引）到 × × 折返线 / 停车线（或经出 / 入段线回车辆段）
4	全线列车司机	现 × × 站上 / 下行列车故障，现执行救援程序，各次列车在各站多停 × × s（或凭车载信号动车），请各站做好乘客服务
5	全线车站	现 × × 站上 / 下行列车故障，现执行救援程序，全线列车晚点 × min，请各站做好乘客服务

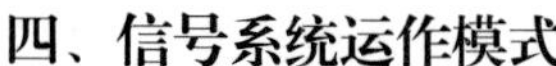

四、信号系统运作模式

信号系统是根据列车与线路设备的相对位置和状态，人工或自动实现行车指挥、列车运行控制和安全间隔控制的信息自动化系统。

1. 控制中心调度指挥模式

正常情况下，列车的运行处于中央自动监控状态。联锁系统根据 ATS 系统指令自动设置进路，列车在 ATP 系统的安全保护下，按照 ATS 系统指令由 ATO 系统自动驾驶，满足规定的行车、折返间隔及列车出入段等作业要求，并实现列车运行的自动调整。行车调度员仅监督列车及设备的运转，当列车运行秩序被打乱而不能自动处理或遇到其他特殊情况时，可进行人工介入。它又包括 ATS 系统自动监控模式、行车调度员人工介入模式和列车出入段调度模式，表 3–12 列出了三种模式的适用条件和特征。

表 3–12 控制中心调度指挥模式分类

分类	适用条件及特征
ATS 系统自动监控模式	1. 正常运行状态下，在每天开始运营前，根据需要调用相应的列车运行图，检查确认或局部修改后，作为当天的列车运行图由 ATS 系统执行 2. 中央计算机根据联锁表、列车运行图及列车位置、列车车次号和目的地号自动生成进路控制命令，传送到车站联锁设备，设置列车进路 3. 自动完成正线区段内列车标志号（车次号、目的地号）的跟踪 4. 具有运行计划与实际运行的比较功能和计算机辅助调度的功能，即在发生列车运行偏离时，自动发出报警并产生调整后的修改运行图，经行车调度员确认后，作为下一时段的运行计划自动控制列车运行 5. 完成对列车运行图或时刻表的编制和管理
行车调度员人工介入模式	1. 在 ATC 系统和联锁设备正常情况下，如果列车实际运行情况与计划发生严重偏差，行车调度员可在工作站上对列车运行进行人工调整 2. 可对有关列车实施“扣车”“中止站停”或“跳停”，改变列车在区间的走行时间，对列车运行图进行在线修改，包括“时间平移”、增加或取消列车、改变列车的始发点及始发时间、调整列车的出段和入段时间等 3. 可对车站联锁设备发出进路控制命令，设置列车进路；必要时，可授权车站行车值班员设置进路，由车站一级控制联锁设备 4. 可设置、修正、删除列车标识号
列车出入段调度模式	1. 车辆段调度员根据当日列车运行图编制车辆运用计划，并上传 ATS 系统 2. 车辆段信号值班员根据车辆运用计划和列车运行图设置相应进路，指挥列车司机在车辆段内运行和出入车辆段

2. 车站就地控制模式

车站就地控制模式下，车站联锁设备与 ATS 系统结合，实现车站和控制中心两级控制的转换。在控制中心 ATS 系统故障或经车站值班员申请、控制中心行车调度员授权后，车站 ATS 系统、联锁设备可改由车站控制。在必要的情况下，车站值班员可以强行取得控制权，操纵联锁设备。在车站就地控制模式下，行车调度员应通过无线通信设备与列车司机保持联系，并通过调度电话与车站值班员联系，及时了解列车运行情况。

（1）车站自动控制模式

无论 ATS 系统是否正常，只要车站 ATS 系统功能正常，可利用车站一级的 ATS 系统和接收的列车目的信息自动排列进路。

（2）车站人工控制模式

在必要的情况下，车站值班员可以直接控制车站联锁设备。在特殊情况或紧急情况下，还可以操纵车站控制室的综合后备盘 / 就地控制盘（见图 3–4）和站台的紧急停车按钮。表 3–13 所示为车站人工控制模式的主要操作。

图 3–4　综合后备盘 / 就地控制盘

表 3–13　　车站人工控制模式的主要操作

序号	操作	内容及要求
1	联锁设备	车站值班员在就地工作站上选择人工进路模式，对车站联锁范围内的信号机、道岔和轨道区段进行操纵
2	综合后备盘	车站值班员可通过按压综合后备盘上的相应按钮，对停在本站股道上的列车实施“扣车”“中止扣车”“紧急停车”“紧急停车恢复”等操作
3	紧急停车按钮	每侧站台的中部设有两个紧急停车按钮箱，按压紧急停车按钮后，信号设备将对列车实施紧急制动，非紧急情况下不得随意按压
4	站台门紧急控制按钮	每侧站台两端各设置一个站台门紧急控制按钮箱；当 ATP/ATO 对站台门的控制信息系统发生故障，站台门不能开启或关闭时，或站台门已开启或关闭但没有相应信息，影响行车时，可通过按压此按钮对站台门进行控制
5	设备封锁、临时限速	在就地工作站上，可对信号机、道岔、轨道区段等信号设备实施封锁，阻止列车通过该设备；当因线路保养或其他原因需要对某段线路实施临时限速时，车站值班员可根据行车调度员命令，在就地工作站上对要求限速的轨道区段进行限速设置

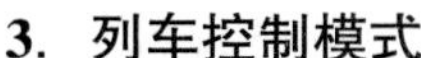

3. 列车控制模式

列车在正线、折返线、出入段线及联络线上按正方向运行和折返作业时，均以自动驾驶模式为常用模式；当 ATO 设备故障或因某种原因需要时，可改为 ATP 系统监控下的人工驾驶模式。自动驾驶模式和 ATP 系统监控下的人工驾驶模式均为正常运营模式，限速人工驾驶模式和非限制人工驾驶模式为非正常运营模式。

（1）自动驾驶模式

车载 ATO 系统根据从线路上接收到的信息，自动控制列车加速、巡航、惰行、制动，控制列车按要求停车，并自动控制车门、站台门的开启。车门、站台门的关闭由列车司机按压关门开关完成。列车司机负责对车载 ATO、ATP 系统的状态显示进行监督，并注意列车运行所经过的线路状况，必要时可进行人工介入，保证行车安全。

（2）ATP 系统监控下的人工驾驶模式（SM）

如果 ATO 系统故障，且 ATP、ATS 系统正常，列车由司机操纵运行，运行速度受 ATP 系统实时监督。当运行速度接近限制速度时，系统发出报警信号，提示列车司机注意。如果列车司机没有采取措施，运行速度一旦超过限制速度，ATP 系统将对列车实施紧急制动，确保行车安全。

（3）限速人工驾驶模式（RM）

在联锁设备故障情况下的降级运行模式和列车在车辆段内运行时，列车司机根据信号显示等要求，操纵列车以不超过 25 km/h 的速度运行。如果列车运行超速，则产生紧急制动。在此模式下，列车司机对列车运行安全负责。

（4）非限制人工驾驶模式（URM）

在信号设备完全故障的情况下，列车运行完全由行车调度员、车站值班员和列车司机人为保证。列车司机必须使用特殊的钥匙才能进入该模式。

（5）列车折返模式

ATO 模式折返：站前折返时，列车进入到达停车线即完成折返作业，由此发车；站后折返时，列车以允许的速度从到达停车线自动驾驶进入和驶出折返线，完成折返，进入发车股道发车，列车在折返线停车时，自动转换前后驾驶室的控制权。

ATP 监控下的人工驾驶模式折返：与 ATO 模式折返基本相同，站后折返时，由列车司机人工驾驶列车进入和驶出折返线。

人工折返：在临时列车交路需要折返时，采用人工折返，可在车上配备 2 名司机。

第二节　行 车 进 路

进路是行车组织工作中的一个重要概念，也是组织列车运行的基础，是联锁、行车闭塞法等和行车调度的前提。行车进路包括进路定义、安全条件、类型、进路划分和进路控制。进路划分包括划分原则、列车进路划分和调车进路划分。进路控制包括进路建立和进路解锁。

一、行车进路概述

在正线或车辆段运营线路范围内，列车或调车车列由某一指定地点运行至另一指定地点所经过的路段称作进路。每条进路的始端都有一架信号机防护该进路，不同的进路应由不同的信号机进行防护。信号机显示允许信号时，列车或调车车列方可进入进路。在确定一条进路时，同时也包括进路上的道岔和防护该进路的信号机。

图 3–5 所示某铁路（信号机在运行方向的左侧）车站的一条接车进路（虚线所在路段），目的是将武汉方面来的列车接入Ⅱ股道停车，该进路起点是 S 信号机，终点是 $S_{Ⅱ}$ 信号机，占用 W202 道岔，防护该进路的信号机是 S，即 S 显示允许信号时，列车方可驶入进路。

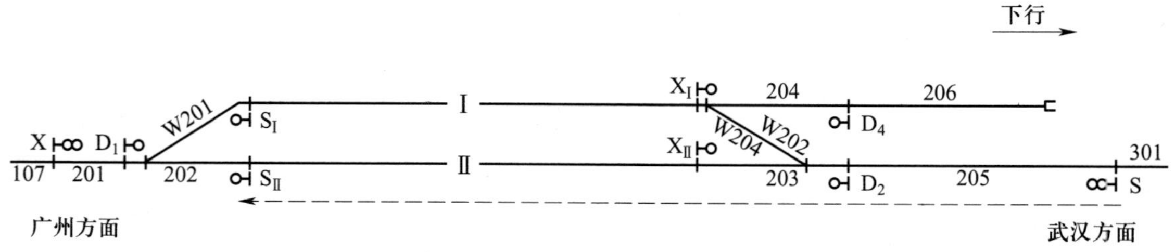

图 3–5 某铁路车站接车进路示意图

1. 进路安全条件

保证行车安全的重点就是保证列车或调车车列在其进路上运行的安全性，进路安全的条件包括：

（1）列车或调车车列在驶入进路之前必须确认进路处于空闲状态。

（2）进路上所有道岔的位置正确而且被锁在正确位置上，防止由于震动或扳动道岔而使运行中的列车或调车车列脱轨。

（3）必须确认其他列车或调车车列不会从正面、侧面和尾部闯入进路，造成撞车事故。

只有上述三个条件都满足时，才允许向列车或调车车列发出允许信号，防护该进路的信号机才有开放的可能，让列车或调车车列驶入进路。

2. 进路类型

在正线或车辆基地范围内，根据作业性质不同，进路大体上可分为列车进路和调车进路两类。

（1）列车进路

列车进路是列车由某一指定地点运行至另一指定地点所经过的路段，一般可分为接车进路、发车进路、通过进路。

接车进路是指由进站信号机起至接车股道末端计算该股道有效长的警冲标或出站信号机止的一段线路，其目的是接入某方向来车至某股道停车（见图 3–5）。

发车进路是指由列车前端出站信号机起至相对进站信号机或站界标止的一段线路，其目的是由某股道向某方向发出列车。如图 3–6 所示，$S_{Ⅱ}$→X 为列车从Ⅱ股道向广州方面出发的发车进路，进路的始端是 $S_{Ⅱ}$ 信号机，终端是 X 信号机，占用 W201 道岔，$S_{Ⅱ}$ 信号机显示允许信号时，列车可以驶入进路。

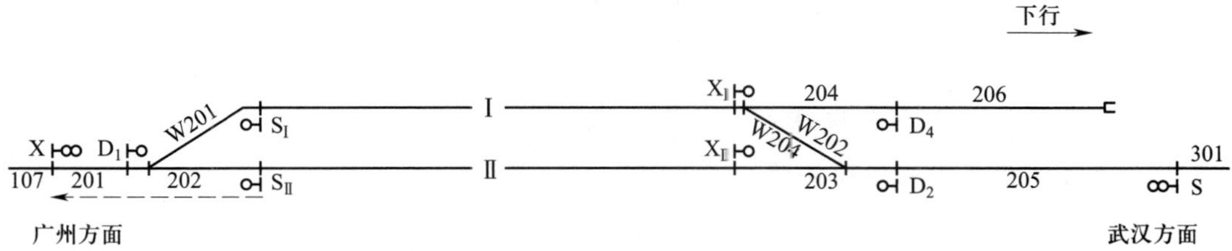

图 3–6　某铁路车站发车进路示意图

通过进路是指该列车通过线两端进站信号机或站界标间的一段线路，其目的是让列车不停站通过。如图 3–7 所示，S→X 为列车由武汉方面向广州方面的通过进路，进路的始端是 S 信号机，终端是 X 信号机，占用 W202、W201 道岔，S 信号机显示允许信号时，列车可以驶入进路，D_2、$S_{Ⅱ}$ 均显示允许信号。

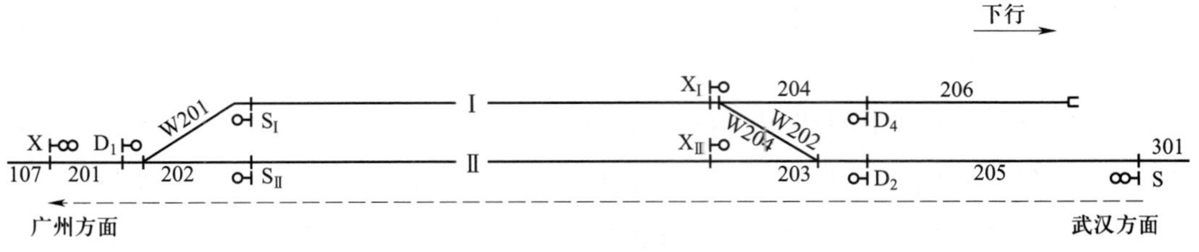

图 3–7　某铁路车站通过进路示意图

（2）调车进路

调车进路是指调车车列在站内或车辆基地进行调车作业时所经过的路段。调车进路的始端都是防护该进路的调车信号机。

调车进路可分为牵出进路和折返进路。如图 3–8 所示，因某项作业需要将调车车列由Ⅱ股道调往Ⅰ股道，$X_{Ⅱ}$→D_2 为牵出进路，D_2→$S_Ⅰ$ 为折返进路。

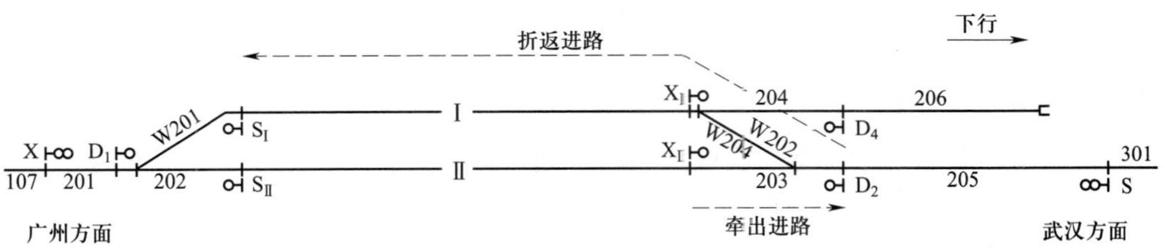

图 3–8　某铁路车站调车进路示意图

按进路长短不同，调车进路又可分为短调车进路和长调车进路。

建立一条调车进路，如果只需开放一架调车信号机，则称该进路为单元调车进路或短调车进路。长调车进路是指由两条及以上短调车进路组成的进路。

知识窗

基本进路与变通进路

根据站场线路配置情况，应考虑线路上两点之间有多种可能的运行方案，即进路始端和终端之间有多条进路可供选用，规定其中一条对其他作业影响较少的进路为基本进路，其余的为变通进路（或称迂回进路）。

设计变通进路的目的是为了提高作业效率，增加列车或调车车列运行的灵活性。当由于正常的行车线路上的道岔发生故障、轨道电路被占用或故障等原因不能开通基本进路时，可以开通变通进路。

（3）两种特殊的进路关系——平行进路、敌对进路

如果两条进路没有任何共用路段，这两条进路同时建立时是不会导致撞车事故的，称这类进路中的一条是另外一条的平行进路。合理利用平行进路，可以提高行车或调车作业效率。

如果两条进路既有共用的路段，对共用道岔的位置要求也相同，在这种情况下，不可能借助道岔位置防止它们同时建立，而必须采取另外的技术方法加以防止，称这类进路中的一条是另一条的敌对进路。防止建立敌对进路是保证不发生正面和尾部撞车事故的基本措施。因此，对于任何一条进路，必须确切判明它有哪些敌对进路，以便采取相应措施，这是至关重要的。

当一条进路与另一条进路具有共用的路段时，显然这样的两条进路不应同时建立，否则将有导致撞车的危险，称之为抵触进路。实际上，当两条具有共用路段的进路又都经由同一道岔，但对该道岔的位置要求不一样时（例如一条要求单开道岔处于定位，另一条正好要求相反），其中一条进路建立后，另一条由于道岔位置不符合要求而不能建立，也就避免了撞车的可能。

二、行车进路划分

在行车或调车作业中，必须明确进路的范围，即进路的始端和终端必须准确，才能正确地表明信号机的防护范围，才能明确哪些道岔、哪些轨道区段与进路有关，以及进路与其他进路之间的关系。

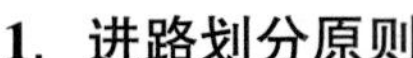

1．进路划分原则

进路的划分遵循下列原则：

（1）进路的始端一般是信号机，当防护进路的信号机确定后，进路的始端也就是信号机所在位置。

（2）进路的终端需结合具体情况确定。

（3）进路范围内包括道岔和道岔区段。

（4）一架信号机同时可防护几条进路，即它可作为几条进路的始端。

2．列车进路划分

接车进路的终端是接车股道末端的出站信号机或计算该股道有效长度的警冲标，发车进路的终端是出站方向的进站信号机或站界标，通过进路的终端是出站方向的进站信号机或站界标。

图 3–9 所示为某铁路车站信号设备平面布置图，表 3–14 给出了与广州方面行车有关的几条行车进路的范围。

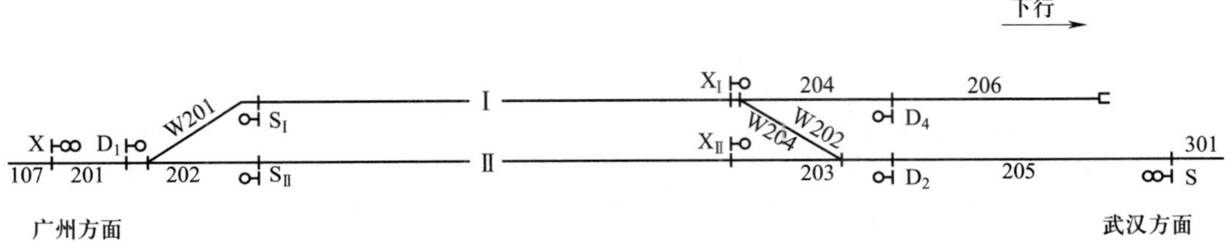

图 3–9　某铁路车站信号设备平面布置图

表 3–14　　与广州方面行车有关的几条行车进路的范围

进路名称、性质	始端	终端	防护信号机	显示允许的信号机	道岔（未注明状态）	轨道区段
广州方面接车进路至Ⅰ股道	X	$X_{Ⅰ}$	X	X、D_1	W201	201、202、Ⅰ
广州方面接车进路至Ⅱ股道	X	$X_{Ⅱ}$	X	X、D_1	W201	201、202、Ⅱ
由Ⅰ股道向广州方面发车进路	$S_{Ⅰ}$	X	$S_{Ⅰ}$	$S_{Ⅰ}$	W201	202、201
由Ⅱ股道向广州方面发车进路	$S_{Ⅱ}$	X	$S_{Ⅱ}$	$S_{Ⅱ}$	W201	202、201
由广州方面向武汉方面通过进路	X	S	X	X、D_1、$X_{Ⅱ}$	W201、W202	201、202、Ⅱ、203、205

3. 调车进路划分

调车进路的始端是由防护该调车进路的调车信号机或出站兼调车信号机开始，终端则视具体情况而定。不同去向调车时其进路的终端不同，一般包括以下几种情况：

（1）向咽喉区内某一信号点调车时，进路的终端为阻拦的调车信号机。

（2）向到发线调车时，进路的终端为阻拦的出站兼调车信号机或进路信号机。

（3）向牵出线、停车线等尽头线调车时，进路的终端为车挡。

（4）向设有进站信号机的接车线路口调车时，进路的终端为反方向的进站信号机。

（5）向区间单方运行的发车线路口调车时，进路的终端为站界标。

（6）向某一专用线或其他线路方向调车时，进路的终端一般为反方向的高柱调车信号机或规定的专用线或其他线路与车站的分界点。

图 3–10 所示为某城市轨道交通车辆基地信号设备平面布置（信号机在运行方向的右侧），表 3–15 给出了几条常见调车进路的范围。

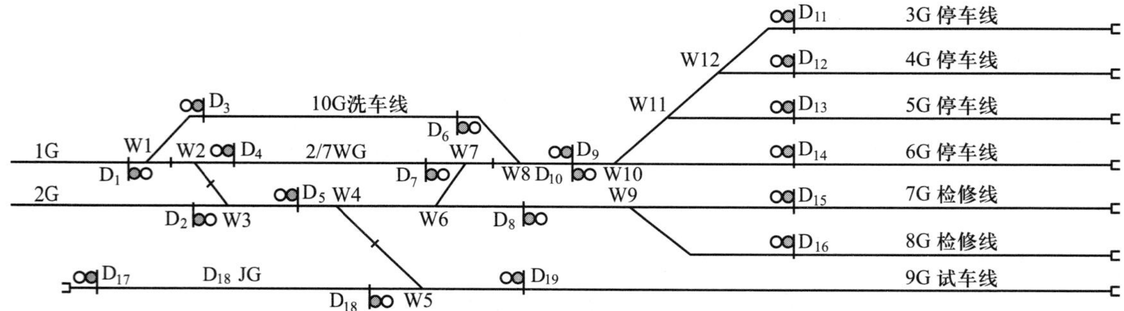

图 3–10　某城市轨道交通车辆基地信号设备平面布置图

表 3–15　　某城市轨道交通车辆基地部分调车进路范围

进路名称	始端	终端	防护信号机	显示允许的信号机	道岔（未注明状态）	轨道区段
$D_1 \rightarrow D_6$	D_1	D_6	D_1	D_1	W1	W1 道岔区段、10G
$D_1 \rightarrow D_{10}$（$D_1 \rightarrow D_7$，$D_7 \rightarrow D_{10}$）	D_1	D_{10}	D_1	D_1、D_7	W1、W2、W7、W8	W1、W2、W7、W8 道岔区段、2/7WG
$D_8 \rightarrow$ 8G	D_8	8G 车挡	D_8	D_8	W9	W9 道岔区段、8G

三、行车进路控制

进路控制包括进路建立和进路解锁。

1. 进路建立

建立进路的过程分为四个阶段，即进路选择、道岔控制、进路锁闭和信号开放。进路建

立后，一直保持锁闭状态，当发出取消进路命令或有车正常占用又出清后，进路才能取消。

（1）进路选择阶段

首先判别操作手续是否符合规范，然后选取符合操作意图的进路，最后确认进路空闲且敌对进路没有建立。在计算机联锁控制条件下，办理进路时，操作人员按压进路的始端按钮和终端按钮，确定进路的范围、方向和性质（列车进路还是调车进路），计算机根据已确定的进路范围，自动选出与进路有关的道岔位置。

（2）道岔控制阶段

检查道岔位置是否符合进路要求，如果不符合，生成道岔控制命令，将选出的道岔位置转换到所需的位置。

（3）进路锁闭阶段

道岔转换完毕后，将有关道岔和敌对进路锁闭，确保行车安全。进路锁闭后，进路中的道岔不能再被操作，敌对进路被锁闭。

（4）信号开放阶段

信号机开放允许信号，允许列车进入进路。列车进入进路，允许信号立即关闭。对于调车信号机来说，考虑到调车机车推送前进，所以规定调车车列整体进入信号机内方以后，允许信号才关闭。

2. 进路解锁

进路解锁是指解除已经建立的进路和敌对进路锁闭，有正常解锁、取消进路、人工延时解锁和故障解锁四种类型。

（1）正常解锁

正常解锁指当列车或调车车列压入进路后，进路进行自动解锁。正常解锁又分为一次解锁和分段解锁两种方式。

一次解锁是指列车或调车车列完全通过进路后，进路上的各个区段同时自动解锁。

分段解锁是指列车或调车车列每通过一个区段，该区段就自动解锁，即整个进路中的各区段是自进路始端至终端分段解锁的，对列车或调车车列运行前方的轨道电路区段，以及列车或调车车列当前正压入的轨道电路区段不能进行解锁。为了提高作业效率，在大站均采用分段解锁。

进路正常解锁必须符合下列条件：

1）列车或调车车列驶入进路后，防护进路的信号机应自动关闭。

2）列车或调车车列顺序占用过进路（一次解锁）或道岔区段（分段解锁），需要通过三点检查法或两点检查法证明。

3）列车或调车车列已经出清进路中所有道岔区段（一次解锁）或某一道岔区段（分段解锁）。

知识窗

两点检查法与三点检查法

为了确认列车或调车车列确实通过了某一区段，仅用该区段轨道电路的动作进行证明是不可靠的。为了保证安全，至少要用相邻的两段轨道电路的协同动作证明列车已通过本区段。这种技术措施称为两点检查法。

但有时也会出现这样的情况，即相邻的两轨道电路区段间的钢轨绝缘破损，造成两个轨道继电器同时失磁，随后又由于邻线上通过的列车振动，使钢轨绝缘又恢复正常，致使上述两轨道继电器又同时励磁吸取。这就造成列车通过了这两段区段的假象，如果这时调车解锁则是十分危险的。因此，一般不采用两点检查法。

为了进一步提高解锁的安全性，原则上应采用三点检查法。即除了本区段轨道电路外，还要利用该区段左右（按运行方向说是前后）两个轨道电路区段协同动作，共同证明列车确实通行了该区段。

（2）取消进路

在信号开放后，列车或调车车列尚未驶入进路的接近区段期间，称此时的进路锁闭为预先锁闭。解除这种锁闭的方式称为取消进路。取消进路时，必须符合下列技术条件，才准许解锁：

1）接近区段确实无列车或调车车列。

2）列车或调车车列确实没有驶入到进路里来。

3）信号机随着办理取消进路手续关闭。

（3）人工延时解锁

在信号开放后，列车或调车车列已经驶入进路的接近区段后（未驶入进路），此时的进路锁闭称为接近锁闭。由于此时列车或调车车列已经接近信号机所防护的进路，如果对于解锁条件考虑不严密，必将危及行车安全，需要采用人工延时解锁。

人工延时解锁必须符合下列条件：

1）防护进路的信号机必须随着办理人工解锁手续关闭。

2）从信号关闭时算起，接车进路和正线发车进路要延时 3 min 解锁，站线发车进路和调车进路要延时 30 s 解锁，保证在解锁前列车或调车车列已经停住。

3）在大站，整个延时过程中，确认列车或调车车列没有冒进信号，才准许解锁。

（4）故障解锁

进路不应该锁闭而锁闭了，或者应该解锁而没有解锁，称为故障锁闭。例如，因停电而引起的锁闭，或列车通过后道岔区段仍不能解锁等，都属于故障锁闭。故障解锁即指解除故障锁闭。解除故障锁闭分两种情况：有时要求解除某一条进路的故障锁闭，有时只要求解除某一个区段的故障锁闭。

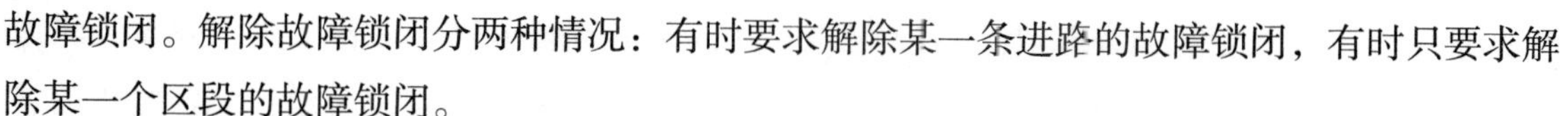

调车中途折返解锁

原牵出进路的部分或全部未解锁，当调车车列经折返信号返回并出清原牵出进路（有时需出清接近区段），牵出进路的各区段应延时 3 s 后解锁。所有可作为折返调车信号的信号点均应具有调车中途折返解锁功能。

第三节 行车闭塞法

闭塞方式经历了人工闭塞、半自动闭塞、自动闭塞、准移动闭塞、移动闭塞五个发展阶段。本节主要介绍其中最有代表性的三种，即电话闭塞、自动闭塞和移动闭塞。

一、闭塞的基本概念

1. 闭塞

用信号或凭证保证运行列车之间保持安全追踪间隔的技术方法，称为行车闭塞法，简称闭塞。列车进入区间或闭塞分区后，使之与外界隔离起来，两端车站或闭塞分区都不再向这一区间或闭塞分区发车，防止列车相撞和追尾，实现“一个区间（闭塞分区）内，同一时间只允许一列车占用”的闭塞原则。

2. 区间、闭塞分区

在铁路上，两个车站（或线路所）之间的线路称为区间。相邻两个站之间的区间称为站间区间。单线区间是指上、下行列车都可以按规定运行在一条正线上的两个相邻车站之间的线路。在城市轨道交通中，单线区间比较少见。双线区间则是上、下行列车分别运行在各自规定正线上的两相邻车站之间的线路（见图 3–11）。城市轨道交通一般均建设成双线区间形式。

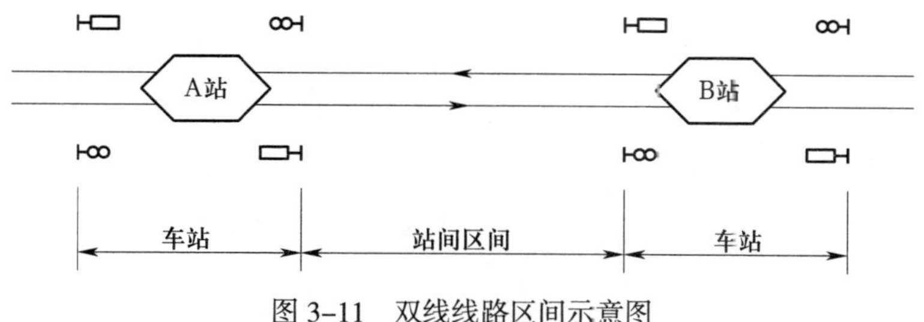

图 3–11 双线线路区间示意图

如果车站区间较长，为提高运行效率，可以将车站区间再划分为若干段，并安装轨道电路或计轴设备，在每一段入口处安装信号机进行防护，借助轨道电路自动控制信号机的显示。这样每一个区段就形成一个独立的闭塞分区（见图 3–12）。

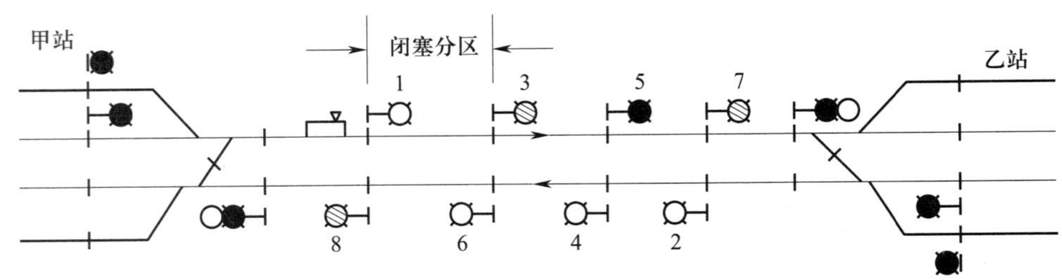

图 3–12 双线线路自动闭塞分区划分示意图

3. 区间状态

区间或闭塞分区的状态直接决定了即将进入区间的列车的下一步运行。区间的状态分为区间占用、区间开通、区间封锁和区间空闲四种。

区间占用是指区间被列车等占用，或相邻两站已办妥闭塞手续或出站调车手续。区间开通是指区间无列车等占用或施工，信号机显示运行通过信号，允许列车等进入区间。区间封锁是指因施工或事故等原因，依据调度命令，在指定时间内，区间禁止列车运行。区间空闲是指区间未被列车等占用，且区间未封锁，并且相邻两站未办理闭塞手续及出站调车手续。

区间只有在空闲状态下才可以排列进路。

4. 基本闭塞法、代用闭塞法

基本闭塞法是线路信号设备正常时所使用的闭塞方式。它不是具体指某一种闭塞法，而是根据线路运营条件指定的一种闭塞法。城市轨道交通普遍采用的基本闭塞法是准移动闭塞和移动闭塞。

当信号设备故障或其他原因不能使用基本闭塞法时，为保证列车运行安全而临时采用的闭塞法即为代用闭塞法。不同线路关于代用闭塞法的规定不同，电话闭塞是很多城市轨道交通部门规定的代用闭塞法。

二、电话闭塞

1. 电话闭塞特点

电话闭塞是在信号系统故障，不能使用 ATP 防护正常行车时，由两车站值班员利用站间行车电话沟通，以电话记录的方式办理闭塞的方法，是很多城市轨道交通部门的代用闭塞法。电话闭塞均按站间区间办理。由于电话闭塞没有机械、电气设备的控制，只能靠制度和作业流程加以约束，因此办理闭塞手续时必须严格。在停用基本闭塞改为电话闭塞或恢复基本闭塞时，均需要根据行车调度员的调度命令办理。

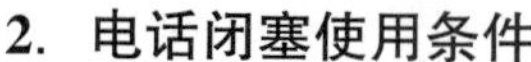

2. 电话闭塞使用条件

以某地城市轨道交通部门的规定为例，当遇有下列情况时，必须改用电话闭塞法行车：

（1）基本闭塞设备发生故障时

自动闭塞设备发生故障或停电，包括区间内两架及以上信号机故障或灯光熄灭。移动闭塞采用全人工后退模式。

（2）无双向闭塞设备的双线区间反方向发车或改按单线行车时

无双向闭塞设备的双线区间反方向发车只能改按电话闭塞进行。

当无双向闭塞设备的双线区间的一条正线因施工或其他原因封锁，另一条正线改按单线行车时，虽然该正线正方向闭塞设备能使用，但由于反方向无闭塞设备，如果对该线路正方向与反方向运行的列车采用不同的闭塞方法，不但增加了行车调度员发布变更或恢复基本闭塞法命令的次数，而且车站办理时容易发生错误。因此，双线改按单线行车时，上、下行列车均必须改用电话闭塞。

（3）列车在区间内折回时。

（4）施工列车或轨道车运行时。

遇列车调度电话不通时，闭塞法的变更或恢复，应由该区间两端站的车站值班员确认区间空闲后，直接以电话记录办理。

3. 电话闭塞作业流程

使用电话闭塞法行车时，不论单线还是双线，列车占用区间的行车凭证均为路票。闭塞区间内列车凭路票采用 URM 模式驾驶。列车反向运行时，车站需在路票上加盖“反方向运行”专用章，非固定股道接车、折返时应写明接车股道。

（1）发布调度命令

行车调度员及时向有关车站、列车司机发布命令：从 × 点 × 分起，在 × × 站至 × × 站间采用站间电话闭塞法组织行车。

（2）准备进路

车站和行车调度员共同确认第一趟发出列车运行前方的区间空闲。接车站收到同方向前次列车在前方站出发的电话报点记录，接进路准备妥当后方可同意闭塞。

（3）填写路票

发车站查明区间空闲，发车进路准备妥当并取得接车站同意接车的电话记录号码后，填写路票。路票由值班站长亲自或指定人员根据行车值班员的通知在站台填写。路票不得在未得到电话记录号码前预先填写，也不能在进路准备妥当之前填写。路票上的字迹应清楚，不得涂改；填写后发现错误时，应在路票上标注“×”注销，重新填写。路票填写好后，填写人员应根据行车日志记录，与行车值班员进行认真核对，确认无误后方可与列车司机核对交接。

（4）交接路票

路票交接地点为列车司机所在驾驶室的站台上，由值班站长亲自或指定人员与司机核对、交接。因特殊原因停止发车时，已交司机的路票应及时收回。

（5）动车

列车司机接到路票后关车门，凭车站的发车信号动车。

（6）车站报点

发车站在列车到达并由车站出发后，向相邻车站和行车调度员通报发车车次和时间。

（7）接车

接车车站听取发车车站发车通知，填写行车日志，显示引导信号，监视列车进站停车，收回路票。

（8）恢复区间空闲

接车车站向行车调度员报点，恢复区间空闲。

三、自动闭塞

1. 自动闭塞基本原理

自动闭塞是利用通过信号机把区间划分为若干个装设轨道电路的闭塞分区，通过轨道电路将列车和通过信号机的显示联系起来，使信号机的显示随着列车运行位置而自动变换的一种闭塞方式。把区间划分成更小的闭塞分区后，可用更小的运行间隔时间开行追踪列车，从而大大提高通过能力和行车效率。

闭塞分区都设有轨道电路，自动闭塞通过轨道电路自动检测闭塞分区的占用情况，再根据闭塞分区的占用和空闲状态，通过信号机自动变换信号显示，指挥列车运行。当闭塞分区有列车占用或钢轨断裂时，轨道电路都能使防护该闭塞分区的信号机自动地显示停车信号，以确保安全。

2. 自动闭塞行车方法

自动闭塞按照信号显示制度不同，可分为三显示自动闭塞、四显示自动闭塞和多显示自动闭塞。

（1）三显示自动闭塞

三显示自动闭塞的通过信号机具有三种显示，能预告列车前方两个闭塞分区状态。三显示自动闭塞分两个速度等级，一个闭塞分区的长度满足从规定速度到零的制动距离。

列车进入闭塞分区的凭证为出站或通过信号机的黄色灯光或绿色灯光。绿灯表示前方至少有两个闭塞分区空闲，列车可按照规定速度通过该信号机。黄灯表示前方有一个闭塞分区空闲，由于一个闭塞分区的长度能满足从规定速度到零的制动距离，因此可以越过黄灯后再开始制动。

图 3-13 所示为某双线三显示自动闭塞行车示意图。甲站→乙站区间划分为五个闭塞分区，如果将靠近乙站的编号为 1 号闭塞分区，列车此时正行驶在 2 号闭塞分区。防护 2 号闭塞分区的信号机显示为红灯，表示 2 号闭塞分区已被列车占用。防护 3 号闭塞分区的信号机显示为黄灯，表示 3 号闭塞分区空闲。防护 4 号闭塞分区的信号机显示为绿灯，表示前方（4 号、3 号闭塞分区）至少有 2 个闭塞分区空闲。

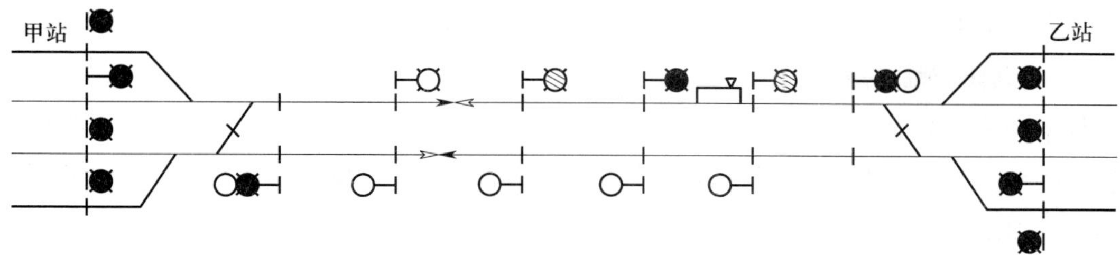

图 3-13　某双线三显示自动闭塞行车示意图

（2）四显示自动闭塞

四显示自动闭塞的通过信号机具有四种显示，能预告列车前方三个闭塞分区状态。四显示自动闭塞分三个速度等级，两个闭塞分区的长度满足从规定速度到零的制动距离。

列车进入闭塞分区的凭证为出站或通过信号机的黄色灯光、绿色和黄色灯光、绿色灯光。绿灯表示前方至少有三个闭塞分区空闲。绿灯和黄灯是警惕信号，表示运行前方有两个闭塞分区空闲，由于两个闭塞分区的长度满足从规定速度到零的制动距离，因此可以越过绿灯和黄灯后再开始减速。黄灯是限速信号，列车越过黄灯时必须减速至规定的限速值，不然就难以保证在下一个红灯前可靠停车。四显示自动闭塞的信号显示实现了明显的速差，能够缩短列车运行间隔，提高运输效率。

图 3-14 所示为某双线四显示自动闭塞行车示意图。同理可以推断出，防护 1 号闭塞分区的信号机显示黄灯，防护 2 号闭塞分区的信号机显示红灯，防护 3 号闭塞分区的信号机显示黄灯，防护 4 号闭塞分区的信号机显示黄灯和绿灯。

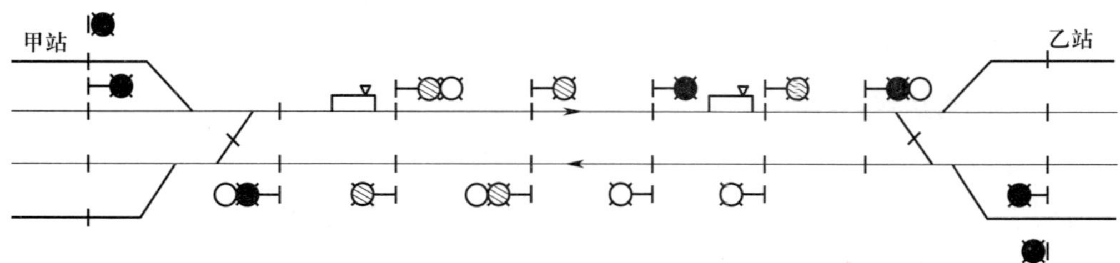

图 3-14　某双线四显示自动闭塞行车示意图

（3）多显示自动闭塞

多显示自动闭塞也称多信息自动闭塞，是对四显示及以上自动闭塞的统称。多于四显

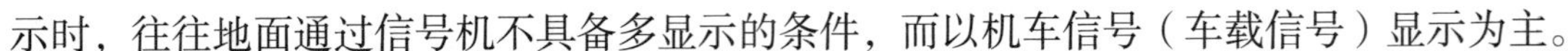

示时，往往地面通过信号机不具备多显示的条件，而以机车信号（车载信号）显示为主。

四、移动闭塞

移动闭塞技术是目前最先进的信号技术。国际上已有不少城市开始采用这种新技术对现有的城市轨道交通列车控制系统进行升级，同时，该技术也是新建城市轨道交通的主流选择。该技术的应用，对保证行车安全、缩短列车运行间隔、提高线路通过能力均可起到重要作用，也给运营部门带来良好的经济效益和社会效益。

1. 移动闭塞基本原理

移动闭塞是列车之间的最小安全追踪间隔不预先设定，并随列车的移动、速度的变化而变化的闭塞方式。移动闭塞是相对固定闭塞而言的，固定闭塞是预先设定列车之间最小追踪间隔且固定不变的闭塞方式。

采用移动闭塞时，车载设备和轨旁设备不间断地进行双向通信，计算机可以根据列车实时的速度和位置动态计算后续列车的最大制动距离。移动闭塞取消了通过信号机分隔的固定闭塞分区，前后两列列车运行的最小空间间隔不再是固定的，闭塞分区随着列车的行驶，不断地移动和调整。两个相邻的移动闭塞分区就能以很小的间隔同时前进，使列车能以较高的速度和较小的间隔运行，从而提高运行效率。目前，城市轨道交通主要采用移动闭塞法行车。

2. 移动闭塞基本要素

在移动闭塞技术中，闭塞分区仅仅是保证列车安全运行的逻辑间隔，与实际线路并无物理上的对应关系。因此，移动闭塞在设计和实现上与固定闭塞有比较大的区别。其中，列车定位、安全距离和目标点是移动闭塞技术中最重要的三个概念，也称为移动闭塞的三个基本要素。

（1）列车定位

列车定位是移动闭塞技术的基础。没有准确的列车定位，就没有移动闭塞。要实现闭塞分区的动态移动，首先必须实时、准确地掌握列车的位置信息，确定列车间的相对距离。系统不断地将该距离与所要求的运行间隔距离相比较，确定列车的安全速度。列车定位由地面设备和车载设备共同完成。

目前应用的列车定位技术主要有测速定位、查询－应答定位、交叉感应线圈定位、卫星定位、多普勒雷达定位等。

（2）安全距离

安全距离是后续追踪列车的命令停车点与其前方障碍物之间的固定距离。障碍物可以是确认了的前行列车尾部的位置或者无道岔表示（道岔故障）的道岔位置。安全距离是基于列车安全制动模型计算得到的一个附加距离，它保证追踪列车在最不利条件下能够安全地停止在前行列车的后方而不发生冲撞。安全距离是移动闭塞系统中的关键，是整个系统设计的理论基础和安全依据。

图 3-15 所示为安全距离示意图。安全距离是附加在列车常用制动距离上的一段安全富余量。列车行驶过程中，追踪列车和前行列车始终保持一个常用制动距离再加上一个安全距离，确保在最不利条件下，追踪列车和前行列车也不会发生碰撞。

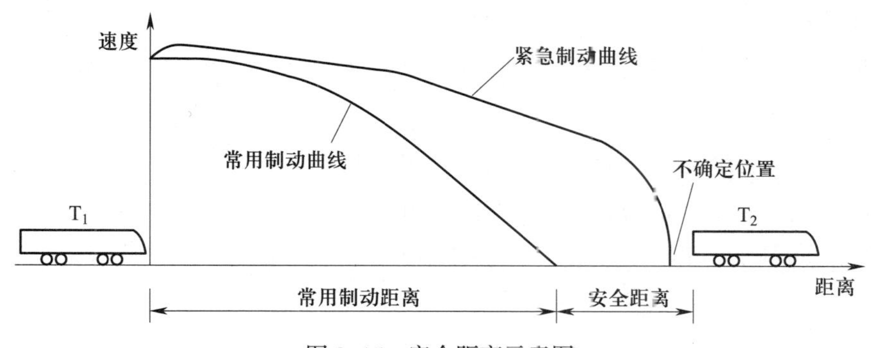

图 3-15　安全距离示意图

安全距离与线路状况、列车性能等因素有关。在系统设计阶段，通常规定了系统能使用的最小安全距离，同时在满足运营时间间隔的前提下，采用比理论计算值大的安全距离，提高系统运行的安全性。

（3）目标点

目标点是列车运行的行车凭证，如同固定闭塞系统中的允许信号，列车只有获得了目标点，才能够向前移动。目标点通常是设在列车前方一定距离的某个位置点，一旦设定，即表明列车可以安全运行至该点，但不能超过该点。移动闭塞系统就是通过不断前移列车的目标点，引导列车在线路上安全运行。

3. 移动闭塞系统组成

移动闭塞系统主要包括无线数据通信网、车载设备、区域控制器和控制中心等。无线数据通信网是移动闭塞实现的基础，通过可靠的无线数据通信网，列车将位置、车次、列车长度、实际速度、制动潜能和运行状况等信息发送给区域控制器，区域控制器追踪列车并通过无线传输方式向列车发送移动授权。

车载设备包括无线电台、车载计算机和其他设备（如传感器、查询器等）。列车将采集到的数据（如机车信息、车辆信息、现场状况和位置信息等）通过无线数据通信网发送给区域控制器，协助完成运行决策，同时对接收到的命令进行确认并执行。

4. 移动闭塞的特点

移动闭塞与固定闭塞相比较具有以下特点：

（1）线路没有固定划分的闭塞分区，列车间隔是动态的，并随前一列车的移动而移动。

（2）列车间隔是按后续列车在当前速度下所需的制动距离加上安全距离计算和控制的，可确保不追尾。

（3）制动的起点和终点是动态的。

（4）可实现较小的列车运行间隔。

（5）采用地 – 车双向数据传输，信息量大，易于实现无人驾驶。

5. 移动闭塞的实现

移动闭塞可由列车自动控制（ATC）系统实现。ATC 系统根据移动闭塞原理自动地控制列车，列车司机的介入最少。正常情况下，列车在 ATC 系统控制下自动地在整个线路上运行，司机仅对运行进行监视。ATC 系统将在车辆段边界转换轨处进行列车自检，并在自检成功后使其自动投入到正线运营当中。退出运营的列车将自动返回到车辆段边界转换轨，车辆段的列车自动监控（ATS）子系统从此处控制列车进入车辆段。

第四节 联 锁

按照"一个区间（闭塞分区）内，同一时间只允许一列车占用"的闭塞原则，当列车或车列有目的的移动发生在车站和车辆段时，也一样要求遵守"一条进路，同一时间只允许一列车（或车列、机车）占用"原则。列车、车列和机车能否进入一条进路，如何防止开通敌对进路，需要联锁系统来保证。联锁是实现进路的技术保障，也是实现自动闭塞的技术保障。

一、联锁的原理

联锁是道岔、进路（或区段）、信号机按一定的规则和条件建立的相互关联、制约的安全关系。为了保证行车安全，必须建立规则，制约信号的开放与关闭、道岔的转换和进路的建立。实现这一规则的设备称为联锁设备。

进路是由信号机显示状态和道岔位置状态（定位、反位或左位、右位）决定的，建立进路，也就是先把进路上的道岔操纵在指定位置，再将防护该进路的信号机开放。如果道岔位置错误，信号机应不予开放，进路无法建立；一旦信号机开放，道岔位置应不允许变换，直到作业完成或取消进路。

1. 道岔、进路之间的联锁

道岔有定位、反位（或称之为左位、右位，两种称谓没有对应关系）两个工作位置，进路有锁闭、解锁两个状态。道岔位置正确，进路才能锁闭；进路解锁后，道岔才能改变其工作位置。

图 3–16 所示为一种简单的道岔与进路的联锁示意图。进路 1（1 道上行接车进路）要求 1 号道岔开通反位（带括号表示），进路 2（Ⅱ道上行接车进路）则要求 1 号道岔开通定位（不带括号表示）。

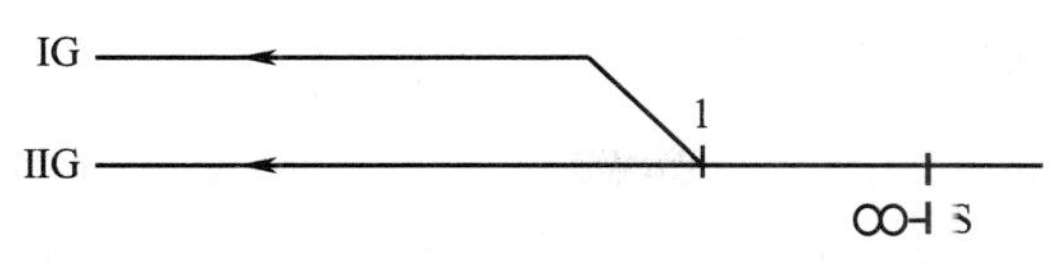

进路序号	进路名称	道岔
1	1 道上行接车	（1）
2	Ⅱ道下行接车	1

图 3–16　道岔与进路的联锁示意图

由于道岔位置只有两种状态，要么开通定位，要么开通反位，所以 1 号道岔与两条接车进路之间存在制约关系。如果 1 号道岔不在反位，则进路 1（1 道上行接车进路）无法建立和锁闭；反之，进路 1（1 道上行接车进路）锁闭前，1 号道岔先要被锁在反位上，进路锁闭后，不允许道岔再变换状态。

2. 信号机、道岔之间的联锁

进路是由信号机防护的，因此道岔与进路之间的联锁关系也可以用道岔与信号机之间的联锁关系来描述。在图 3–16 中，S 是两条接车进路的防护信号机，规定 S 信号机显示绿灯时，开通进路 2（Ⅱ道上行接车进路），显示黄灯时，开通进路 1（1 道上行接车进路）。表 3–16 可以描述这种联锁关系。

表 3–16　　道岔、信号机与进路的联锁关系

进路序号	进路名称	信号机		道岔
		名称	显示	
1	1 道上行接车进路	S	黄	（1）
2	Ⅱ道上行接车进路	S	绿	1

同理，如果 1 号道岔不在反位且锁闭，则 S 信号机无法开放信号（黄灯）；反之，S 信号机开放黄灯前，1 号道岔先要被锁在反位上，信号开放后，不允许道岔再变换状态。如果道岔不密贴或被挤岔，不能锁闭时，信号机是不允许开放的。

在这个案例中，S 信号机与 1 号道岔之间既有定位锁闭关系，也有反位锁闭关系，称之为定反位锁闭，记作“1，（1）”，见表 3–17。

表 3–17　　道岔与信号机的联锁关系

信号机	信号机名称	道岔
S	上行进站信号机	1，（1）

3. 进路、信号机之间的联锁

图 3–17 中，进路 1 是从调车信号机 D_{21} 至无岔区段 W 的调车进路，D_{23} 所防护的进路与进路 1 互为敌对进路，把 D_{23} 记为进路 1 的敌对信号。同时，D_{33} 信号机至 W 的调车进路与进路 1 也互为敌对进路，记为“<19>D_{33}”，“<19>”表示 19 号道岔为定位（如果为反位，则记作“<（19）>”）。

4. 信号机与信号机之间的联锁

图 3–17 中四架信号机之间的联锁关系见表 3–18。D_{23} 信号开放时，表示列车或车列、机车即将进入 D_{23} 与 D_{21} 之间的股道区段，此时如果 D_{21} 开通道岔 11/13 为定位的进路，必然妨碍行车安全，且无法通过 11/13 道岔位置锁闭来避免。

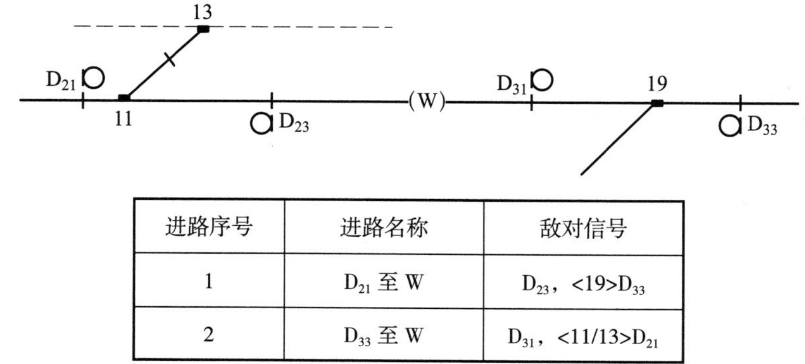

进路序号	进路名称	敌对信号
1	D_{21} 至 W	D_{23}，<19>D_{33}
2	D_{33} 至 W	D_{31}，<11/13>D_{21}

图 3–17　进路与信号机的联锁示意图

表 3–18　信号机与信号机的联锁关系

信号机编号	信号机名称	敌对信号
D_{21}	调车信号机	D_{23}
		<19>D_{33}
D_{23}	调车信号机	D_{21}
D_{31}	调车信号机	D_{33}
D_{33}	调车信号机	D_{31}
		<11/13>D_{21}

5. 进路与进路之间的联锁

进路与进路之间存在两种不同形式的联锁关系，即抵触进路和敌对进路。

在图 3–18 中，上行三条接车进路对 2 号、4/6 号道岔的位置要求各不相同，是不可能同时建立起来的，只要其中一条进路建立，例如开通了进路 5（Ⅱ道上行接车进路），则 2 号道岔、4/6 号道岔已被锁定在定位，那么进路 4、6 就不可能再建立了。这种用道岔可以区分的进路互称为抵触进路。既然抵触进路不可能同时建立，它们之间也就不需要采取锁闭措施，联锁表中不考虑抵触进路。

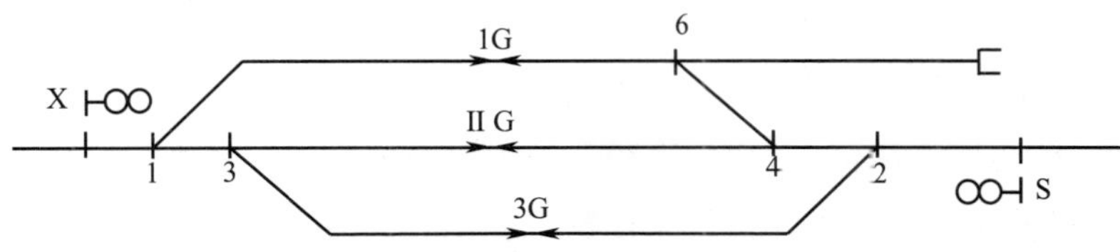

进路序号	进路名称	敌对进路	抵触进路
1	1 道下行接车进路	6	2、3
2	Ⅱ道下行接车进路	4、5、6	1、3
3	3 道下行接车进路	4、5、6	1、2
4	3 道上行接车进路	2、3	5、6
5	Ⅱ道上行接车进路	2、3	4、6
6	1 道上行接车进路	1、2、3	4、5

图 3-18　进路与进路的联锁示意图

进路 5（Ⅱ道上行接车进路）开通时，进路 2（Ⅱ道下行接车进路）、进路 3（3 道下行接车进路）也有可能会被误开通，造成列车正向或侧面冲撞，且无法通过道岔锁闭来避免，因此进路 2、3 均是进路 5 的敌对进路，反过来，进路 5 也是进路 2 和进路 3 的敌对进路。

进路 5（Ⅱ道上行接车进路）开通时，进路 1（1 道下行接车进路）也可以开通，它们互为平行进路。

二、联锁内容

归纳起来，联锁的主要内容包括：信号机的显示与所建立的进路相符，即信号机与进路之间的联锁；列车、车列或机车经过的所有道岔均锁闭在与进路开通方向相符合的位置，即道岔与进路之间的联锁；防止建立会导致列车、车列或机车相冲突的敌对进路，即排列进路。

1. 进路锁闭与解锁

当进路排列完成，此时进路即进入预锁闭。所谓预锁闭，一是指进路已被锁闭（即进路上的有关道岔不能被转换），二是指只要关闭信号，进路即可解锁。

当进路排列完成、信号开放，且列车已抵达接近区段，此时进路被完全锁闭。进路在完全锁闭条件下就不能轻易地进行人工解锁，必须在列车按进路方向依次通过后，才能被逐段解锁。

2. 信号开放与关闭

信号机只有在检查道岔位置准确、进路空闲、敌对信号机处在关闭状态，以及进路已完全锁闭之后，在未进行人工解锁时才能开放，且不间断地对上述条件进行检查。

信号机在下列情况下自动关闭或人工关闭：

（1）当列车第一轮对压入信号机内方第一轨道电路区段时，信号机自动关闭。

（2）信号设备发生故障或上述检查条件发生变化时，信号机自动关闭。

（3）对调车作业而言，调车车组全部进入信号机内方时，信号机自动关闭。

（4）信号操作人员认为有必要时，可即时人工关闭信号机。

3. 道岔转换

正常情况下，道岔是按照排列进路的要求自动转换的，必要时也可单独操纵转换，单独转换优先于自动转换。

在进路被锁闭或者道岔轨道电路区段被占用时，道岔不能转换；道岔轨道电路区段故障时，在排除故障之前道岔不能转换；道岔的定、反位表示必须与道岔的实际位置和动作保持一致；道岔开始转换后，即使列车驶入轨道电路区段，道岔仍应转换到底，如果因故不能转换到底（例如岔尖被异物卡住），只要轨道电路区段无车，道岔将能自动转换回原来位置。

4. 引导信号开放与关闭

引导信号是在异常情况下信号无法开放时的一种辅助信号，可以允许司机以安全的低速（如 10 km/h）缓缓驶入车站。

城市轨道交通通常以黄灯加红灯作为引导信号，也有以月白色灯加红灯作为引导信号的情况。信号操作人员在任何情况下都可以开放引导信号，但开放引导信号前必须启铅封作登记，信号操作人员还必须检查进路锁闭及敌对进路条件。

三、联锁图表

联锁图表是车站信号设备之间联锁关系的说明，采用图和表的形式表示。它由信号平面布置图和联锁表两部分组成，显示了进路、道岔、信号机和轨道电路区段之间的基本联锁内容。

车站电路是根据联锁图表的要求进行设计的，联锁试验和竣工验收时也以联锁图表作为检查工程质量的重要依据。因此，联锁图表必须认真编制，避免任何差错和遗漏。联锁图表的编制是非常专业的，本书只做一般性介绍，并给出简化后的案例。

1. 信号平面布置图

信号平面布置图是编制联锁图表的主要依据，标准的信号平面布置图应包含以下内容：

（1）联锁区、非联锁区中与信号设备有关的线路布置及编号。

（2）联锁道岔、信号机、表示器、轨道电路区段（含侵入限界绝缘区段）等有关设备及其编号和符号。

（3）正线和到发线的接车方向、区间线路及机车行走线的运行方向。

（4）信号楼（或值班员室）中心千米标。联锁道岔和信号机距信号楼（或值班员室）中心距离。

（5）进站信号机外、列车制动距离内有超过 0.6% 下坡道时的换算坡度数。

（6）局部控制盘编号及局部控制道岔号。

（7）道岔握柄、转换锁闭器等。

图 3–19 所示为某铁路车站信号平面布置图（局部），显示的是该车站下行进站方向咽喉区的信号设备布置。

车站内正线用罗马数字编号（ⅠG、ⅡG），ⅠG 是下行正线，ⅡG 是上行正线，这是一条双线铁路，靠左行车；站线用阿拉伯数字编号（3G、4G、6G），由正线开始向两侧顺序编号，上行为双号，下行为单号。

道岔用阿拉伯数字从车站两端由外而内、由主（接发列车）而次（调车）依次编号，上行列车到达端用双数，下行列车到达端用单数（1/3、5/7、9/11、13/15、17/19、21/23、25、27）。

X 为下行方向进站信号机，S_3、$S_Ⅱ$、S_4、S_6 是上行方向的出站信号机，X 表示下行、S 表示上行；D_1、…、D_{19} 为调车信号机。铁路靠左行车，信号机设置在线路左侧，方便司机瞭望。

D_5G 表示的是调车信号机 D_5 外方的接近区段。牵出线、机待线、机车出入库线、专用线等调车信号机外方的接近区段，用调车信号机编号后加 G 来表示，是轨道电路区段的一种编号规则。

图 3–20 所示为某铁路车站信号平面布置图（局部）。它的情况要比图 3–19 复杂，除图 3–19 中已出现的符号外，还包括 Y_{XD}、X_DG、ⅠAG、ⅡAG、1/19WG 等。

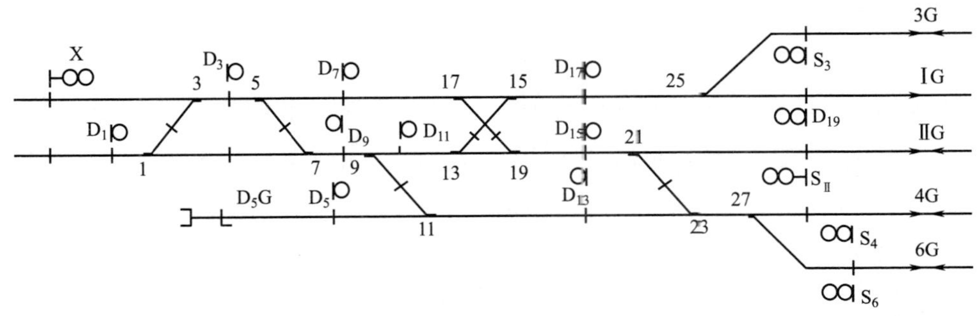

图 3–19　某铁路车站信号平面布置图（局部）

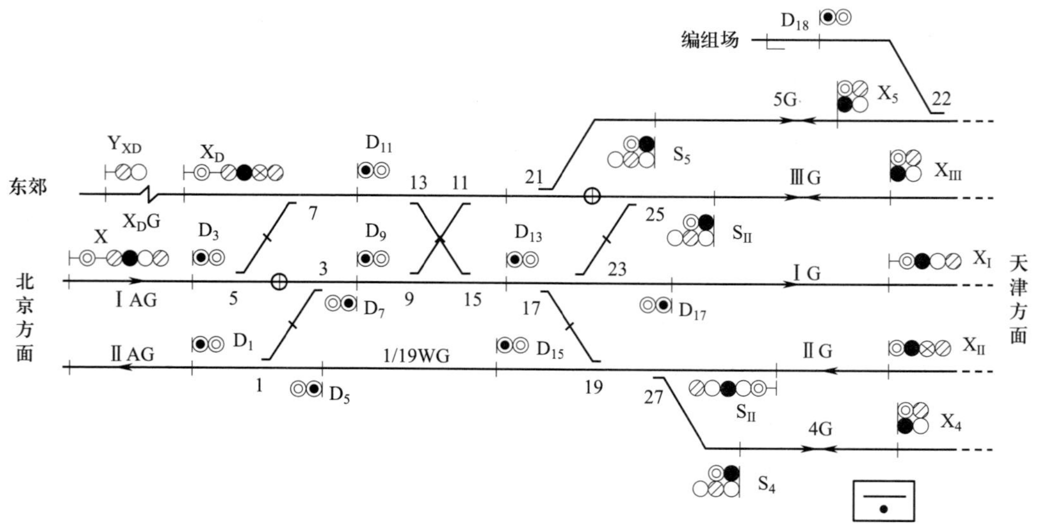

图 3-20　某铁路车站信号平面布置图（局部）

Y_{XD} 是预告信号机，其主体信号机是 X_D，X_D 是东郊方向下行而来的进站信号机，是一条单线铁路。X_DG 表示 X_D 信号机外方到预告信号机 Y_{XD} 之间的轨道电路区段。ⅠAG 表示进站信号机内方衔接Ⅰ股道（下行咽喉加 A、上行咽喉加 B）的无岔轨道电路区段。ⅡAG 表示在双线单方向运行的发车口衔接Ⅱ股道（下行咽喉加 A、上行咽喉加 B）无岔轨道电路区段。1/19WG 是指调车信号机之间的无岔轨道电路区段，以两端相邻的道岔编号写成分数形式表示，如 D_5、D_{15} 间的 1/19WG。

2. 联锁表

表 3-19 为图 3-20 所示车站的联锁表的一部分，标准的联锁表由以下各栏组成：

（1）方向栏

方向栏中填写进路性质（通过、接车、发车、转场、调车、延续进路）和运行方向。

（2）进路号码栏

此栏按全站列车进路和调车进路顺序编号，亦可按咽喉区、场分别编号。

（3）进路栏

进路栏中逐条列出车站范围内的全部列车和调车的基本进路。列车接至 × 股道时，应写作“至 × 股道”；列车由 × 股道发车时，应写作“由 × 股道”；通过进路应写作“经 × 股道向 × × 方面通过”；列车由 × 信号机发车时，应写作“由 × 信号机”；由 D× × 信号机调车时，应写作“由 D× ×”；调车至某一顺向调车信号机时，应写作“至 D× ×”；调车至 × 股道时，应写作“至 × 股道”；向尽头线、专用线、机务段、双线出站口等处调车时，应写作“向 D× ×”；当进站信号机内方仅能作调车终端时，应写作“至 × × 进站信号机”。

表 3-19　　联锁表（部分列车进路，对应图 3-20）

方向			进路	进路方式	排列进路按下按钮	确定运行方向道岔	信号机		表示器	道岔	敌对信号	轨道区段	迎面进路		其他联锁	进路号码
							名称	显示					列车	调车		
列车进路	东郊方面	接车	至 5 股道		X_DLA、S_5LA		X_D	U、U		5/7、9/11、13/15、（21）	D_{11}、S_5	7DG、11-13DG、21DG、<23/25>25DG、5G	5G	5G		1
			至Ⅲ股道		X_DLA、$S_Ⅲ$LA		X_D	U		5/7、9/11、13/15、21、23/25	D_{11}、$S_Ⅲ$	7DG、11-13DG、21DG、25DG、ⅢG	ⅢG	ⅢG		2
			至Ⅰ股道		X_DLA、D_{17}LA		X_D	U、U		5/7、[9/11]、（13/15）、17/19、23/25	D_{11}、D_{13}、D_{17}	7DG、11-13DG、9-15DG、17-23DG、ⅠG		ⅠG		3
			至 4 股道		X_DLA、S_4LA		X_D	U、U		5/7、[9/11]、（13/15）、（17/19）、（27）	D_{11}、D_{13}、S_4	7DG、11-13DG、9-15DG、17-23DG、19-27DG、4G	4G	4G		4
	北京方面	发车	由 5 股道		S_5LA、SLZA		S_5	L 或 U 或 LU		（21）、[13/15]、（9/11）、（1/3）	S_5D、D_9、D_7、D_1	21DG、<23/25>25DG、11-13DG、9-15DG、3DG、<5/7>5DG、1DG、ⅡAG			BS	9

续表

方向			进路	进路方式	排列进路按下按钮	确定运行方向道岔	信号机		表示器	道岔	敌对信号	轨道区段	迎面进路		其他联锁	进路号码
							名称	显示					列车	调车		
列车进路	北京方面	发车	由Ⅲ股道	1	$S_Ⅲ$LA、SLZA	(23/25)	$S_Ⅲ$	L或U或LU		(23/25)、17/19、13/15、9/11、(1/3)	$S_Ⅲ$D、D_{13}、D_9、D_7、D_1	25DG、<21>21DG、17–23DG、9–15DG、3DG、<5/7>5DG、1DG、Ⅱ AG			BS	10
			由Ⅲ股道	2	$S_Ⅲ$LA、BA、SLZA	23/25	$S_Ⅲ$	L或U或LU		23/25、21、[13/15]、(9/11)(1/3)	$S_Ⅲ$D、D_9、D_7、D_1	25DG、21DG、11–13DG、9–15DG、3DG、<5/7>5DG、1DG、IIAG			BS	11
			由Ⅱ股道		$S_Ⅱ$LA、SLZA		$S_Ⅱ$	L或U或LU		27、17/19、1/3	$S_Ⅱ$D、D_{15}、D_5、D_1、	19–27DG、1/19WG、1DG、IIAG			BS	12
			由4股道		S_4LA、SLZA		S_4	L或U或LU		(27)17/19、/3	S_4D、D_{15}、D_5、D_1	19–27DG、1/19WG、1DG、IIAG			BS	13

（4）进路方式栏

基本进路规定为第一种方式，在栏中应写作“1”，变更进路写作“2”。

（5）排列进路按下按钮栏

此栏中顺序填写排列进路时应按下的按钮名称。

（6）确定运行方向道岔栏

如果有两种以上运行方向（进路方式），应填写区别开通不同进路方式的关键的对向道岔位置。

（7）信号机栏

填写排列进路时，应写明开放信号机的名称和显示。色灯信号应按显示颜色表示。进路表示器可以左、中、右灯位区分，超过三个方向时以两组进路表示器组合后的灯位分别表示。

（8）道岔栏

顺序填写进路中所包括的全部道岔及防护和带动道岔的编号和位置。填写方式如下：“1/3”表示将 1/3 号道岔锁在定位，“（5/7）”表示将 5/7 号道岔锁在反位，“[9/11]”表示将 9/11 号道岔防护在定位，“[（9/11）]”表示将 9/11 号道岔防护在反位，“{ 23/25 }”表示将 23/25 号道岔带动到定位，“{（27）}”表示将 27 号道岔带动到反位。

（9）敌对信号栏

此栏中填写所排进路的全部敌对信号。

列车兼调车信号机的填写方式为：“S_5”指 S_5 信号机的列车和调车信号均为所排进路的敌对信号，“S_5L”指 S_5 信号机的列车信号为所排进路的敌对信号，“S_5D”指 S_5 信号机的调车信号为所排进路的敌对信号。

调车信号机的填写方式为：“D_1”指 D_1 信号机为所排进路的敌对信号。

有条件敌对时的填写方式为：“<1>D_1”指经 1 号道岔定位的 D_1 信号机为所排进路的敌对信号，“<（3）>S_5L”指经 3 号道岔反位的 S_5 信号机的列车信号为所排进路的敌对信号。

电锁器联锁时，敌对信号栏应改为敌对进路栏，填写所排进路的敌对进路号码（包括股道的迎面进路）。

（10）轨道区段栏

填写排列进路时应检查的轨道电路区段名称。

其填写方式举例如下：“5DG”表示排列进路时必须检查 5DG 区段的空闲；“<21>21DG”表示当 21 号道岔在定位时，排列进路必须检查侵限绝缘区段 21DG 空闲；“<（25）>25DG”表示当 25 号道岔在反位时，排列进路必须检查侵限绝缘区段 25DG 空闲。

（11）迎面进路栏

此栏应填写同一到发线（或场间联络线）上，对向的列车和调车进路的敌对关系，以线路区段名称表示。

（12）其他联锁栏

此栏应以相应的文字符号表示特定信息。如“BS”表示所排发车进路与邻站间的闭塞关系（含各种闭塞）。

表 3-19 中，4 号进路是一条由东郊方向而来的接车至 4 股道的列车进路，防护该进路的信号机是 X_D，进路包含的道岔及位置为 5/7 号道岔定位、13/15 号道岔定位、9/11 号道岔定位、17/19 号道岔反位、27 号道岔反位，敌对信号为 D_{11}、D_{13}、S_4，包含的轨道电路区段有 7DG、11–13DG、9–15DG、17–23DG、19–27DG、4G。

四、联锁系统

比较典型的联锁系统为 6502 电气集中联锁和计算机联锁系统。

1. 6502 电气集中联锁

6502 电气集中联锁对道岔、信号机和进路用电气方式进行集中控制与监督，并用继电器实现它们之间的联锁关系，曾经是我国铁路应用比较普遍的联锁设备。

6502 电气集中联锁在室内设有控制台（见图 3–21）、区段人工解锁按钮盘、继电器组合及组合架、电源屏、分线盘等设备，在室外设有色灯信号机、电动转辙机、轨道电路、电缆线路及电缆连接箱盒等设备。

图 3–21　6502 电气集中联锁控制台

2. 计算机联锁系统

如果联锁逻辑和有关的输入、输出控制及表示主要由计算机来完成，则称为计算机联锁，其原理和继电器联锁相同。城市轨道交通正线普遍采用计算机联锁。

第五节　列车运行图

一张经济、合理的列车运行图能充分利用轨道交通设备的能力，满足各时期、各时段旅客运输的需要，使运能和运量很好地结合，既方便旅客出行，又能使企业获得最佳的经济效益，具有重要的意义。

一、列车运行图概述

1. 列车运行图的作用

列车在车站（车辆段）出发、到达（或通过）及折返时刻的集合，组成运营时刻表。运营时刻表是行车组织工作的基础，凡与列车运行有关的各部门都必须根据运营时刻表的规定组织本部门的工作。

列车运行图是根据运营时刻表铺画的，它规定各次列车占用区间的顺序、列车在区间的运行时分和在站停车时分、列车在各个车站的到达和出发（通过）时刻，以及折返站列车折返作业时间和列车出入场时刻。列车运行图是各项运输生产的综合计划和行车组织的基础，是协调城市轨道交通系统各部门、单位进行生产活动的重要文件，在保证城市轨道交通运营各部门的相互配合和协调动作方面起到了重要的组织作用。

运营生产是一个统一的整体，涉及城市轨道交通运营的各业务部门都需要根据列车运行图安排工作。例如，车站根据列车运行图规定的列车到达和出发时刻安排本站行车组织工作（如排列接发车进路）和客运组织工作；车辆部门每天运营前要整备好运营需求的列车数；车辆运转部门要根据列车运行图的要求确定列车的出库时刻，以及乘务员的班次安排和倒班计划；工务、通信、信号、供电、机电等部门也要求根据列车运行图的规定安排施工计划和维修计划。

2. 列车运行图的识读

（1）列车运行图的含义

列车运行图（见图 3–22）是利用坐标原理表示列车运行的一种图解形式，它是表示列车在各站和区间运行状态的二维线条图，能直观地显示各次列车在时间和空间上的相互位置和对应关系。

根据横纵坐标表示的变量不同，城市轨道交通企业所运用的运行图主要有两种形式。一种是横坐标表示时间，纵坐标表示距离，运行图上横线代表车站中心线，竖线表示时间。另一种是横坐标表示距离，纵坐标表示时间，运行图上横线表示时间，竖线代表车站中心线。目前大多数城市轨道交通采用的是横坐标表示时间、纵坐标表示距离的运行图。

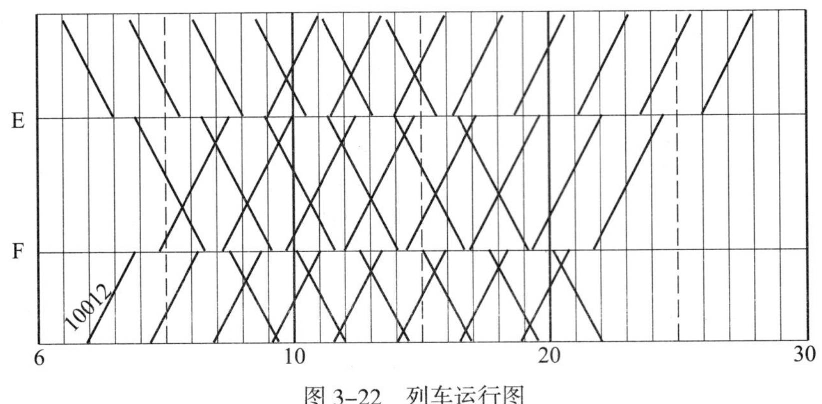

图 3–22　列车运行图

图 3–22 中各部分的含义说明如下：横坐标表示时间，按要求用一定的比例进行时间划分；纵坐标表示距离，根据区间实际里程，采用规定的比例，以车站中心线所在位置进行划分；垂直线为一簇平行的等分线，表示时间等分段；水平线是一簇平行的不等分线，表示各个车站中心线位置，一般叫作站名线；斜线是列车运行的轨迹，即运行线，一般以下斜线表示下行列车，上斜线表示上行列车；列车运行图上每次列车的编号即为车次，一般来说，上行列车车次为偶数，下行列车车次为奇数。

（2）列车运行图的格式

为了适应不同列车的运行需要，列车运行图按照时间划分的不同，主要有以下四种基本格式：

1）一分格运行图（见图 3–23），它的横轴以 1 min 为单位用竖线进行等分。此种运行图主要在地铁、轻轨线路中采用。

2）二分格运行图（见图 3–24），它的横轴以 2 min 为单位用竖线进行等分，此种运行图主要在市郊轨道交通线路中采用。

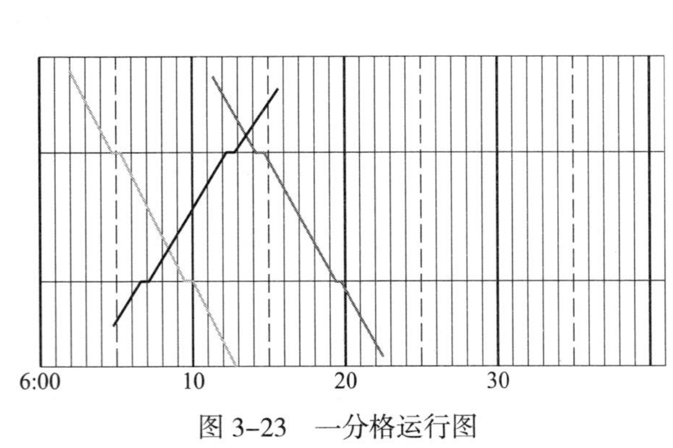

图 3–23　一分格运行图

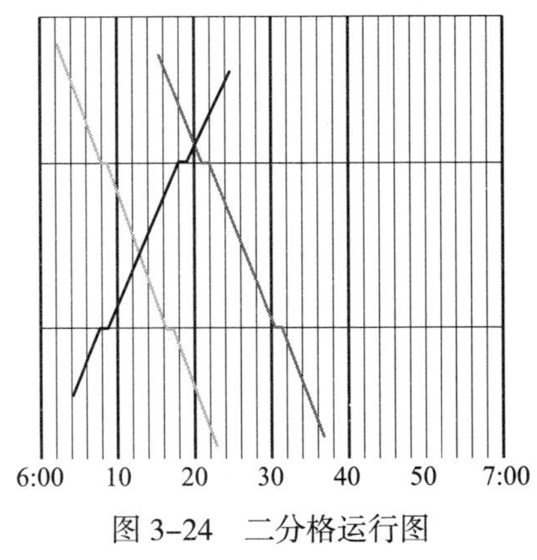

图 3–24　二分格运行图

3）十分格运行图（见图 3–25），它的横轴以 10 min 为单位用竖线进行等分，并且在运行图上需标注 10 min 以下的数字，此种运行图常用于铁路运输。

4）小时格运行图（见图 3–26），它的横轴以 1 h 为单位用竖线进行等分，并且在运行图上标注 60 min 以下的数字。此种运行图主要在编制旅客列车方案图、机车周转图时采用。

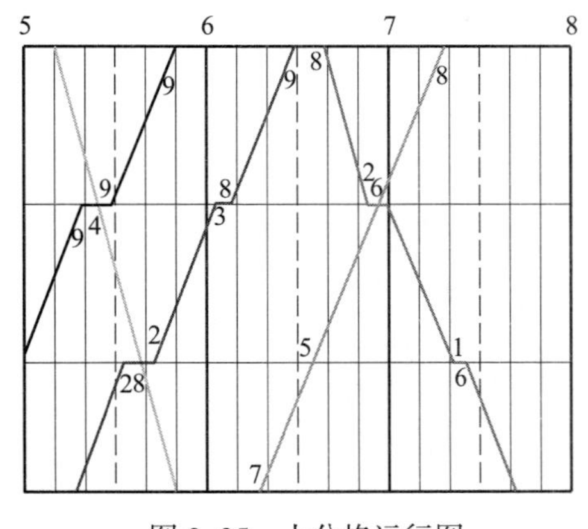

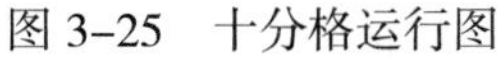
图 3–25　十分格运行图

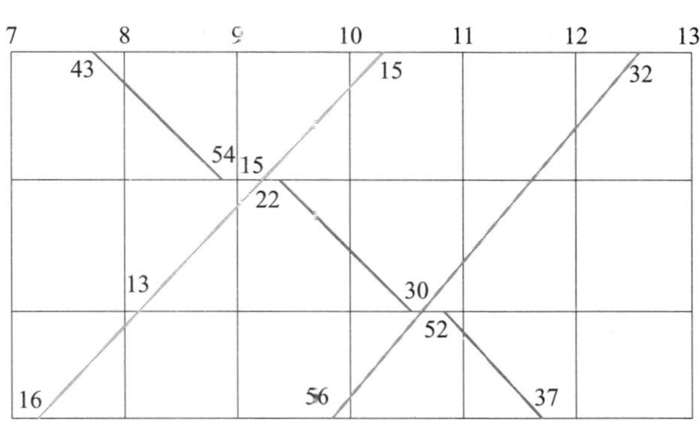

图 3–26　小时格运行图

（3）列车运行图的分类

根据线路技术设备、列车运行速度、上下行列车数量、列车运行方式的不同，列车运行图可以分为不同的类型。

1）按区间正线数目分类。按区间正线数目不同，列车运行图可以分为单线运行图、双线运行图和单双线运行图。

在单线区段上，上下行方向的列车都在同一正线上运行，两个方向的列车必须在车站进行交会。单线运行图多数在运量不大的市郊轨道交通线路中运用。

在双线区段上，上下行方向的列车分别在各自的正线上运行，两个方向的列车运行互不干扰。绝大多数地铁、轻轨都采用双线运行图。

单双线运行图（见图 3–27）中，单线区段和双线区段分别按照单线运行图和双线运行图的特点铺画。

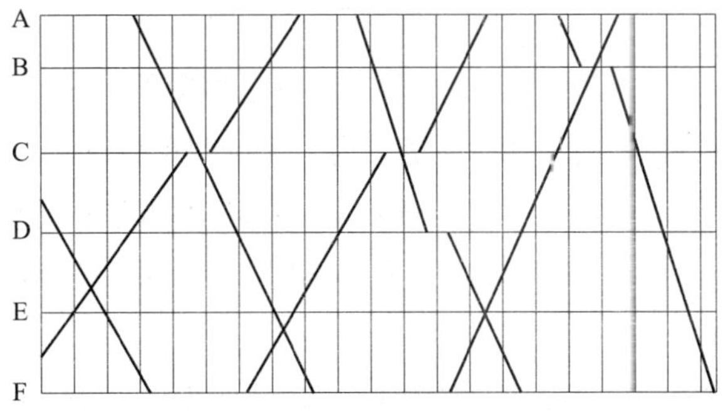

图 3–27　单双线运行图

2）按列车的运行速度分类。按列车的运行速度不同，列车运行图可以分为平行运行图和非平行运行图。

平行运行图（见图 3–28）中，在同一区段内，同一方向的列车运行速度相同，因此运行图中列车运行线是相互平行的，并且在该区段内列车无越行。一般地铁、轻轨所用运行图都是平行运行图。

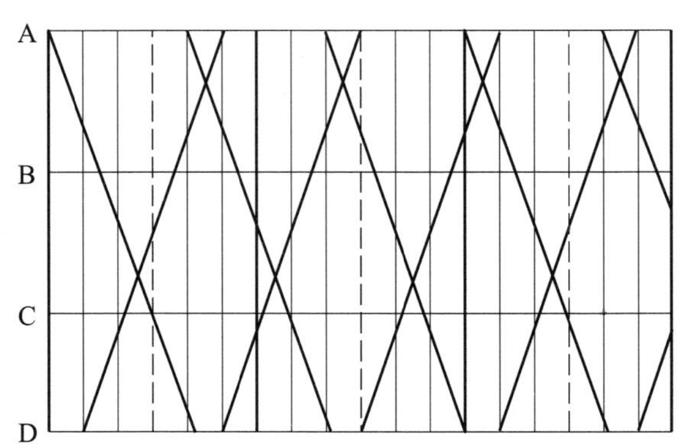

图 3–28　平行运行图

非平行运行图（见图 3–29）中铺画有不同速度和不同类型的列车，因此运行图中的运行线相互不平行。在城市轨道交通系统中，市郊轨道交通有时会采用非平行运行图。

3）按上下行列车数量分类。按上下行列车数量不同，列车运行图可以分为成对运行图和不成对运行图。

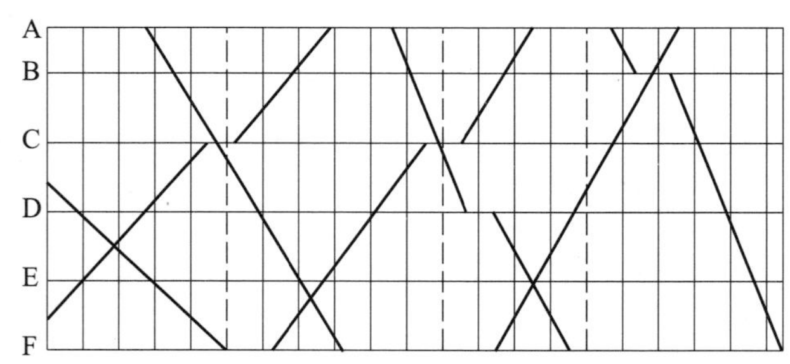

图 3–29　非平行运行图

在成对运行图上，上下行两个方向列车的数目是相等的；在不成对运行图上，上下行两个方向列车的数目是不相等的。城市轨道交通上下行列车数目基本相等，大都采用成对运行图，只有在上下行方向运量不相等的个别区段，才采用不成对运行图。

4）按列车运行方式分类。按列车运行方式不同，列车运行图可以分为连发运行图和追踪运行图。

连发运行图（见图 3–30）上，同方向列车的运行是以站间区间为间隔的。在单线区段采用这种运行图时，在连发的一组列车之间不能再铺画对向列车。

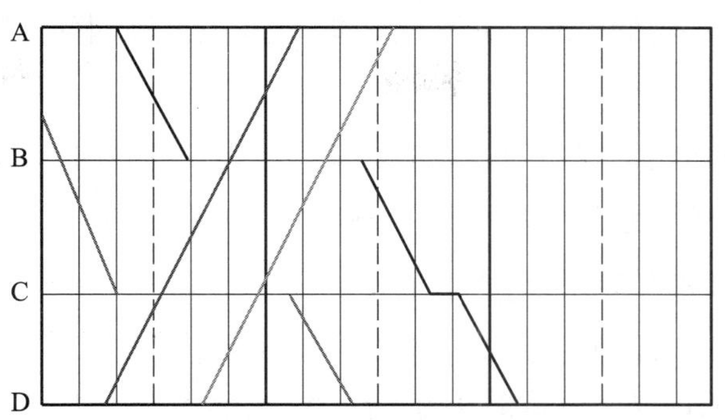

图 3-30 连发运行图

追踪运行图（见图 3-31）上，同方向列车的运行是以闭塞分区为间隔的，一个站间区间内允许几列列车同时运行。大多数地铁、轻轨采用追踪运行图。

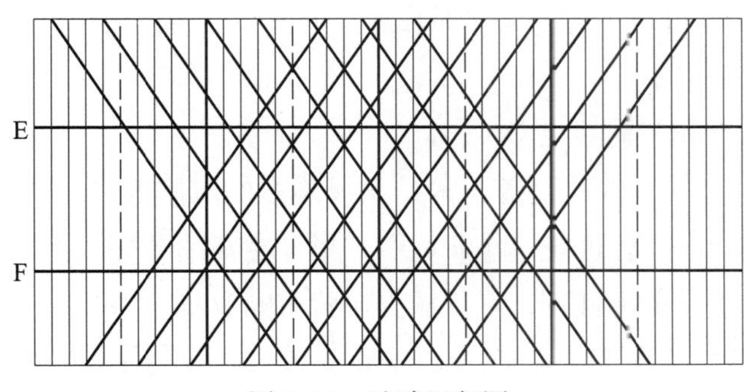

图 3-31 追踪运行图

二、列车运行图基本要素

1. 时间要素

列车运行图的时间要素主要包括区间运行时间、停站时间、折返作业时间、出入车辆段作业时间、运营时间和停送电时间等。

区间运行时间包括到达时刻、出发时刻和通过时刻。到达时刻以列车在规定位置对正停稳为准。出发时刻以列车由车站前进启动（不再停下）时为准。通过时刻以列车最前部通过站线规定位置时为准。

停站时间主要用于车站组织乘客上下车，包括列车停站作业时间和乘客上下车时间。停站时间计算方法是从列车对标停妥时刻起至列车从本站发出时刻止，一般为 20 ~ 50 s。

2. 数量要素

列车运行图的数量要素包括全日分时段客流分布、列车满载率、出入段能力、列车最大载客量等。

3. 相关要素

列车运行图的相关要素包括与其他交通方式的衔接，与大型体育场所、娱乐场所、商业中心的衔接，以及列车检修作业、列车试车作业、司机作息时间、车站的存车能力、电客车的能耗等。

三、列车运行图的编制

1. 列车运行图的编制要求

列车运行图的编制要求有以下几个方面：

（1）在保证安全可靠的条件下提高列车的平均运行速度

较高的平均运行速度是城市轨道交通系统的主要优势，在安全得到保证的前提下，通过提高列车平均运行速度，缩小列车的运行时间，可提高系统的运行效率和服务水平。

（2）尽量方便乘客

根据客流变化的规律，尽量考虑在满足运行技术要求的前提下选择较小的列车发车间隔，减少乘客的候车时间。在安排低峰时段列车运行时，最大的列车运行图间隔也不宜过大，以保持一定的服务水平。

（3）充分利用线路和车辆的能力

以折返通过能力为例，折返设备通常是全线能力的限制因素，此时必须对折返线的折返作业时间进行精确计算，合理安排作业程序，尽可能安排平行作业。

（4）在保证运量需求的条件下，尽量减少运营车辆数量

在保证运量需求的条件下，可通过综合考虑高峰时段列车运行速度、折返作业时间、列车开行方式等要素，使上线列车数量达到最少，降低系统的车辆保有量与运营成本。

2. 列车运行图的编制步骤

在新线开通或线路客流量、技术设备和行车组织方式发生变化时，都需编制新的列车运行图，其编制步骤如图 3-32 所示。

图 3-32　列车运行图的编制步骤

各步骤的具体编制要求如下：

（1）按编制要求和编制目标提出编图的注意事项。

（2）收集编图资料，对需要进行校验的数据组织调查或研究试验。

（3）总结分析现行列车运行图的完成情况和存在的问题，提出改进意见。

（4）根据线路客流变化特点确定全日行车计划。

（5）根据现有设备条件计算所需运用列车数量。

（6）确定编制列车运行图所需的各种基础数据。

（7）确定列车交路计划，并铺画列车运行图方案。

（8）征求调度部门、客运部门、车辆部门的意见，对列车运行方案进行必要的调整。

（9）根据列车运行方案铺画详细的列车运行图、运营时刻表和编制说明。

（10）对列车运行图的编制质量进行全面检查，并计算列车运行图的评价指标。

（11）将编制完毕的列车运行图、运营时刻表和编制说明报有关部门审核批准。

3. 列车运行图的编制说明

（1）列车运行图车站中心线的确定方法

列车运行图车站中心线可以按区间实际里程比率确定，也可以按区间运行时间比率确定（见图 3–33）。

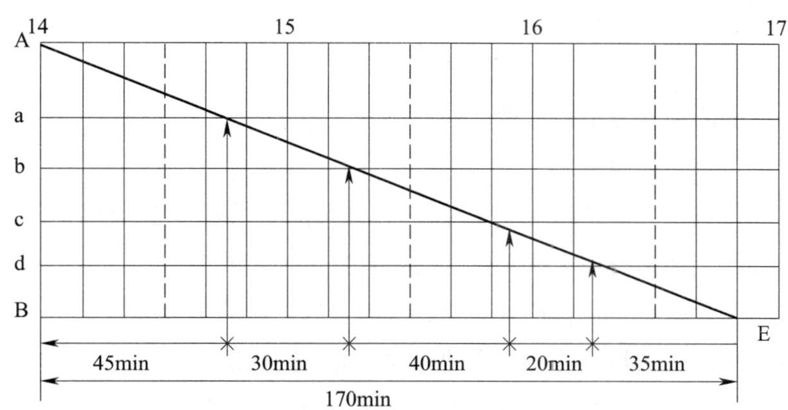

图 3–33　按区间运行时间比率确定车站中心线

按区间实际里程比率确定的列车运行图车站中心线反映的是车站实际站间距，不利于发现列车在区间运行时间上的差错。

按区间运行时间比率确定的列车运行图车站中心线反映的是车站间运行时间的比例，有利于发现列车在区间运行时间上的差错。

表示时刻的数字或符号填写在列车运行线与横线相交的钝角处，下行列车填在横线下方，上行列车填在横线上方。

（2）计算上下行列车单程旅行时间

上下行列车单程旅行时间等于单程各区间列车运行时间加沿途各车站停站时间的总和。

（3）计算列车运行图的运行周期

列车运行图的运行周期即列车在区段往返运行一个运行交路所需的时间，等于上行、下行列车旅行时间及折返时间之和。

（4）计算平均列车运行间隔时间

上行列车运行线是由左下角向右上角铺画的斜直线。下行列车运行线是由左上角向右下角铺画的斜直线。

（5）列车运行交路

列车运行交路示意图如图 3-34 所示。

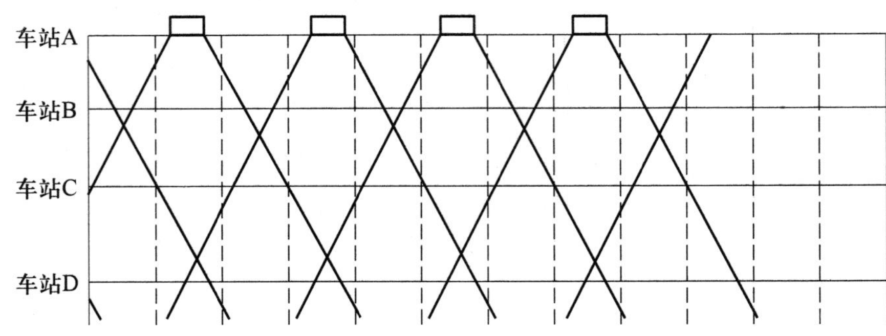

图 3-34　列车运行交路示意图

4. 列车运行图的检查与指标计算

（1）列车运行图检查内容

1）上行、下行首端、末端载客列车在始发站的开车时间是否符合营运时间的规定。

2）列车运行图上铺画的列车数和折返列车数是否符合要求。

3）各时段列车运行间隔是否符合高峰、一般及低峰客流时段的运能要求。

4）列车运行线的铺画是否符合规定的各项作业时间标准。

5）同一时刻停在折返线的列车数是否超过该站现有的折返线数。

6）列车司机的工作和休息时间是否符合规定的时间标准。

7）换乘站的列车到发密度是否均衡。

（2）列车运行图指标

1）总开行列车数：凡列车在运营线路上行驶一个单程，均记入总开行列车数。

2）列车运行周期：列车在运营线路上完成一次周转所消耗的时间（不包括回库、检修等时间），含区间运行时间、停站时间、两端站折返时间等。

3）行车间隔：两列同方向载客列车的间隔时间。

4）技术速度：列车在运行线路上（不包括在各站的停站时间和折返停留时间）的运行速度。

5）平均运行速度：根据运营时间内所消耗的时间和列车走行里程计算得出。

6）满载率：表示列车客位的利用程度，等于客运周转量与客位里程之比。

7）输送能力：等于载客列车数与列车定员数的乘积。

8）全日车辆总走行里程：车辆为运送乘客在运营线路上所走行的里程，包括图定的车辆空驶里程。

9）车辆日均走行里程：每一运用车辆每日平均走行里程数。

（3）新列车运行图使用前的准备工作

1）发布施行新列车运行图的命令。

2）印刷并分发运营时刻表。

3）拟定保证实现新列车运行图的技术组织措施。

4）组织学习，使员工了解、熟悉新列车运行图的要求。

5）根据新列车运行图的规定，组织各车站、车辆段修订现有工作流程。

6）做好车辆技术人员和司机等人员的调配工作。

知识窗

列车延误及晚点

某一列车延误是指运营列车在某一位置（一般指车站）的时刻比运营时刻表规定的时刻延后的现象。

凡按列车运行图图定车次、时间准点始发、终到的列车均统计为正点列车数。

临时加开列车按正点统计。

由于客流变化而抽调部分列车或加开列车，行车调度员采取措施对部分列车进行调整时，该部分列车按正点统计。

四、列车交路与线路通过能力

1. 列车交路

列车交路计划是根据运营组织的要求及运营条件的变化，按列车运行图或由调度指挥列车按规定的区间运行、折返的列车运行计划。列车交路计划规定了列车的运行区段、折返车站和按不同列车交路运行的列车对数。采用不同列车交路相结合的列车运行方式，能使行车组织做到经济合理。

（1）列车交路计划的确定

列车交路计划的实现只能在两个设有渡线或折返线路的车站之间进行。确定列车交路的原则如下：符合线路客流量分布，减少乘客换乘次数或等待时间，减少运用车数量和降低运营成本，方便运营管理和保证行车安全。

（2）列车交路的种类

1）长交路。长交路是指列车在全线的两个终点站之间进行折返运行（见图 3–35）。长交路具有对中间站折返线路要求不高、行车组织运行方式简单、乘客无须换乘的优点。如果各区段客流量不均衡，则会产生运能的浪费。

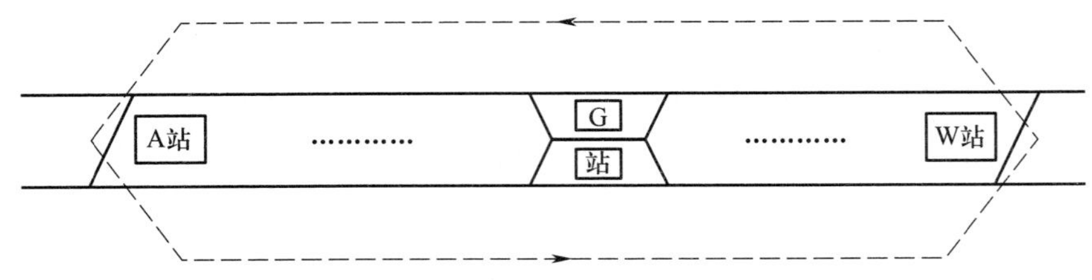

图 3-35 列车长交路示意图

2）短交路。短交路是指列车在指定的折返站折返（见图 3-36），在一条线路上的某段区间内运行。将长交路改为短交路，能适应不同客流区段的运输需求，运营也比较经济。短交路要求中间折返站具有两个方向的折返能力和方便的换乘条件，从乘客的角度看，服务水平有所降低。在城市轨道交通的运营组织中，除特殊情况外，一般不单独采用短交路模式。

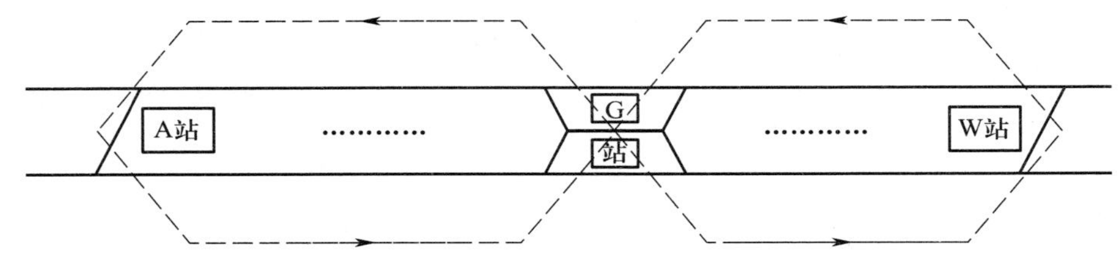

图 3-36 列车短交路示意图

3）长短交路。长短交路是指列车在线路运行中结合了长、短交路两种情况的运行模式（见图 3-37）。长短交路的行车组织方式是一种比较经济合理的运行方案，特别是在区段客流不均衡程度高，造成某一区段运能不能满足运量的需要时，长短交路运营组织方式尤为适用。当高峰期间客流在空间分布上比较均匀，而低峰期间客流在空间分布上相差悬殊时，也可以在低峰时间采用长短交路列车运行方案，组织开行部分在中间站折返的短交路列车。长短交路的行车组织方式相对较为复杂，同时对客运组织水平要求也较高。

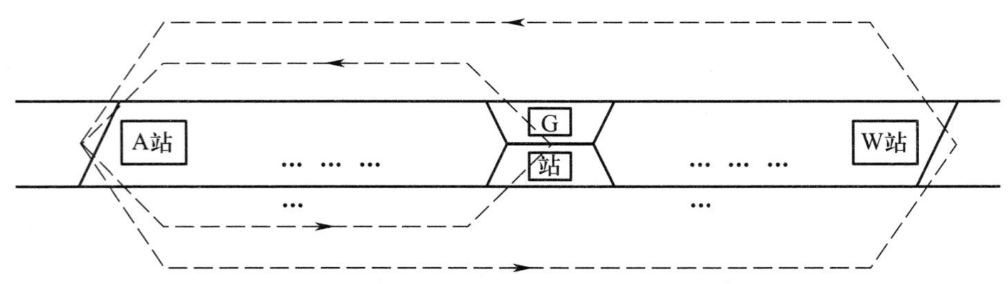

图 3-37 列车长短交路示意图

2. 线路通过能力

通过能力是指城市轨道交通线路的各项固定设备在采用一定的行车组织方法的条件下，单位时间内（通常指高峰小时）所能通过的最大列车数，常用单位为列 /h。它的大小取决于信号系统、车辆等设备的性能，以及折返站能力、列车停站时间等因素。

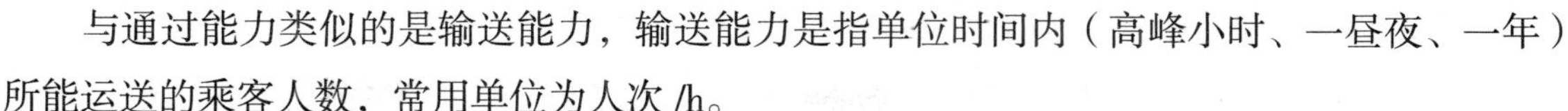

与通过能力类似的是输送能力，输送能力是指单位时间内（高峰小时、一昼夜、一年）所能运送的乘客人数，常用单位为人次 /h。

与铁路对比，由于城市轨道交通车站一般不设置配线，列车均在正线上办理客运作业。在计算线路固定技术设备的通过能力时，没有必要分别计算区间通过能力，而应该把车站和区间看作一个整体进行综合分析，计算线路通过能力。

影响城市轨道交通线路通过能力的因素有线路设备、列车折返设备、车辆段设备和牵引供电设备等，其中起到决定性作用的是线路设备（包括区间与车站）和终点站的列车折返设备。

第六节　行车规章与报表

城市轨道交通运营单位为确保实现安全、有序、高效的运营目标，为乘客提供安全、准时、便捷的服务，必须建立一套规范、统一、科学的行车规章体系。

一、行车规章

行车规章是城市轨道交通运营单位规范行车组织运行秩序、约束行车工作人员生产活动的行为准则，规定了各部门、各工种在从事运输生产时必须遵守的基本原则、责任范围、工作方法、作业程序和标准。

1. 行车组织规则类制度

行车组织规则类制度是制定行车组织各项规章制度的基本大法，是某一城市某条线路行车组织工作的技术标准，一般命名为“行车组织规则”。

“行车组织规则”描述该线路全线开通运营的技术设备、行车组织基本原则、列车运行、设备检修施工、非正常情况下的行车组织、调车作业、信号显示等有关规定和安全措施，是运营管理、行车组织的指导性文本。

2. 行车组织方法类制度

行车组织方法类制度是在“行车组织规则”基础上，根据设备具体技术特点编写的方法类的制度，主要包括“车站运作手册”“车辆段运作手册”“行车调度手册”和“司机手册”等。

“车站运作手册”规定车站运作标准和站务人员操作客运和行车设备、设施的作业标准，包括车站各岗位职责及工作标准、车站管理、行车组织、施工办理、客运服务管理、票务管理、安全管理等内容。

“车辆段运作手册”规定车辆段内行车设备、消防设备的布置及用途、行车组织、调车作业、施工作业、客车调试、设备检修作业等车辆段运作管理有关作业程序、安全措施及规定等内容。

"行车调度手册"对行车调度日常的工作流程进行描述，规定行车调度员的调度指挥工作程序，对各线调度指挥、故障处理等进行规定。包括调度工作制度、正常情况下的运营组织、非正常情况下的行车组织、维修施工组织等内容。

3. 行车设备使用类制度和行车作业类规范、标准

行车设备使用类制度根据行车组织方法类制度，结合行车设备的具体功能进行编写，具体规定了在各种行车场景中如何使用此类设备，如"电客车操作手册""车载设备操作手册""屏蔽门系统操作说明"等。

行车作业类规范、标准在行车组织方法类制度、行车设备使用类制度相关规定的基础上，对各工种在执行作业程序时的作业行为进行描述和规定，如"列车故障处理指南""屏蔽门故障处理指南""手摇道岔作业标准"等。

二、行车报表

行车报表是指在行车组织工作过程中，工作人员把列车运行、设备保养等活动根据现场实际情况而记录下来的原始材料。行车报表主要包括"行车日志""调度命令登记簿""行车设备检查登记簿"等。

行车报表填写的共同要求：

1. 行车调度员、车辆段调度员、行车值班员等应认真及时填写各类行车报表，做到填写正确，无缺漏，无缩减。

2. 填写字迹清晰，不得随意涂改。若确实需要修改，应在错误处画一条横线并加盖印章以示更改，同时在旁边填写正确的内容，不得使用修正液。

3. 所有需要签名的地方均须用钢笔或圆珠笔签名，不得使用印章。

4. 交接班图章加盖清晰，在图章内相应空白处填写好交接班工作人员的姓名、日期。图章与填写内容、图章与图章之间不得有空格。

思考与练习

1. 进路划分的原则有哪些？

2. 为什么列车进入进路后，防护该进路的信号机的允许信号应立即关闭？

3. 为什么说当两条具有共用路段的进路又都经由同一道岔，且对该道岔的位置要求不一致时，两条进路不能同时建立？

4. 写出图 3–9 中与武汉方面相关的接车、发车和通过进路的范围，填入表 3–20。

5. 以图 3–19 所示车站信号平面布置图为依据，编制下行接车至 3 道、Ⅰ道、Ⅱ道、4 道、6 道和由 3 道、Ⅱ道、4 道、6 道向下行方向发车的 9 条进路的联锁表。

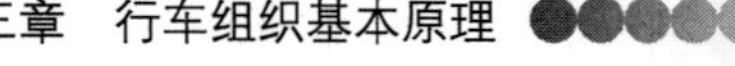

表 3–20

进路名称、性质	始端	终端	防护信号机	显示允许的信号机	道岔（未注明状态）	轨道区段

第四章　车站行车作业

学习目标：

- ◆ 能够列举城市轨道交通车站行车作业的基本原理。
- ◆ 能够描述车站接发列车作业、列车折返作业的基本内容。
- ◆ 能够运用车站行车作业的基本原理和方法完成给定情形下的行车作业任务。

在轨道交通线网构架中，城市轨道交通车站起锚固作用。车站的运输生产活动主要由行车作业和客运作业两部分组成。车站行车作业是一项综合性运输生产活动和管理工作，是城市轨道交通运营管理最基础也是最重要的环节，它关系到城市轨道线路的正常、安全运行，关系到乘客的安全出行，必须严格遵循作业规定和管理规则，避免发生运营安全事故。

第一节　车站行车作业概述

车站行车作业是行车组织工作中的一个重要内容，也是顺利组织城市轨道交通线路运营的基础。车站行车作业概述包括车站运作流程、车站各岗位行车工作职责、车站行车作业基本要求、车站行车作业制度。

一、车站运作流程

1. 车站运作逐级负责制

车站实行逐级负责制，顺序为：中心站站长←中心站副站长←值班站长←值班员←站务员。信息汇报实行由下至上逐级汇报，顺序为：站务员→值班员→值班站长→中心站副站长→中心站站长。紧急情况下，可越级指挥、越级汇报。

2. 地铁开站程序

表 4–1 所示为某地铁站开站程序。

表 4–1　　某地铁站开站程序

序号	时间	责任人	内容
1	首班列车到达前 30 min	行车值班员、值班站长	行车值班员按规定试验道岔；值班站长试开关站台门，检查站台和线路出清情况，汇报行车调度员

续表

序号	时间	责任人	内容
2	首班列车到达前 30 min	行车值班员	通过主控 /EMCS 开启环控系统并检查运行情况
3	首班列车到达前 30 min	售票岗	到点钞室领票
4	首班列车到达前 30 min	值班站长	巡视出入口
5	首班载客列车到站前 20 min	站台岗	首班载客列车到站前 20 min 到站，首班载客列车到站前 10 min 领齐备品到岗
6	首班载客列车到站前 15 min	行车值班员	检查并打开照明设备，确认开启 AFC 设备（除闸机外）
7	首班载客列车到站前 10 min	值班站长	先开启出入口闸门，然后开启站内扶梯，检查 PIDS 状态，巡视全站
8	首班载客列车到站前 10 min	售票岗	到岗开窗服务
9	首班载客列车到站前 10 min	行车值班员	确认闸机开启
10	首班列车到达前 5 min	行车值班员	安排人员到站台接发列车

3. 地铁关站程序

表 4–2 所示为某地铁站关站程序。

表 4–2　　某地铁站关站程序

序号	时间	责任人	内容
1	本站线网末班车前 1 h	客运值班员	提前 1 h 将末班车告示摆放于进闸机前，供乘客查询各线路末班车时间
2	本站线网末班车前 1 h	值班站长	检查客运值班员是否提前 1 h 将末班车告示摆放于进闸机前
3	本站线网末班车前 10 min	行车值班员	播放“末班车广播”
4	本站线网末班车前 10 min	值班站长	检查行车值班员是否提前 10 min 播放“末班车广播”
5	本站末班车前 5 min	行车值班员	本站最后一趟载客列车开出前 5 min 关闭 TVM，通知停止售票和进站检票工作
6	本站末班车前 5 min	值班站长	最后一趟载客列车到达前 5 min 确认所有 TVM、入闸机已关闭，并在 30 min 内关闭出入口
7	本站末班车开出前	值班站长	最后一趟载客列车开出前进行检查，确认站台乘客均已上车，无异常情况
8	本站末班车开出后	售票员	收拾票、钱，整理客户服务中心备品，注销 BOM，回 AFC 点钞室结账
9	本站末班车开出后	客运值班员	与售票员结账
10	运营结束后	行车值班员	执行车站节电照明模式
11	运营结束后	值班站长	清站，确认出入口关闭，扶梯、照明设备、AFC 设备、PIDS 设备全部关闭

二、车站各岗位行车工作职责

车站各岗位行车工作职责由中心站长岗位职责、副站长岗位职责、站长助理岗位职责、值班站长岗位职责、值班员岗位职责、站务员岗位职责组成。车站层级管理框架如图 4–1 所示。

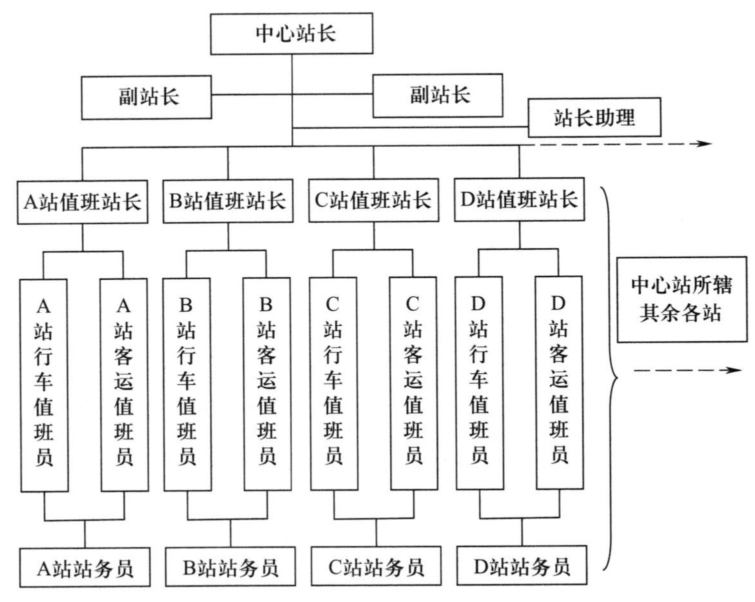

图 4–1　车站层级管理框架

1. 中心站长岗位职责

（1）代表城市轨道交通企业在车站行使属地管理权，组织辖区各站员工开展运营工作，为乘客提供优质服务。

（2）对辖区各车站的行政管理工作负责。按照上级下达的工作目标和相关工作要求，制订工作计划，合理安排资源，落实各项工作，完成生产任务。

（3）对车站员工有岗位调整权、监督考核权、晋升推荐权，负责员工绩效考评及奖惩。

（4）组织做好车站保卫综治工作，担任车站综合治理小组组长。与车站派出所、保洁班组、商铺等驻站单位协调合作，定期召开小组会议，确保合作、协调顺畅，发挥常驻人员的群防群治作用。

（5）全面负责车站的安全管理工作，承担消防安全责任人职责和保卫综治责任人职责。按上级的要求，建立车站安全网络，落实治安、消防工作要求，定期进行安全教育和安全检查，落实安全隐患整改。

（6）对站务员工业务培训、人员培养负责。针对员工工作需求，组织参加上级的培训或进行自主培训，提高员工业务技能，做好培训后的评估工作。

（7）践行企业文化，做好员工思想引导和教育。

（8）组织员工学习和贯彻企业的站务相关规章制度。

（9）指导、核查值班站长的工作落实情况，提出改善要求，做好绩效评定。

（10）负责与部门内外相关单位沟通、协调。根据工作需要，及时与相关分部、班组沟通，确保合作顺畅，为车站创建良好的外部环境，解决车站生产、管理问题。

（11）建立各种员工台账。

（12）完成上级布置的其他工作。

2. 副站长岗位职责

（1）协助中心站长开展车站管理工作。

（2）根据工作计划，合理安排资源，跟进落实中心站各项工作。

（3）对分管的业务模块负责，开展业务管理，完成生产任务。

（4）针对分管的业务模块，结合员工业务水平，组织员工业务技能培训。

（5）贯彻执行企业规章制度。

（6）对员工进行职业道德和服务标准教育，引导员工提供优质服务。

（7）指导、核查车站值班站长的工作落实情况，提出改善要求。

（8）负责辖区各站班表的制定。

（9）负责收集运营的原始数据。

（10）完成上级布置的其他工作。

3. 站长助理岗位职责

（1）协助中心站长开展行政基础工作和班组管理工作。

（2）协助中心站长进行文件处理、信息传达，参加中心站交接班会，了解并记录各自然站上日运营信息、存在的问题及困难，记录中心站长对各站工作布置及要求，传达中心站的工作重点。会后整理交接班会内容下发各站，并跟进执行情况。

（3）协助中心站长按标准化班组管理要求开展班组建设，完成班组上墙、“6S”管理方面的工作。

（4）协助中心站长开展党、团、工会工作。

（5）负责中心站人员档案管理，定期对人员档案进行更新、上报，对上报的人员资料进行审核。

（6）负责中心站文档管理，检查自然站文档保管、更新情况。

（7）负责中心站考评、考勤的统计汇总工作，完成中心站月度考勤汇总、员工各类休假初审、员工月度考评汇总和年度绩效考评汇总等工作，每月依据考评情况、考评办法计算员工各类奖金，交站长审核发放。

（8）负责中心站内部和外部宣传工作。

（9）负责中心站日常统计数据收集、汇总工作。

（10）完成上级布置的其他工作。

4. 值班站长岗位职责

（1）服从中心站长、副站长的领导，组织本班员工开展工作，对本班车站运营全面负责。

（2）负责对本班站务人员进行管理，对值班员、站务员工作进行指导、监督。负责对保洁人员、保安人员、商铺人员、施工人员等驻站人员进行属地管理。按照要求对站内经营资源进行管理。

（3）负责本班运营组织工作，服从运营调度中心指挥，执行运营调度中心命令。

（4）负责本班生产安全工作。指导、监控行车值班员、信号设备操作员、监控员的行车工作，重点监控安全关键作业；严格执行各项安全生产规章制度，加强应急预案的培训、演练，组织开展保卫综治检查、维稳排查、反恐排查工作，发现隐患和问题，及时落实整改措施，做好记录和上报，同时与公安人员协作，共同做好车站综合治理。

（5）负责本班服务工作，组织车站员工为乘客提供优质服务。

（6）负责本班票务工作，严格执行票务规章制度，确保本班票务收益安全、运作顺畅。

（7）负责本班突发事件、事故的处置。在车站发生异常情况或突发事件时，担任事故处理主管，及时启动预案，控制局面，减少和避免人员伤亡及财产损失，使车站尽快恢复运营。

（8）对本班值班员、站务员的岗位业务技能培训工作负责。

（9）巡视、检查本班各项设备、设施状况和综治防范情况，发现故障及异常情况及时处理和报告。

（10）负责本班台账的填写及相关数据的收集。

（11）负责本班文件处理，组织员工学习规章制度及新文件。

（12）对本站员工的奖惩、岗位调整、晋升有建议权。

（13）完成上级布置的其他工作。

5. 值班员岗位职责

值班员岗位包括行车值班员、客运值班员、信号设备监控员、信号设备操作员。

（1）共同职责

1）在值班站长领导下开展工作，对当班站务员工作进行安排、指导、监督。

2）向值班站长汇报本班设备、设施运作情况和各岗位工作情况。

3）向本班组、车站、部门提出建议和意见。

4）紧急情况时，协助值班站长执行相关应急处理预案。

5）完成上级布置的其他工作。

（2）行车值班员岗位职责

1）在值班站长的领导下，负责车站行车组织工作，按有关规定操作和监控行车设备。

2）负责值守车站控制室，监控车站控制室内各项设备、设施状态，发现故障及异常情况应及时按有关程序处理。

3）负责运营生产信息的上传下达，及时处理外部信息和报出本站信息。

4）操作、监控信号设备运行（针对未设置专职信号设备操作员、监控员的车站）。

5）信号设备停用时负责办理人工组织行车手续。

6）对当班施工管理工作负责。

7）协助值班站长进行人员工作安排及管理。

（3）客运值班员岗位职责

1）在值班站长的领导下，负责车站客运、票务管理，组织售票岗、巡视岗从事票务及客运服务工作。

2）负责 AFC 设备补币、补票、换钱箱、换票箱等工作，负责为售票员配票、结账。

3）负责统计车站营收，填写及保管各种票务单据。

4）负责车站收益解行。

5）协助值班站长管理站务员，处理乘客事务，监督售票员、巡视岗在岗工作情况。

6）紧急情况下，协助值班站长处理紧急事务，执行应急预案。

（4）信号设备操作员岗位职责

1）负责执行本班信号设备操作指令。

2）负责监控本班工作中信号设备的状况，发现故障及异常情况应及时按规定上报、处理。

3）接受信号设备监控员的监控。

4）信号设备停用时负责办理人工组织行车的手续。

（5）信号设备监控员岗位职责

1）在值班站长的领导下开展工作，主动向值班站长汇报信号设备运行情况。

2）对本班信号设备的操作负监控责任，及时制止、纠正违章操作。

3）负责从运营调度中心接收信号设备的操作指令，与信号设备操作员核对后，监控确保操作指令被正确执行。

4）负责监控本班工作中信号设备的状况，发现故障及异常情况应及时提醒、协助信号设备操作员处理。

5）信号设备停用时负责办理人工组织行车的手续。

6. 站务员岗位职责

站务员安排在售票岗、巡视岗（如站厅巡视岗、站台巡视岗），除执行“乘客服务工作标准”的规定外，还应履行以下职责。

（1）售票岗位职责

1）负责当班客户服务中心的售票、咨询工作。

2）处理与乘客相关的票务事务。

3）对填写的票务报表和当日票款收益负责。

4）对本班客户服务中心内的卫生及安全负责。负责本班客户服务中心内设备、备品的管理，确保客户服务中心门、窗随时处于锁闭状态。

5）售票、咨询间隙，留意进站乘客动态，严防“三品”进站，5 min 以上没有乘客事务时，必须走出客户服务中心，在站厅进行巡视。

6）在兼任站厅巡视岗时，负责站厅巡视岗工作职责（不含出入口、通道）。

7）完成上级布置的其他工作。

（2）站厅巡视岗位职责

1）帮助有需要的乘客，主动提供优质服务。

2）巡查乘客携带的行李物品，严防“三品”进站。

3）发现乘客携带超大、超长、超重的物品时，劝阻其进闸乘车。

4）注意乘客动态，若发现精神异常者、醉酒者等不宜乘车的乘客，劝阻其进闸乘车，并及时汇报车控室，必要时请求警务人员或其他同事协助，注意自我保护。

5）出入口、站厅发生治安、客伤等突发事件时，应及时处置，保护现场，报告车控室，寻找两名及以上目击证人。

6）注意站厅乘客售票情况，发现排长队或大客流时及时报车控室，协助值班站长、值班员做好客流组织工作。

7）注意站厅乘客检票情况，开展车票稽查，防止收益流失及单程票流失。

8）按“首问负责制”原则接受问询及处理乘客事务，指引乘客到客户服务中心进行车票处理。

9）巡视 AFC 设备的状态，发现异常应及时报车控室，负责闸机票箱的更换工作，协助更换钱箱、清点钱箱工作。

10）巡视站厅各种设备设施、告示、贴纸等的状态，发现异常及时报车控室。

11）负责站厅边门管理，按规定给符合要求的人员开边门。

12）遇紧急情况时，按车务安全应急处理程序执行。

（3）站台巡视岗位职责

1）巡视内容包括消防设备设施状态、站台门状态、扶梯运行状态、站台监控亭（备品间）内所有设备设施的状态（接班后第一次巡视站台时完成），以及扶梯、站台门等各类安全警示标志的设置情况。

2）发现携带违规物品的乘客时，劝其改乘其他交通工具，并及时报车控室；发现可疑人员和可疑物品应及时处置，并报车控室。

3）在巡视过程中若遇列车进站，必须按站台岗接发列车的作业标准接发列车，监视列车运行状态，监控乘客上下车，处理在接发列车过程中发生的突发事件。

4）巡视站台，对站台候车秩序、卫生和乘客安全负责，确保站台门及以内区域的安全有序。

5）车门故障时，协助司机处理，及时张贴故障贴纸。

6）站台门发生故障时，按“先通后复”的原则进行处理，故障未恢复时，及时张贴故障贴纸。

7）乘客的物品掉落轨道时，立即做好乘客安抚工作，通知值班站长到场处理。

8）车门、站台门夹人时，按“一按二呼三汇报”程序执行，立即按压紧急停车按钮，同时通知司机，再向车控室汇报事件具体内容。协助乘客离开车门、站台门，了解事件原因，若有人员受伤，寻找两名及以上目击证人，做好站台乘客的引导，防止乘客围观。

9）站台发生客伤时，立即救护受伤乘客，做好乘客安抚工作，向乘客了解受伤经过，寻找两名及以上的目击证人。

10）收到列车需在本站临时清客的通知时，立即组织清客，引导车上的乘客到站台，维持站台乘客候车秩序，对乘客做好解释工作，清客完毕后向司机显示“好了”信号。

11）负责维持站台乘客上下车秩序，提高乘客乘降效率。引导候车乘客按地面指示标志排队候车、列车到站开门后快上快下、上车后往车厢中部走。客流高峰期站台乘客无法一列车上完时，与司机做好联控，关门前做好乘客拦截。

三、车站行车作业基本要求

车站行车作业包括行车接发作业、列车折返作业等。车站行车作业应按照列车运行图要求，不间断地接发列车与折返列车，确保行车安全与乘客安全。对车站行车作业的基本要求是：

1．执行命令听从指挥

严格执行单一指挥制，车站行车作业由车站值班员统一指挥。列车在车站时，列车司机应在车站值班员指挥下进行工作。车站值班员应认真执行行车调度员的命令和上级领导的指示。

2．遵章守纪按图行车

认真执行行车规章制度，遵守各项劳动纪律。办理作业正确及时，严防错办和忘办，严禁违章作业。当班必须精神集中，服装整洁，佩戴标志，保证车站安全、不间断地按列车运行图接发列车。

3. 作业联系及时准确

联系各种行车事宜时，必须程序正确、用语规范、内容完整、简明清楚，严防误听、误解和臆测行事。

4. 接发列车目迎目送

接发列车要严肃认真、姿势端正。认真做好看、听、闻，确保列车安全运行。

5. 行车报表填写齐全

应按规定内容、格式认真填写各种行车报表，保持报表完整、整洁。

四、车站行车作业制度

为加强车站行车作业组织，必须建立和健全各项行车作业制度，做到行车作业制度化、程序化、标准化。车站行车作业制度主要有车站值班员岗位责任制、交接班制度、检修施工登记制度、道岔擦拭制度、巡视检查制度和行车事故处理制度等。

1. 车站值班员岗位责任制

车站行车作业实行单一指挥制，车站值班员是车站行车作业的组织者和指挥者。根据行车作业的需要，车站还可设置助理车站值班员，但采用 ATC 系统的车站一般不设。

车站值班员的岗位职责是：执行行车调度员的命令和指示，统一指挥车站的行车作业；监视行车控制台的进路开通方向、道岔位置及信号显示，监视列车运行状态和乘客乘降情况；在实行车站控制时，按列车运行图及行车调度员下达的列车运行计划办理闭塞、排列进路、开闭信号、接发列车；填写行车凭证和其他各种行车报表；办理设备检修施工登记。组织交接班工作。

助理车站值班员的岗位职责是：接送列车，监护列车运行，交递调度命令及行车凭证，手信号发车，调车作业现场组织，进行站线巡视和协助组织乘客乘降。在不设助理车站值班员岗位时，上述职责由站台服务员等员工承担。

2. 交接班制度

车站值班员交班时，应将列车运行和设备状态，以及上级指示、命令和完成情况等填记在交接班登记簿上，并口头向接班车站值班员交代清楚。

车站值班员接班时，要了解列车运行情况，对行车设备、备品、表报进行检查后，签字确认接班。内、外勤车站值班员实行对口交接。

3. 检修施工登记制度

车站值班员遇到各项检修施工作业时，应根据检修施工计划，向检修施工负责人交代有关注意事项后方可登记。凡影响行车作业的临时设备抢修，要在与行车调度员联系作业时间并获同意后方可登记。检修施工作业结束后，行车设备经试验确认技术状态良好，方可签字确认注销。

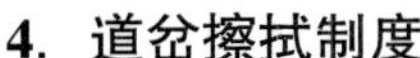

4. 道岔擦拭制度

道岔必须由专人负责定期擦拭。擦拭道岔前，必须与行车调度员联系，办理控制权下放手续。擦拭道岔时，车站控制室要有人监护，不准随意扳动道岔；擦拭道岔的人员一律穿绝缘鞋，携带防护用具；擦拭前施放木楔，无关人员不得擅自进入道岔区；如需换道岔，室内监护人员与现场擦拭人员应进行联系，说明道岔号码及定、反位，现场擦拭人员要离开。道岔擦拭完毕，相关人员要认真清理现场，清点工具，撤除木楔，并检查有无妨碍列车运行及道岔转换的物品；检查并确认道岔良好后，与行车调度员办理控制权上交手续，有关按钮由信号人员加封并做记录；最后应填写道岔擦拭登记簿。

5. 巡视检查制度

送电前，车站值班员应进行站线巡视，检查线路上有无影响列车运行的异物，并对站内检修施工后的现场进行巡视检查，确认符合检修施工登记注销情况，还应检查行车控制台是否有异常情况。

6. 行车事故处理制度

发生行车事故，相关人员应立即采取有效措施进行处理，同时向行车调度员及有关部门报告；认真记录事故发生的时间和地点、列车车次和车号、关系人员姓名以及人员伤亡和设备损坏情况；赶赴现场，查找人证与物证，并做好记录；清理现场，尽快开通线路。如果是责任行车事故，相关人员应认真找出原因，提出处理意见，制定防范措施。

知识窗

“先通后复”原则

城市轨道交通行车出现事故或发生设备故障时，各调度员应遵循“先通后复”的原则，必要时，可组织短交路运行或启动应急公交接驳预案。“先通后复”是为了最大程度降低突发事件对城市轨道交通运营的影响，保证运营能力。在保证运营线路安全的情况下第一时间通车，然后再消除应急事件带来的影响，保证线路的正常运营，提高运营服务水平。应急处理应按照相应的处理标准执行，先救人，或者救人与处理事故同时进行。如果事故或设备故障危及员工、乘客的生命安全时，各调度员应立即按相应的处理程序执行，先救人，保障员工和乘客的生命安全。

第二节　车站接发列车作业

接发列车作业是车站行车作业的一项重要工作，也是车站运作管理的主要工作。接发列车作业程序包括接发列车基础知识、手信号显示、站台迎送列车、车站 LOW 人工排列接发列车。接发列车基础知识包括接发列车一般规定、车站行车备品、交接班流程、报点、清客等。车站 LOW 人工排列接发列车包括车站控制权移交、车站 LOW 人工排列进路。

一、接发列车基础知识

1. 接发列车一般规定

由于国内城市轨道交通信号系统普遍实现了中央级控制（ATS），列车实行自动驾驶运行，城市轨道交通车站原则上不办理接发列车作业。车站对列车运行情况进行监视，负责向行车调度员报点，各站间相互报点，当发生意外事件时，向行车调度员请示，经同意后暂不报点；站台站务员按有关规定迎送列车。只有在信号联锁故障，需人工排列进路组织列车运行，以及列车开到区间时因故障要退回车站等特殊情况下，必须办理接发列车作业。

（1）运营调度中心办理接发列车作业

在采用自动闭塞时，区间闭塞是自动办理的，但进路排列有两种情形。

1）在行车指挥自动化时，运营调度中心 ATS 根据使用列车运行图及列车运行实际情况，通过车站联锁设备自动排列进路，实时控制列车接发作业。在运营调度中心 ATS 自动功能故障时，列车进路由行车调度员人工排列。

2）在调度集中时，由行车调度员通过进路控制终端控制管辖线路上的信号机、道岔，人工排列列车进路，办理列车接发作业。

在上述两种情况下，车站值班员通过行车控制台监视列车进路排列、信号显示、列车到发和通过情况，以及列车运行状态是否正常等。

（2）车站办理接发列车作业

在采用区间闭塞设备时，行车闭塞法为双区间闭塞法；在停用自动闭塞设备时，行车闭塞法为电话闭塞法。在上述情形下，区间闭塞由车站值班员办理。

在区间闭塞由车站值班员办理的情况下，列车进路也由车站值班员排列。此外，如果仅是运营调度中心 ATS 的自动排列进路功能故障，列车仍可按自动闭塞法行车，此时将控制权下放给集中站，由车站值班员在联锁工作站上排列进路，办理列车接发工作。

2. 车站行车备品

（1）车站行车备品的分类

车站行车备品包括员工劳动保护用品和专用器具两大类。

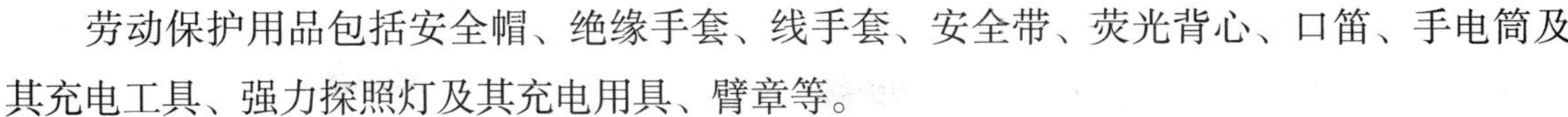

劳动保护用品包括安全帽、绝缘手套、线手套、安全带、荧光背心、口笛、手电筒及其充电工具、强力探照灯及其充电用具、臂章等。

专用器具包括钩锁器、手摇把、信号灯及其充电用具、信号旗、红闪灯及其充电用具、无线电台及其充电用具、手提广播及其充电工具、调度命令、行车凭证、下轨梯、拾物钳等。

（2）行车备品的存放

行车备品应按规定要求存放，具体按照各地轨道交通企业的相关规定执行。

1）要求所有行车备品要进行整理、整顿，有序摆放，摆放的地点要干净、清爽。

2）行车公用物品应统一合理存放，不准乱堆、乱放。个人用品放进个人专用储物柜。

3）荧光背心、口笛、信号灯及其充电用具、手电筒及其充电用具、强力探照灯及其充电用具、无线电台及其充电工具、红闪灯及其充电用具、手提广播及其充电用具、调度命令等放在规定位置，行车许可证放在行车值班员就近随手可拿的地方。文件盒放在指定位置。防毒面具分散放在车控室、会议室、更衣室、站务室、站长室等房间。

4）行车备品柜摆放在车控室，位置以不影响整个车控室美观为准。

5）行车备品柜要有统一的标志和备品目录表，标明备品名称、数量和负责人，柜内物品摆放要整齐有序。

6）钩锁器、手摇把、信号旗、下轨梯、拾物钳等放在站台监控亭。

7）车控室开放式电源柜上摆放打印机、复印机和无线电台充电用具（固定），禁止摆放其他物品。其他设备需要在开放式电源柜上充电时，应摆放整齐，充完电后应立即收起，放回备品柜。

（3）行车备品的使用

1）正确穿戴劳动保护用品。

2）带电备品（如红闪灯）应按照其使用说明提示使用。

3）使用行车备品时，要珍惜爱护，不得随意乱扔，不得损坏。

（4）行车备品的交接

1）每班交接班时，应进行行车备品的交接，检查行车备品的数量、性能及摆放状态。

2）具体交接手续应按相关规定执行。

3．交接班流程

值班员、站务员在开展工作前，要参加交接班会议，为工作顺利开展做好准备。

（1）立岗

立岗包括点名、整理着装、简单手势、列队。

（2）简单安全预想

简单安全预想是指工作过程中需要注意的安全问题，包括当班作业中的重点任务、近来重点学习的文件、上一班发现的安全问题，以及季节性或政策性因素可能造成的安全问题。

（3）开例会

例会内容包括值班站长检查员工仪容仪表和精神面貌，班前安全、票务、服务预想和提示，值班站长对员工进行班前安全教育，学习前日部门重要信息、文件、通知等。

（4）交接班

站台岗站务员交接要点：领取相关钥匙及备品；清点扶梯钥匙、站台门钥匙及站台监控亭（备品间）钥匙等，在钥匙借用登记簿上登记；领取对讲机 / 无线手持台，在车站备品领（借）用登记簿上登记。

行车值班员交接要点：检查所有钥匙、行车备品柜内物品、车控室内设备，填写交接台账，详细阅读当班情况登记簿，了解上一班工作情况、相关重要文件、通知及本班必须完成的工作；查阅上一班的施工登记簿、施工请销点情况控制表、车站运营前检查工作流程表、设备设施故障登记簿（包括 AFC 故障报修记录）、调度命令登记簿，了解清楚上一班的故障、施工和调度命令发布的情况。

值班站长交接要点：检查、清点、交接钥匙、行车备品、对讲设备，以及执法证、文书、票据等备品；认真交接当班情况登记簿中的内容；检查钥匙借出登记簿、施工登记簿、调度命令登记簿、行车日志、设备设施故障登记簿等台账，并做好交接；检查文件、通知，核实、交接交班值班站长已完成或未完成的工作；完成交接后，接班人在当班情况登记簿上签名。

4. 报点

在中央 ATS 设备能正常监控列车运行位置时，车站根据行车调度员要求报点；临时加开列车时，车站不向行车调度员报点，但需向邻站报点。当列车在车站停站时间增加 30 s 及以上时，车站应及时向行车调度员报告原因。报点时需要使用标准用语，如向行车调度员报点“×××× 次 ×× 点 ×× 分 ×× 秒开”。

5. 清客

（1）折返站清客

在接到车站清客的通知或者在折返站清客时，站务员与值班员、巡视岗、司机要密切配合完成清客。列车在折返站清客作业包括以下四个步骤：

1）司机驾驶列车到达终到站，停车开车门、站台门。

3）有乘客再次进入车厢时，站台岗确认未动车，马上用对讲机通知司机；如已动车，则马上用对讲机通知司机，同时按压紧急停车按钮，尽量让列车停车处理。

3）站台岗清客完毕后用对讲机呼“列车清客完毕”，接着面向司机方向显示“好了”

信号。

4）司机凭“好了”信号关站台门、车门。

图 4–2 和图 4–3 所示为某车站站台岗清客作业路线图，其中两个站台岗进行清客时，六节编组的每人负责连续的三节车厢，四节编组的每人负责连续的两节车厢，由靠近司机的站台岗向司机显示“好了”信号。行走路线需符合图 4–2 要求的范围，各折返站根据站台布局特点自行细化制定相关要求。

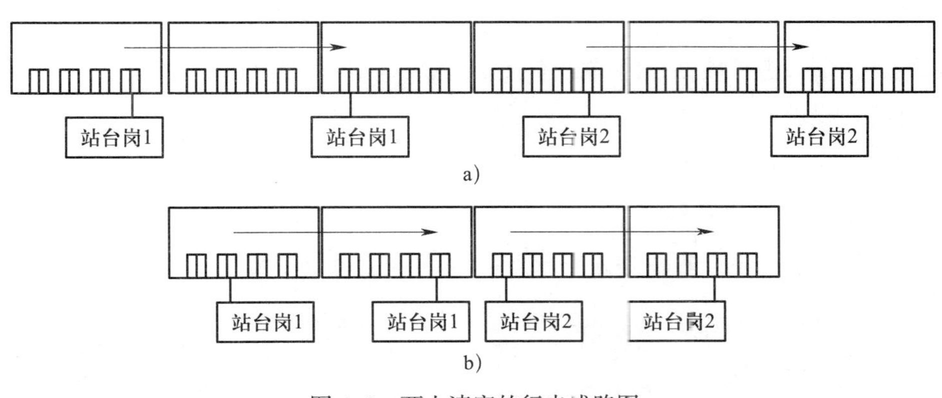

图 4–2　两人清客的行走线路图

a）六节编组行走线路图　b）四节编组行走线路图

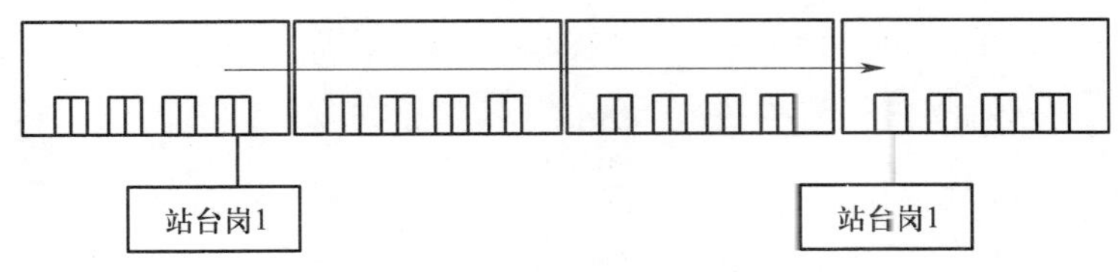

图 4–3　四节编组时一人清客的行走线路图

一个站台岗清客时，原则上从一端第一节车厢第四个车门进入车厢清客，从另一端第四节车厢第一个车门出来，到站台显示“好了”信号，各折返站根据站台布局特点自行细化制定相关要求。

（2）车站临时清客作业

当车站收到有关列车需在本站清客的通知时，行车值班员立即通知站务员到站台进行清客工作，并维持站台乘客候车秩序，具体流程与终点站清客流程一致。

二、手信号显示

手信号是指用于指挥城市轨道交通列车运行及调车作业的信号。手信号显示动作应规范、准确，与行车相关的人员应遵守手信号的显示。

手信号显示原则为：横平竖直，灯正圈圆，左手握红旗，右手握绿旗，旗面与列车或线路垂直，显示人站立与线路或列车平行或垂直，显示人关注显示对象状态。

手信号分为信号灯、信号旗和徒手信号三类。信号灯的适用范围为地下站昼夜间和高架站及地面站夜间（高架站及地面站昼间因天气不良、能见度差，导致可视距离不及 50 m 时，应使用信号灯）。信号旗的适用范围为高架站及地面站昼间，握旗方式为左红右绿。

城市轨道交通行车作业常用的手信号有停车信号、紧急停车信号、减速信号、发车信号、通过信号、引导信号、降弓信号、升弓信号、好了信号，共 9 种。

1. 停车信号

显示意图：要求列车停车。

显示地点：站台头端墙站台门端门旁安全位置。

显示时机：看见列车头部灯开始。

收回时机：列车停车后。

动作规范：昼间可展开红色信号旗，夜间可利用手信号灯的红色灯光，徒手时可两臂高举头上向两侧急剧摇动，如图 4–4 所示。

图 4–4　停车信号

2. 紧急停车信号

显示意图：要求司机紧急停车。

显示地点：就近显示。

显示时机：发现危及行车安全的紧急情况时立即显示。

收回时机：列车停车后。

动作规范：昼间可展开红色信号旗下压数次，夜间可将手信号灯的红色灯光下压数次，徒手时可两臂高举头上向两侧急剧摇动。

3. 减速信号

显示意图：要求列车降低速度运行。

显示地点：头端墙侧扶梯口，靠近紧急停车按钮附近。

显示时机：立即显示。

收回时机：列车头部越过信号显示地点后。

动作规范：昼间可展开黄色信号旗或用绿色信号旗下压数次，夜间可将手信号灯的黄色灯光或白色 / 绿色灯光下压数次，徒手时可单臂高举下压数次，如图 4–5 所示。

图 4–5　减速信号

4. 发车信号

显示意图：要求司机发车。

显示地点：站台发车端列车驾驶室侧窗旁安全位置。

显示时机：列车运行图规定的发车时刻且发车条件完全具备（乘客上下完毕、车门关闭、进路准备妥当）后。

收回时机：列车启动后。

动作规范：昼间可将展开的绿色信号旗上弧线向列车方向做圆形转动，夜间可将手信号灯的绿色灯光上弧线向列车方向做圆形转动，如图 4–6 所示。

5. 通过信号

显示意图：准许列车不停车通过车站。

显示地点：站台头端墙站台门端门外方。

显示时机：看见列车头部灯时。

收回时机：列车头部越过信号显示地点后。

动作规范：昼间可展开绿色信号旗，夜间可使手信号灯发出绿色灯光，如图 4–7 所示。

图 4-6　发车信号

图 4-7　通过信号

6. 引导信号

显示意图：准许列车进入车辆段或车站。

显示地点：站台头端墙站台门与线路间站台。

显示时机：看见列车头部灯时。

收回时机：列车头部越过信号显示地点后。

动作规范：昼间可将展开的黄色信号旗高举头上左右摇动，夜间可将手信号灯的黄色灯光高举头上左右摇动。

7. 降弓信号

显示意图：列车临时降弓通过。

显示地点：值班员指定位置。

显示时机：突然发现接触网故障，需要列车临时降弓通过时。

收回时机：降弓完成后。

动作规范：昼间可将左臂垂直高举，右臂前伸并左右水平重复摇动；夜间可利用手信号灯的白色灯光上下左右重复摇动，如图 4–8 所示。

图 4–8　降弓信号

8. 升弓信号

显示意图：列车临时升弓通过。

显示地点：值班员指定位置。

显示时机：突然发现接触网故障，需要机车临时升弓时。

收回时机：升弓完成后。

动作规范：昼间可左臂垂直高举，右臂前伸并上下重复摇动；夜间可利用手信号灯的白色灯光做圆形转动，如图 4–9 所示。

图 4–9　升弓信号

9. 好了信号

显示意图：示意司机车站相关作业完成，指示司机开始下步操作或列车进入折返线。

显示地点：列车运行方向前端 A 车第二个客室门的位置；指示列车可进入折返线的好了信号在站台头端墙站台门端门外方。

显示时机：车站相关作业完成时。

收回时机：司机鸣笛回示后。

动作规范：徒手单臂向列车运行方向上弧圈做圆形转动。

三、站台迎送列车

站务员在站台迎送列车规范流程包括五个环节，简称“接发接车五部曲”。

环节一：列车未到站时，站务员站在下车通道前，面向乘客，双手做“请”的服务手势，引导乘客排队候车。

环节二：列车进站时，站务员站在门旁，面向乘客，单手做“停止拥挤”的服务手势，引导乘客先下后上。

环节三：列车到站开门时，站务员站在门旁，面向下车通道，双手做“请”的服务手势，引导乘客下车。

环节四：乘客下车完毕时，站务员站在门旁，面向下车通道，单手向列车车门方向做“请”的服务手势，引导乘客上车。

环节五：列车灯闪，车门即将关闭时，站务员站在下车通道，面向候车乘客，单手做“请乘客后退”的服务手势。

注意：站台岗人员随时注意站台乘客动态，当客车进站时，应于靠近紧急停车按钮处立岗（无紧急停车功能时，站台岗立岗位置在扶梯及楼梯口），防止乘客在列车关门时抢上车；负责维护站台秩序，监督司机按规范动作关门。发车时门关好后，站台岗人员到靠近紧急停车按钮处立岗。

四、车站 LOW 人工排列接发列车

车站 LOW 人工排列接发列车包括车站控制权移交、车站 LOW 人工排列进路。

1. 车站控制权移交

正常情况下，车站的控制权一般掌握在运营调度中心（OCC），特殊情况下，需要运营调度中心将控制权移交给车站管理。车站控制权的移交也意味着主要责任的移交。车站控制权掌握在运营调度中心时，简称为“中控”模式；车站控制权掌握在车站时，简称为“站控”模式。

（1）“中控”转换为“站控”

正常情况下，车站值班员首先向运营调度中心提出申请，请求由车站实施控制，运营调度中心收到车站请求后，给出回复，同意该请求，这样车站就取得了对本站设备和列车的控制权。

车站取得对本站控制权的另一种方式是：首先由运营调度中心给出同意，允许车站取得控制权，然后车站值班员发出请求，完成控制权的交接。

（2）“站控”转换为“中控”

1）运营调度中心调度员发出中央控制请求，车站值班员收到后，同意中央控制请求。

2）在紧急情况下，运营调度中心操作者可以不需本车站的允许而直接将控制权转换至运营调度中心。

在正常情况下，运营调度中心调度员首先请求对某车站实施中央控制，然后该车站值班员同意该请求，这样控制转换就完成了。另一种控制权转移方式是：车站首先同意允许本车站控制权转换至运营调度中心，然后当运营调度中心调度员请求中心控制时即完成控制权的转换。

由于目前全国各地城市轨道交通运营企业使用的计算机系统并未统一，车站控制权转换的操作步骤也要视具体情况而定。

2. 车站 LOW 人工排列进路

（1）车站 LOW 人工排列进路程序

1）准备进路。接发列车进路可根据行车调度员下达的列车运行计划预先办理。

2）办理闭塞。发车站车站值班员用站间行车电话向接车站请求闭塞；接车站车站值班员接到请求闭塞电话后，确认前次列车已经到达前方站、接车区间空闲、接车进路畅通、有关道岔位置正确，并确认影响接车进路的调车作业已经停止后，按压“同意接车”按钮。此时，接车站接车表示灯由黄灯显示变为灭灯。

3）开放信号。发车站车站值班员确认发车进路正确无误后，按压“发车信号”按钮。此时，发车站发车表示灯由绿灯显示变为红灯显示，出站信号机为绿灯显示；接车站接车表示灯变为红灯显示以及闭塞电铃鸣响。

4）列车出发。列车发出后，发车站车站值班员松开“发车信号”按钮，向接车站车站值班员和行车调度员报点，填写行车日志；接车站车站值班员接到报点后填写行车日志。此时，出站信号机变为红灯显示。

5）列车到达。列车到达后，接车站的车站值班员向发车站的车站值班员和行车调度员报点，填写行车日志；发车站的车站值班员接到报点后填写行车日志。此时，发车站发车表示灯为黄灯显示，接车站列车到达表示灯为红灯显示，同时闭塞电铃鸣响，接车表示灯为红灯和黄灯显示。

6）取消闭塞。在发车站请求闭塞、接车站同意接车和发车站尚未开放出站信号时，如因故需要取消闭塞，由发车站的车站值班员用站间行车电话向接车站的车站值班员请求取消闭塞，接车站的车站值班员接到请求取消闭塞电话后，破封登记，按压故障按钮。此时，发车站发车表示灯为黄灯显示，接车站接车表示灯为红灯和黄灯显示。

知识窗

LOW

LOW 的全称是 Local Operator Workstation，中文含义为现场操作员工作站。

LOW 是信号系统网络的区域终端设备，每个联锁站都有一套 LOW 设备，主要由一台计算机和一台记录打印机组成。SICAS 联锁系统的本地操作和表示是通过 LOW 工作站完成的。联锁等设备和行车状况（轨道占用、道岔位置和信号显示等）在彩色显示器上以站场图形方式显示，使用鼠标和键盘，可以在命令对话窗口上实现常规命令及安全相关命令的联锁操作。所有安全相关命令的操作、操作员登录或退出操作、设备故障报警等信息将被记录存档。根据实际控制需要，可以每个联锁系统拥有几个操作控制台，或者几个联锁系统采用一个操作控制台。

（2）接发车标准用语

车站 LOW 人工排列进路接发列车使用的标准用语见表 4–3 和表 4–4。

表 4–3　　发车站作业标准用语

作业程序	作业程序及用语		
	值班站长	LOW 操作员（行车值班员）	站台站务员
一、发车预告	1. 根据行车日志和 LOW 显示，确认发车线路空闲，向前一工作站预告“××××次预告” 2. 填写行车日志	—	—
二、准备进路、开放信号	3. 接到接车站电话，“××××次接车进路好了，明白” 4. 通知 LOW 操作员“排列××××次发车进路” 6. 确认发车进路好后，复诵“进路防护信号好了”	5. 听到值班站长“排列××××次发车进路”的命令后，排列发车进路。进路排列好后，口呼“进路防护信号好了”	—
三、发车	7. 用对讲机通知站台站务人员“××××次发车进路好了”	—	8. 确认后三节车门关闭后，向司机显示“车门关闭好了”的手信号
	11. 监视列车运行	10. 监视列车运行，直至列车出清联锁区	9. 监视列车运行及注意站台乘客安全
四、报点	12. 向接车站报点“××××次××点××分××秒开” 13. 填写行车日志	—	—
	14. 向行车调度员报点“××××次××点××分××秒开”	—	—

表 4–4　　接车站作业标准用语

作业程序	作业程序及用语		
	值班站长	LOW 操作员（行车值班员）	站台站务员
一、听取预告	1. 根据行车日志和工作站显示，确认接车线路空闲 2. 听取发车站预告“×××× 次预告”并复诵，通知 LOW 操作员“排列 ×××× 次接车进路”	—	—
二、准备进路、开放信号	4. 确认接车进路防护信号开放正确后，复诵“进路防护信号好了”	3. 听取值班站长“排列 ×××× 次接车进路”后，在工作站上排列列车进路，确认进路防护信号开放好后，口呼“进路防护信号好了”	—
三、接车	5. 听取发车车站报点，复诵并填写行车日志	—	—
	6. 通知站台站务人员“×××× 次开过来准备接车”并听取回报	—	7. 站台站务人员复诵“×× ×× 次开过来准备接车”，并立岗接车
	9. 监视列车到站	10. 监视列车到站（通过）	8. 监视列车到站及注意站台乘客安全
四、报点	11. 向发车站报点“×××× 次 ×× 点 ×× 分 ×× 秒到”并填写行车日志	—	—

第三节　列车折返作业

车站行车作业应按照列车运行图要求，不间断地接发列车与折返列车，确保行车安全与乘客安全。列车折返作业是提高车站行车作业效率，进而提高线路通过能力、提升运营效率的重要环节。

一、列车折返概述

列车通过进路改变、道岔转换，由一条线路运行至另一条线路的方式称为列车折返。具有列车折返能力的车站称为折返站。

根据车站折返线的布置不同，列车折返主要有站前折返和站后折返两种。根据折返采用的线路设备不同，列车折返又可分为渡线折返、尽端线折返和环形线折返。

1. 站前折返

站前折返一般利用渡线进行，如图 4–10 所示。其中，图 4–10a 所示为单渡线折返，图 4–10b 所示为交叉渡线折返。

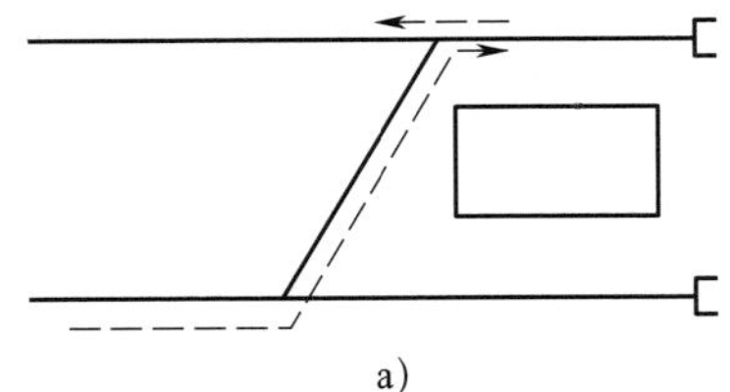

a)

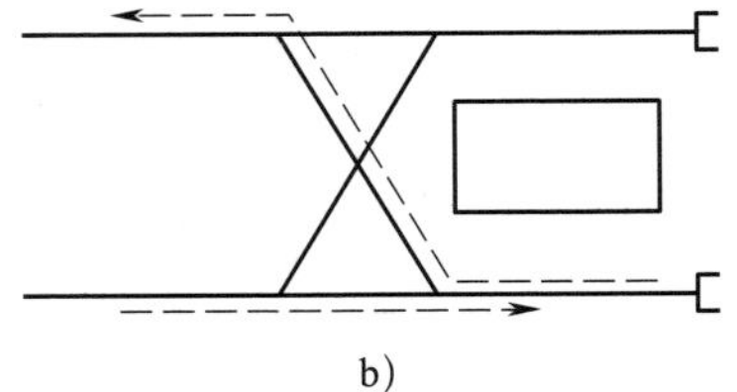

b)

图 4–10 站前折返示意图

a）单渡线折返 b）交叉渡线折返

站前折返方式的优点：由于渡线设置在站前，车站正线兼折返线，有利于降低车站造价；列车无空车走行；乘客上下车同时进行，能缩短停站时间。

站前折返方式的缺点：出发列车和到达列车存在着进路交叉，对行车安全保障要求较高；到发作业产生的交叉干扰降低折返效率；列车到达站台时，乘客同时上下车，在客流量大的情况下，站台秩序会受到影响；列车进站或出站侧向通过道岔，列车速度受到限制、影响乘坐的舒适感。

在采用站前折返方式的情况下，要完全消除接发列车作业的交叉干扰难度较大。为了避免进路交叉，只能将接发列车作业在时间上错开，但这样又会对终点站的列车折返能力甚至是线路的最终通过能力产生不利影响。

2. 站后折返

站后折返方式如图 4–11 所示。其中，图 4–11a 所示为单渡线折返，图 4–11b 所示为尽端线折返，图 4–11c 所示为环形线折返。

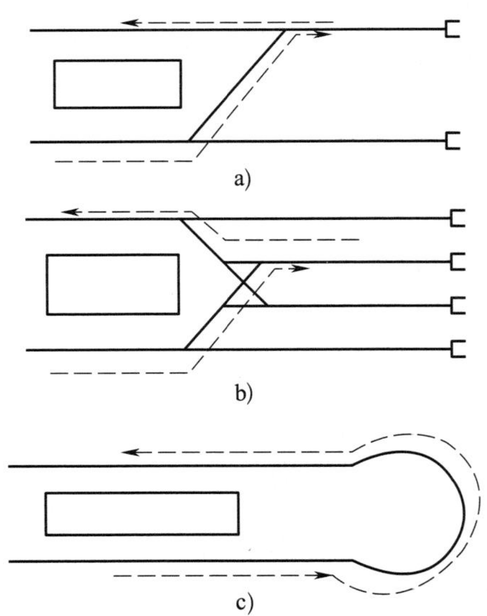

图 4–11 站后折返示意图

a）单渡线折备 b）尽端线折返 c）环形线折返

站后折返方式的优点：接发车采用平行作业，不存在进路交叉，行车安全；列车进出站速度快，有利于提高列车的旅行速度；列车进出站不经过道岔区段、乘客无不舒适感。

采用尽端线折返设备，折返线即可供列车折返，也可供列车临时停留检修。所以线路的终点站常采用尽端线折返方式。

站后折返方式的缺点：列车的折返走行距离较长。

环形线折返是一种特殊的站后折返方式。优点

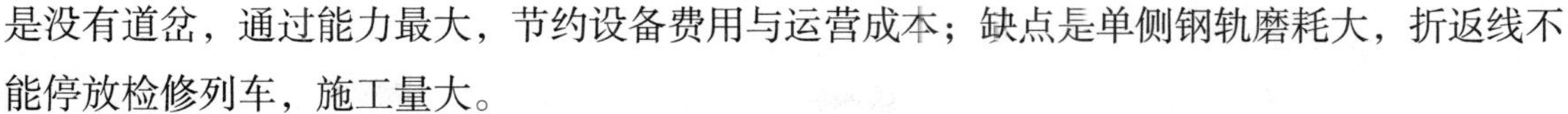

是没有道岔，通过能力最大，节约设备费用与运营成本；缺点是单侧钢轨磨耗大，折返线不能停放检修列车，施工量大。

在实际应用中，也可以将站前、站后折返方式结合使用，提高列车折返能力与线路通过能力。

二、列车折返作业组织

1. 中央控制时的折返作业组织

列车在进行折返作业前，应清客、关车门。列车折返进路由中央 ATS 系统自动排列或行车调度员人工排列。在车站有数条折返进路的情况下，应在折返作业办法中规定优先采用的列车折返模式，明确列车折返优先经由的折返线或渡线。在办理列车折返作业时，如果要变更列车折返模式，在折返列车尚未启动时，可在通知折返列车司机后，变更列车折返模式。

在自动排列折返进路时，折返列车凭发车表示器的稳定白灯显示进入折返线或折返停车位置。在人工排列折返调车进路时，折返列车凭调车信号显示进入折返线或折返停车位置。列车停妥后，司机应立即办理列车换向作业，然后凭防护信号机的准许越过显示进入车站出发正线。

在列车自动驾驶时，列车进出折返线的速度按接收到的 ATP 速度码自动控制；在列车人工驾驶时，列车进出折返线的速度根据有关规定，由司机人工控制。

2. 车站控制时的折返作业组织

车站控制时的折返作业组织，除列车折返进路由车站值班员人工排列，其余与中央控制时相同。原则上，车站值班员按作业办法中规定的优先模式排列折返进路，如果要变更列车折返模式，必须得到行车调度员的同意。

思考与练习

1. 车站行车作业基本要求有哪些？
2. 为什么站后折返方式被广泛采用？
3. 比较站后折返、站前折返和混合折返三种折返方式的优缺点。
4. 在一体化实训室演练车站 LOW 人工排列进路接发列车。学生按车站数分组，每站设置值班站长、行车值班员和站台站务员各一名。按照分组安排，行车调度员在调度中心监控整条线路的行车情况，各站值班站长在各站站控室通过显示屏监控本站的列车运行情况，各站站台站务员在站台迎送列车。

第五章　车辆段行车作业

学习目标：

◆ 能够描述列车出车辆段作业过程，说明发车计划编制、司机出乘和列车发车的有关规定，说明包乘制、轮乘制的区别。

◆ 能够描述车辆段正常情况下、联锁设备故障时的接车作业程序；模拟情境，演示相关过程。

◆ 能够说明调车作业的定义、分类、功能、指挥系统、基本要求等；能够描述调车前准备工作内容、调车进路确认、进路变更与终止、调车速度和调车标准用语。

车辆段是城市轨道交通车辆停放的基地，也称车场，主要承担轨道交通车辆的停放、检查、维修、清洁、整备等任务，并负责乘务人员的组织管理、出乘、换班等业务工作。由于车辆段占地面积大、场地集中，一般都建成综合基地。除了上述任务外，车辆段还承担行车设备设施、机电设备的维护检修，器材、材料、备品仓储保管和供应，组织和管理车辆段及综合基地职工的技术教育和培训等任务。

车辆段行车作业主要包括发车作业、接车作业和调车作业。

第一节　列 车 运 转

每日列车运转过程包括四个环节，即列车出段、列车正线运行、列车收车、列车整备。这些作业由车辆运用部门各个岗位协同配合完成。

一、列车出段作业

列车出段作业包括编制发车计划、司机出乘、发车作业三部分（见图 5-1）。

1. 编制发车计划

发车计划由运转值班员根据列车运行图、运营检修用车安排、车辆段线路存车情况等编制，内容包括列车车次、待发股道、运用车编号等。编制发车计划时，应注意避免交叉发车和保证列车出库顺序无误。发车计划编制完毕后，除应将计划下达给车辆段值班员外，运转值班员还应将计划中列车车次、车号、有无备车、备车车号等情况上报给行车调度员。

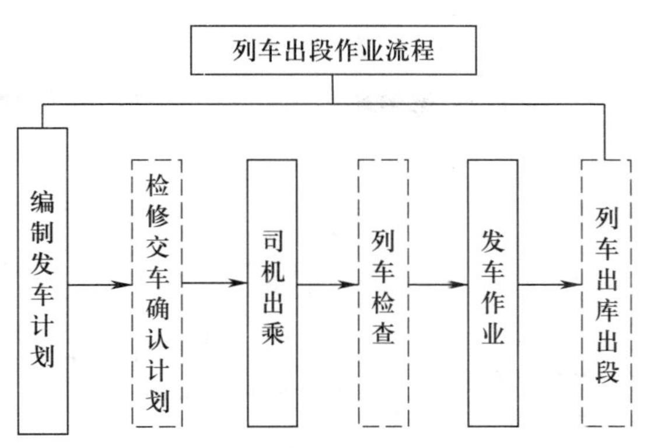

图 5-1　列车出段作业流程

编入列车的车辆应技术状态良好，投入运用的车辆应经车辆检修调度员签字确认。

2. 司机出乘

司机应在充分休息的情况下出乘，按规定时间、地点办理出乘手续，领取相应物品。在办理出乘手续时，司机应查看行车告示牌上的行车命令、指示及安全注意事项，了解列车出库股道，并认真回答运转值班员的提问，听取运转值班员传达的有关事项。

办妥出勤手续后，司机应对安排值乘的列车按突出重点、兼顾一般的原则进行出车前检查，检查合格后方能发车。检查时，如果发现车辆故障，不能担负列车任务，应及时上报运转值班员并按其指示执行。运转值班员应立即通知检修部门检修故障列车，及时调整司机值乘列车的出车次序，并向车辆段值班员传达变更出车计划。

备用司机应与值乘司机同时出勤，完成备用列车检车程序后，应在车上待命，发车工作结束后，方可回到司机休息室待命。

3. 发车作业

列车启动前应确认信号开放与库门开启正常，并注意平交道是否有人员、车辆穿越。在规定的出库时间已到而出库信号仍未开放时，司机应主动询问车辆段值班员，联系不上时可通过运转值班员代为询问。

正常情况下，列车经由出段线出段。列车出段凭防护信号机的显示，在出段线的有码区按人工 ATP 模式运行，在出段线的无码区按限速人工驾驶模式运行。在设备故障或检修施工时，列车可以由入段线出段，但应得到行车调度员准许。车辆段值班员在办理列车发车作业时，应确认区间空闲（出、入段线视为区间），停止影响发车进路的调车作业。

二、列车正线运行

从车辆运用角度，列车正线运行主要涉及列车运行交路、列车驾驶作业和司机正线交接班作业。

1. 列车运行交路

列车正线运行的循环交路，以及列车在两端折返站的到、发时刻和出入段时间、顺序由车辆周转图（见图 5–2）规定。

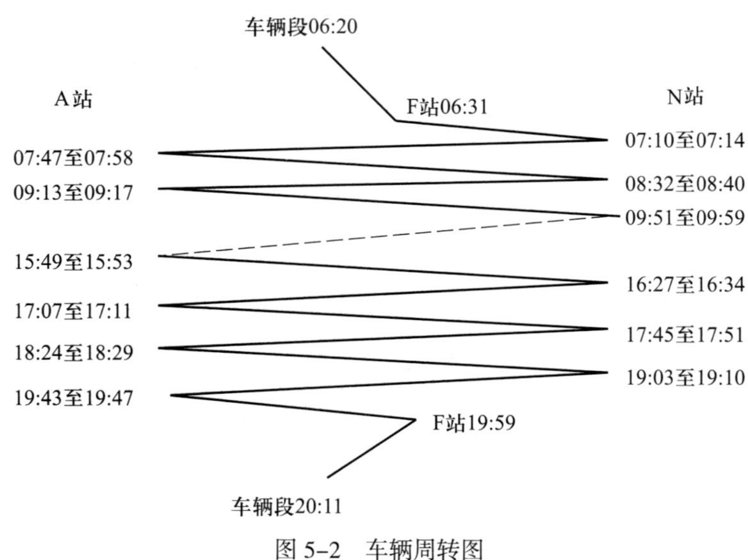

图 5–2　车辆周转图

2. 列车驾驶作业

正常情况下，进入正线后的列车以自动驾驶模式运行。司机应按照以下要求驾驶列车：

（1）精神集中，加强瞭望，注意观察仪表、指示灯、显示屏的显示和线路状态。

（2）严格执行呼唤作业规定，手指眼看口呼唤，做到内容完整、时机准确、动作标准、声音清晰。

（3）运行中发生列车故障或危及运营安全的情况时，应按相应预案要求果断处理。

（4）接到调度命令时，应逐句复诵，确认无误后认真执行；对调度命令有疑问时，应核实清楚后再认真执行；换班时，应准确交接调度命令。

（5）其他人员需登乘列车驾驶室时，认真查验登乘凭证并做好记录。

（6）在运行中发现有影响行车的障碍物、区间有人员、线路有异常等情况时，应果断停车，并立即将情况报告行车调度员，按行车调度员指示处理。

（7）列车发生故障时，应按行车调度员指令采取措施；列车发生突发事件时，应及时通过列车广播向乘客说明情况。

3. 司机正线交接班作业

司机在正线交接班时，接班司机应按要求出乘，交班司机应将列车技术状态、有关行车命令与注意事项交代清楚，并填写在司机报单上。如果接班司机未能按时到达，交班司机应坚守岗位，并及时报告行车调度员。

三、列车收车作业

列车收车作业包括列车入段和入库、库内作业两部分。

1. 列车入段和入库

正常情况下，列车由入段线回段。列车入段凭证为防护信号机的显示，在入段线的有码区按人工 ATP 模式运行，在入库线的无码区按限速人工驾驶模式运行。在设备故障或施工作业时，列车可以从出段线入段，但应取得行车调度员的准许。车辆段值班员在办理接车作业时，应确认接车线路空闲，并停止影响接车进路的调车作业。

2. 库内作业

列车进入车库停稳后，司机应对列车进行检查，在确认列车无异常后，携带列车钥匙、司机报单及其他相关物品办理退勤手续，然后向乘务组长汇报当日工作情况，听取次日工作安排与注意事项。

在发现列车技术状态不良时，司机应向运转值班员报告并做好记录。在发生列车晚点、清客、行车事故与救援时，运转值班员必须组织当事人及有关人员填写情况报告并立即报有关部门处理。

四、列车整备作业

列车整备作业分为列车清洗、列车检修和车辆验收三部分。

1. 列车清洗

列车清洗包括内部清扫、清洁和车身清洗，列车清洗工作根据清洗计划进行。清洗时的动车按调车作业办理。

2. 列车检修

列车回库停稳并按规定收车后，运转值班员与车辆维修部门办理车辆交接手续，由车辆维修部门进行检修作业。通常每天收车后，列车在有检查坑的停车线上进行功能检查，称之为列检。车辆修程定为列检、月检、定修、架修、厂修五个等级，列检、月检属于日常维修，定修、架修、厂修属于定期检修。维修、检修作业完毕，检修负责人与运转值班员办理车辆交接手续，运转值班员确认车辆技术状态符合运营要求后方能接受投入正线使用。

3. 车辆验收

车辆检修完毕后，应及时与运转值班室办理移交手续，运转值班室必须派专人对车辆技术状态进行检查、验收，确认车辆符合正线运行的要求。

五、乘务管理

司机是城市轨道交通行车的关键工种。列车在区间运行时，司机负责列车安全与乘务安全。因此，必须加强乘务管理，合理选择乘务方式，优化配备司机，努力提高乘务管理水平。

1. 乘务制度

乘务制度是列车司机值勤的一种工作制度，它表示列车司机对运行列车值乘的方式。城市轨道交通企业管理中通常使用两种乘务制度，即包乘制和轮乘制。

（1）包乘制

包乘制是一列车由一个乘务组固定使用的制度。其特点为：

1）列车司机能够比较全面地掌握值乘列车（车辆）性能，熟悉列车（车辆）情况，有利于处理列车运行时的故障。

2）有利于管理、监督。

3）有利于列车维护、保养。

4）定人包车对提高列车（车辆）的技术状况有一定的好处。

5）投用列车数量较多，列车（车辆）使用相对不均匀、不平衡。

6）需配备的司机人数较多。

（2）轮乘制

轮乘制是列车司机在运行的整个工作中轮流参与列车运行的制度。其特点为：

1）节省参与运行的司机人数，其配量可减少到最少，有较高的工作和管理效率。

2）能够比较合理地利用列车，降低车辆使用成本。

3）对司机的技术素质要求较高，对列车（车辆）性能的适应性要求较高。

4）不利于列车保养、维护。

2. 司机的配备

（1）司机配备数计算

司机配备数的计算可参照下式：

$$P_{配备}=(P_{值乘}+P_{替乘})D_{循环}(1+\alpha_{备})$$

式中 $P_{配备}$——司机配备数，人；

$P_{值乘}$——列车上值乘司机总数，人；

$P_{替乘}$——折返站替换休息司机总数，人；

$D_{循环}$——轮班循环天数，天；

$\alpha_{备}$——司机备用系数，一般取 10%。

司机出乘日平均驾驶时间（正线上）为：

$$t_{驾驶}=\frac{S_{列}}{V_{旅}(P_{值乘}+P_{替乘})D_{出勤}}$$

式中 $t_{驾驶}$——司机出乘日平均驾驶时间，h/ 天；

$S_{列}$——列车日总里程数，km；

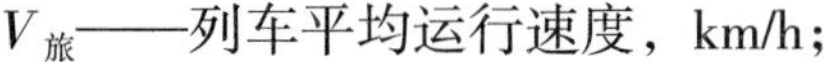
$V_{旅}$——列车平均运行速度，km/h；

$D_{出勤}$——司机在轮班循环中的出勤天数，天。

（2）司机配备数比较

假如某轨道交通线路运营时间为6：20—23：30，使用车组数为20列，列车里程数为10 240 km，列车平均运行速度为32 km/h，实行单司机值乘，在列车折返站配备6名替换休息的司机。

采用包乘制时，实行五班三运转，即早班（6：20—11：00）、中班（11：00—17：00）、夜班（17：00至回库）、休息、休息的轮班制。

采用轮乘制时，实行四班二运转，即日班（6：20—15：30）、夜班（15：30—23：30）、休息、休息的轮班制。

经计算，采用包乘制时，需要配备司机143人，出乘日平均驾驶时间为4.10 h/d；采用轮乘制时，需要配备司机115名，司机出乘日平均驾驶时间为6.15 h/d；轮乘制比包乘制减少定员19.6%。

第二节　车辆段接发列车作业

车辆段内运作应认真贯彻安全生产的方针，坚持高度集中、统一指挥的原则，与行车有关部门应主动配合、紧密联系、协同动作，确保及时提供技术状态良好、数量足够的列车投入服务。

车辆段行车工作由车辆段调度员集中领导、统一指挥，车辆段值班员负责办理接发列车、排列列车进路和调车作业进路控制。车辆段内作业应以接发列车为优先，其他作业不能影响列车出入车辆段。

一、接发列车作业概述

1. 接发列车作业一般规定

（1）接发列车应灵活运用股道，做到不间断接车，正点发车，减少转线作业，备用车应停放在运用库线路发车的一端，升起弓，随时准备出车辆段。

（2）当计算机联锁系统故障，采用应急台排列接发列车进路时，应按压引导总锁闭，并现场确认进路开通，人工准备进路时使用勾锁器加锁进路上的对向道岔。

（3）采用应急台或人工准备接发列车进路办理接发列车作业时，停止调车作业。

（4）联锁设备正常时，应在邻站开车或车辆段开车点提前5 min停止影响列车进路的调车作业，准备接发车进路。

（5）原则上不得在非接发车线上办理列车接发作业。特殊情况应经车辆段调度员同意，得到行车调度员改变行车组织办法的命令，采用排列调车进路锁定发车进路道岔（联锁功能失效时，人工加锁进路对向道岔）。列车凭行车调度员命令及车辆段调度员（或车辆段值班员）的发车信号出车辆段。

（6）列车进出检修库大门或通过平交道口前应停车，确认安全后方可通过。

2. 列车占用转换轨凭证规定

（1）当车辆段计算机联锁系统正常时，列车占用转换轨的凭证为出车辆段信号机的黄灯。

（2）当车辆段计算机联锁系统故障，开放不了出车辆段信号时，列车占用转换轨的凭证为出车辆段信号机的调车信号及车辆段值班员的允许出车辆段信号。

（3）当车辆段计算机联锁系统故障或邻站 LOW 故障，开放不了出车辆段信号和调车信号时，改为电话联系（或区段闭塞）行车法组织行车，车辆段值班员得到行车调度员改变行车组织办法的命令，与邻站办理发车作业，列车占用转换轨的凭证为行车调度员命令（或路票）。

3. 列车停车规定

（1）列车进车辆段后，应停于接车线信号机内方，列车头部不得越过防护信号机。如果列车尾部停在信号机外方，车辆段值班员应通知司机向前移动到信号机内方。

（2）客车在车辆段内运行时，严禁其受电弓在分段绝缘器位置停车。

（3）列车停放在运用库时，不得压住平交道口。

4. 列车退行规定

（1）列车自车辆段开车后，因故被迫停车需退行，尾部未越过入段信号机时，经车辆段值班员同意，换端（或车长引导）后退至发车股道出段信号机内方；尾部已越过入段信号机时，经车辆段调度员同意确定接车股道后，车辆段值班员按接入列车办理，通知司机凭入段信号退行入段。

（2）车辆段值班员接到列车需退行的申请时，应立即向车辆段调度员汇报，确认接车股道空闲及延续段的列车或机车车辆停稳后，方可同意退行。

（3）车辆段调度员接到列车退行报告后，应立即组织人员对故障设备进行抢修，组织其他列车绕道出段，必要时配合司机退行，确保减少对正线运营的影响。

二、接车作业程序

车辆段通过出入段线与正线车站连接。车辆段对于正线行车组织的支持就是根据运营时刻表、工程施工计划及调度命令的要求，组织保证足够数量、状态良好的客车及工程车上线运行。

车辆段值班员按照接车作业计划单规定时刻，确认出、入车辆段线空闲后，上报车辆段调度员，经同意后利用计算机联锁设备排列接车进路。确认接车进路排列正确、接车信号机开放正确后，与列车司机进行作业联控，将车辆段外的列车接入车辆段。

正常情况下，车辆段接入列车时，要经过听取发车预告、准备接车进路和开放信号、接车和列车到达四个环节。当联锁设备故障时，采用电话闭塞方式接车。

表 5–1 所示为某车辆段正常情况下的接车作业程序，表 5–2 所示为联锁设备故障时的接车作业程序。

表 5–1　　某车辆段正常情况下的接车作业程序

项目	作业程序		说明
	车辆段值班员	车辆段值班员（操作）	
一、听取发车预告	1. 听取 ×× 站开车预告并复诵“×× 次预告”		客车正常入车辆段时此项可简化
	2. 确认入段线、转换轨空闲。征得车辆段调度员的同意，确定该列车接入 × 道，填写行车日志，并通知操作员	1. 填写占线簿，在停放股道上输入车次号	如果进 L–17 ~ L–19 道，需通知护卫人员开启库大门
二、准备接车进路和开放信号	3. 听取 ×× 站开车报点并复诵“×× 次 × 分开”	2. 复诵“×× 次 × 分开”	
	4. 填写行车日志		
	5. 指示操作员开放信号“×× 次 × 道停车，开放信号”，听取复诵无误后命令“执行”	3. 复诵“×× 次 × 道停车，开放信号”，听到“执行”后操作	应确认转换轨哪一道入车辆段。如果从转换轨 2 道入车辆段，应向操作员讲明进路
三、接车	6. 监视显示屏复检、确认信号正确。回答“× 道接车信号好”	4. 开放进车辆段信号时，手指、口呼“进车辆段”，点压始端信号机按钮：“× 道”，点压进路终端信号机点按钮。确认光带、信号显示正确后，报告：“× 道接车信号好”	
		5. 监视列车进车辆段情况	
	7. 回答“好”	6. 通过控制显示屏确认列车整列进入接车线后，口呼“×× 次到达”	
四、列车到达	8. 向发车站发出“×× 次 × 分到”		
	9. 填写行车日志		
	10. 通知车辆段调度员列车到达，向行车调度员报点		客车正常入车辆段，向行车调度员报点可简化

表 5–2　　某车辆段联锁设备故障时的接车作业程序

项目	作业程序			说明
	车辆段值班员	接车人员	引导员	
一、听取邻站闭塞预告	1. 听取 ×× 站请求“×× 次闭塞”			确认从哪条转换轨进入车辆段
	2. 根据行车日志、各种行车表示牌确认转换轨、出入车辆段线空闲			
	3. 根据列车时刻表、施工行车通告和临时调度指示，核对车次、时刻			
二、承认闭塞	4. 发出电话记录“× 号 × 分同意 ×× 次闭塞”			
	5. 听取复诵无误，填写行车日志			
	6. 在线路模拟屏上揭挂出入车辆段线占用牌			
三、准备接车进路	7. 通知车辆段调度员，确定接车线			
	8. 布置接车人员检查线路“×× 次进车辆段检查 × 道”	1. 复诵“×× 次进车辆段检查 × 道”，填写占线簿		
	9. 听取汇报后，回答“× 道空闲”	2. 现场检查，确认接车线，进路空闲后向车辆段值班员汇报“× 道空闲”		
	10. 布置接车人员“×× 次从 × 道进车辆段 × 道停车，准备进路”，并听取复诵无误后命令“执行”	3. 复诵“×× 次从 × 道进车辆段 × 道停车，准备进路”，听到命令“执行”后，现场准备进路		
		4. 准备进路，确认进路正确、对向道岔已加锁后，站在进路一端手指口呼“× 道往 × 道开通”		准备进路时，通过对讲机与信号楼核对道岔位置
	11. 听取汇报后回答“好”	5. 向值班员报告“× 道接车进路好”		
	12. 指示引导员“检查 × 道接车进路”，并听取复诵无误后命令“执行”		1. 复诵“检查 × 道接车进路”，现场确认	
			2. 按准备接车进路程序再次确认进路正确	

续表

项目	作业程序			说明
	车辆段值班员	接车人员	引导员	
三、准备接车进路	13. 听取汇报后回答“好”		3. 向值班员报告“× 道接车进路确认好”	
四、引导接车	14. 听取发车站开车通知，复诵“×× 次 × 分开”			
	15. 填写行车日志			
	16. 指示引导员“×× 次 × 分开过来，引导接车”		4. 复诵“×× 次 × 分开过来，引导接车”	
	17. 通知接车人员“×× 次开过来，× 道接车”	6. 复诵“×× 次开过来，× 道接车”		
		7. 再次确认接车线路空闲，站在规定地点立岗接车	5. 站在规定地点显示引导手信号	
五、列车到达开通区间	18. 接到“×× 次到达”，回答“好”，向发车站发出“× 号 ×× 次 × 分到”	8. 列车进入停车线后，向车辆段值班员汇报“×× 次到达”		
	19. 填写行车日志	9. 列车停妥，向司机收回路票，并打“×”作废		
	20. 摘下出入车辆段线占用牌	10. 交回路票给车辆段调度员保管		
	21. 揭挂股道占用牌	11. 将道岔解锁		
	22. 向行车调度员报点			

说明：接车人员、引导员由调车人员、车辆段值班员、车辆段调度员担任。如果应急台能使用，则在应急台排列进路、引导员现场确认进路正确后，开放机械引导信号接车。

三、发车作业程序

车辆段值班员在当值早班时，在车辆段调度员处领取当班发车作业计划单（白班），按计划发出早高峰期间出段列车，为正线运营提供支持。

车辆段值班员按照发车计划作业单，确认发车进路空闲，汇报车辆段调度员后，利用计算机联锁设备排列发车进路，确认进路正确、开放信号后，与司机联控并下达发车指令，监控列车驶出车辆段停靠始发车站站台。

正常情况下，车辆段发出列车需要经过发车预告、准备发车进路和开放出段信号、指示发车、报点四个环节。在联锁设备故障情况下，采用电话闭塞方式发车。

表 5–3 所示为某车辆段正常情况下的发车作业程序，表 5–4 所示为联锁设备故障时的发车作业程序。

表 5–3　　某车辆段正常情况下的发车作业程序

项目	作业程序		说明
	车辆段值班员	车辆段值班员（操作）	
一、发车预告	1. 根据运营时刻表、施工行车通告，或行车调度员、车辆段调度员命令，确认出车辆段线、转换轨空闲、入车辆段箭头无显示。向接车站预告“×× 次预告”，并听取复诵		客车正常出车辆段时，此项可简化
	2. 填写行车日志		
二、准备发车进路和开放出段信号	3. 指示操作员“×× 次 × 道发车，开放信号”，听取复诵无误后命令“执行”	1. 复诵“×× 次 × 道发车，开放信号”，听到“执行”后操作	如果从转换轨1道出车辆段，应向操作员讲明进路
	4. 通过显示屏确认信号正确，回答“× 道发车信号好”	2. 开放出车辆段信号时，手指口呼“× 道”，点压始端信号机按钮：“出车辆段”，按压进路终端信号机按钮，确认光带、信号正确后，报告“× 道发车信号好”	
三、指示发车	5. 通知司机“×× 次 × 道信号好，开车”		
	6. 确认列车启动，通知接车站“×× 次 × 分开”		
	7. 填写行车日志	3. 监视列车出车辆段情况	
	8. 答“好”	4. 通过控制显示屏确认列车整列出车辆段，口呼“×× 次出车辆段”，注销占线簿和股道车次	
四、报点	9. 向行车调度员报点		客车正常出车辆段时，向行车调度员报点可简化
	10. 复诵接车站报点“×× 次 × 分到”		
	11. 填写行车日志		

表 5–4　　某车辆段联锁设备故障时的发车作业程序

项目	作业程序		说明
	车辆段值班员	发车人员	
一、预告闭塞	1. 根据行车日志和各种行车表示牌确认转换轨、出入段线空闲，按行车调度命令、运营时刻表或施工行车通告确认开行车次		
	2. 向接车站请求闭塞“× × 次闭塞”		向接车站办理闭塞，讲明出车辆段线路
	3. 填写行车日志		
二、准备发车进路	4. 向发车人员布置“× × 次 × 道往 × 道发车，准备进路”，听取复诵无误后命令“执行”	1. 复诵“× × 次 × 道往 × 道发车，准备进路”，听到“执行”命令后现场作业	
		2. 准备进路，确认进路正确，对向道岔已加锁后，站在进路一端手指口呼“× 道往 × 道开通”	准备进路时，通过对讲机与信号楼核对道岔位置
	5. 听取汇报后回答“好”	3. 向值班员报告“× 道往 × 道发车进路好”	
	6. 再次指示发车人员“确认 × 道往 × 道发车进路”	4. 复诵“确认 × 道往 × 道发车进路”	
	7. 听取汇报后回答“好”	5. 按准备进路程序再次确认正确后，向值班员报告“× 道往 × 道发车进路确认好”	
三、办理路票	8. 听取接车站承认闭塞的电话记录号码，复诵“× × 号 × 分同意 × × 次闭塞”		
	9. 填写行车日志，在线路模拟屏上揭挂出入段线占用表示牌		
四、填发路票	10. 通知发车人员填写路票，与发车人员核对路票，确认无误	6. 填写路票并核对无误	
五、发车	11. 指示“× × 次 × 道发车”	7. 复诵“× × 次 × 道发车”	
	12. 列车鸣笛，向接车站报告“× × 次 × 分开”，填写行车日志	8. 向司机交递路票，显示发车（发车指示）信号	
	13. 听取汇报后回答“好”，向行车调度员报点，摘下股道占用表示牌	9. 立岗监视列车出段并报告“× × 次出车辆段”	

续表

项目	作业程序		说明
	车辆段值班员	发车人员	
六、开通区间		10. 将道岔解锁	
	14. 听取邻站列车到达通知，复诵“××号××次×分到”		
	15. 填写行车日志		
	16. 摘下出入段线占用表示牌		

说明：发车人员由调车人员、车辆段调度员或车辆段值班员担任。如果应急台能使用，则在应急台上排列进路，发车人员现场确认进路。

第三节 调 车 作 业

城市轨道交通调车作业通常在折返站和车辆段范围内进行。在折返站主要是利用站内正线、折返线等线路进行调车作业，在车辆段主要是利用牵出线、车库线和检修线等线路进行调车作业。调车作业的动力除由专用的调车机车提供外，也可以由轨道牵引车或电客车提供。

一、调车作业概述

车辆段内除列车进出车辆段外的一切机车车辆、车列有目的的移动，称为调车。组织调车作业时应注意：要及时、正确地进行调车作业，保证列车按运行图的规定时刻发出，按运行图的要求安排使用；及时取送需检修的车辆，保证检修车辆按时到位；保证基地设备及调车作业运行安全和人身安全；确保其他物资的运输正常进行。

1. 调车作业分类

调车作业按方法、方式和过程不同，可以分为两类：一类是由电动列车完成的转线、转场等相关的作业；一类是由内燃机车和其他机车完成的编组、解体、转线、摘挂、取送等相关的作业。

不论是何种形式的调车作业，不论在方法的使用和实现上有何区别，它们最基本的要求、条件是一致的，没有根本差异，仅仅是形式、表现方法不同。

2. 调车作业指挥系统

车辆段调车工作由车辆段调度员统一领导，调车作业人员应按作业标准和调车作业计划单执行。车辆段调度员应根据机车车辆、线路、设备检修计划和现场作业情况，合理、科学、正确地编制调车作业计划，组织调车人员安全、及时地完成调车任务。

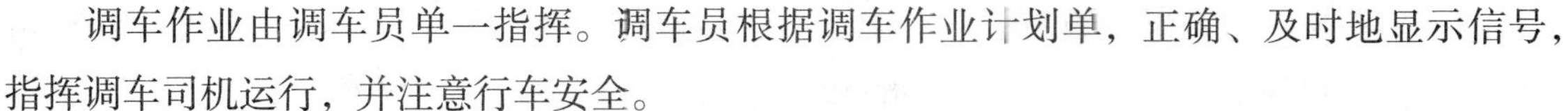

调车作业由调车员单一指挥。调车员根据调车作业计划单，正确、及时地显示信号，指挥调车司机运行，并注意行车安全。

调车司机应根据调车员的信号准确、平稳地操纵机车，时刻注意确认信号，不间断进行瞭望，正确、及时地执行信号显示要求，负责调车作业安全。

车辆段值班员根据调车作业计划单、现场作业情况和机车车辆停放股道，正确、及时地排列调车进路、开放调车信号，随时监控机车车辆运行。

3. 调车作业要求

（1）基本要求

调车作业必须按照调车作业计划或调车信号的显示要求进行，没有信号不准动车，信号不清立即停车。特殊情况使用无线电对讲机联络进行调车作业时，司机与调车人员必须保持联络畅通，联络中断时应及时采取停车措施，停止调车作业。调车作业时，调车人员必须正确及时地显示信号，司机要认真确认信号并且鸣笛回示。

（2）配合协作要求

调车作业是参加调车作业的相关人员（如司机、调车员、车辆段值班员等）之间相互配合、相互协作的过程。因此，车辆动车、信号确认、进路确认及注意事项都必须在作业前明确。车辆段值班员必须按规定正确、及时地安排调车进路，并且监视运行情况。调车员必须看清计划，确认安全状态后，才准显示信号，不得盲目指挥、盲目显示信号。司机必须确认信号、瞭望四周情况后才能启动机车。

（3）确认的基本内容

调车作业中应该看清与确认的情况是：线路情况、停留车位置情况、道岔开通情况、信号显示情况、车下障碍物与异物情况、检修线及所进入线路作业情况、进出库房大门情况、连挂车辆情况、走行速度情况、道口四周情况，以及参加调车作业的人员情况等。

（4）终止作业条件

在调车作业中，调车人员显示的信号得不到司机回示或认为速度过快，以及其他异常情况时，必须立即显示停车信号。司机在无法瞭望信号、信号中断、联络中断或者认为有异常情况时，必须立刻停车。车辆段值班员发现调车作业人员或作业过程有违反安全规定时，应立即采取措施，命令调车作业终止。基地或车站管理人员发现有危及调车作业安全、设备安全、人身安全的情况时，应立刻通知有关人员停止调车作业。

二、调车作业计划

调车作业都是通过调车作业计划实现的，调车作业计划是进行调车作业的凭证与根据。调车作业计划是指调车工作的有关负责人（运转值班员或行车值班员）向调车作业人员以书面形式或口头布置方式下达的调车作业通知，内容包括起止时间、担当列车（机车）作业顺序、股道号、摘挂辆数（编组车号或车位）和安全注意事项等。

1. 编制调车作业计划资料来源

编制调车作业计划的资料来源主要包括：

（1）车辆部检修调度人员提供的车辆检修计划及签字确认的临时维修计划。

（2）开行工程车计划。

（3）材料总库车辆装卸情况。

（4）维修工程部生产调度人员提报的设备检修配合计划。

（5）维修工程部、承建商动车计划。

（6）车辆部设备车间扣修计划和工程车故障报修单。

（7）需要动车的其他情况。

2. 调车作业计划的编制、传达

（1）计划编制

由于调车作业中地点比较分散，涉及作业部门较多，钩数（“一钩”作业一般是指机车、列车或所挂车辆的运行由线路的一股道到另一股道，并且改变运行的方向）不易记忆，环境因素对作业影响较大。因此，一般规定调车作业钩数在三钩以上时，应由行车管理部门制订调车作业计划。

调车作业计划应由运转值班室值班员或行车值班员根据生产部门提出的要求和实际运行状况，正确、合理、及时地制定或编制。

制订调车作业计划时应充分考虑各方面的因素与条件，力求在确保行车安全的前提下，提高调车作业效率，以最少的作业钩数、最短的调车行程完成相应的调车工作任务。

（2）计划传达

车辆段调度员应亲自向调车员交递计划，以书面形式下达。调车员应根据作业计划制定安全防范措施及其他注意事项，亲自向司机交递和传达。车辆段调度员用书面或电话形式向车辆段值班员传达计划，车辆段值班员接受计划时应复诵核对。变更计划不超过三钩时，可以口头方式布置，有关人员应复诵。变更作业计划应停车传达，确认有关人员清楚变更细节。

3. 调车作业计划的变更

变更作业计划主要是指变更作业股道、摘挂辆数与车辆号、作业方法，以及取送作业或转线的区域或线路。变更作业计划应按照以下要求进行：

（1）调车作业必须严格按照调车作业计划所规定的内容与要求进行，不准擅自改变作业内容与计划。

（2）如果因运行状况和生产实际需要，必须变更调车作业计划时，应该停止进行中的作业。

（3）由运转值班员或行车值班员将变更后的计划向调车人员及信号员重新布置，传达清楚，并且进行核对和复诵，确认无误后，方可继续作业。

（4）变更计划不超过三钩时，可以以口头方式传达，超过三钩时，应重新编制书面调车作业计划，原计划取消执行。

（5）为了贯彻集中统一指挥的原则，调车长在作业过程中认为必须变更原计划时，应及时向有关行车、运转调车负责人反映，由调车负责人重新编制书面计划后执行。

三、调车作业过程

1. 调车作业前的准备

调车作业前，调车员应充分做好准备（按规定着装、佩戴防护用品，确认无线对讲机良好），并认真检查调车组其他人员准备情况；对线路进行检查，确认进路、车辆底下和上部无障碍物；对车辆进行检查，内容包括车辆防溜措施情况、是否进行技术作业、是否有侵限物搭靠、装载加固是否良好、是否插有防护红牌（红灯）。

2. 调车进路确认

在调车作业中经常会遇到牵引车辆运行和推进车辆运行的情况。由于调车进路变化较多，车辆存放处所不同，连挂与牵出的地点各异，所以这两种情况在调车作业时常常交替进行。为了分清调车作业中对进路和周围情况确认的责任，更安全有效地展开调车作业，通常对牵引与推进运行的瞭望和确认要求做以下规定：

（1）列车正向运行、单机运行或牵引车辆运行时，前方进路的确认由司机负责。司机在运行时要不中断瞭望，对发生的异常情况（如线路限界情况、信号显示状态、人员行走情况、道口安全情况、调车路径情况等）要果断采取处置措施。

（2）推进车辆运行时，前方进路的确认由最前方调车员（或调车长）负责，调车员应不中断瞭望，及时正确地与司机联系或显示信号。如果确认前方进路有困难，可指派参加调车作业的其他人员（调车员或连接员）确认、瞭望，并将情况正确、规范地传达给调车指挥人，由调车指挥人与司机联络。在一般情况下，调车指挥人应站立在既易于瞭望进路，又能使司机能够看清其信号显示的位置。

（3）在调车作业中，调车作业人员必须按调车信号的显示要求进行操作，如果运行中遇调车信号机灯光显示不明或熄灭、手信号灯光忽明忽暗或中断、无线电对调机联系中断、信号没有得到回示等，都应视为停车信号而采取措施，使机车（列车）停止作业。

（4）如果车站或基地信号机故障，应由调车人员即刻通知信号值班人员，必要时应通知运转值班人员或行车值班人员组织检修，调车人员必须等信号机恢复显示或由有关人员到场通知司机或显示允许通过该信号机的信号后，方可按照有关规定和制度越过该架信号机。

3. 调车作业进路的变更与终止

在实际调车作业中，由于线路情况变化和实际工作的需要，必须取消调车作业进路时，进路控制和信号操纵人员应遵守以下规则：

（1）进路控制和信号操纵人员确认列车或车辆尚未启动，通知调车司机与调车员，并得到回复。

（2）如果列车、车辆已经开始运行，必须立即通知司机和调车长，并且确认列车或车辆已经停止运行。

（3）如果必须使列车或车辆运行时，确认列车或车辆已经按规定进入指定位置停车。

（4）在执行以上三点基本规则之一后，进路控制和信号操纵人员才能够关闭信号机，取消原先调车进路。

（5）进行变更进路的排列，开放变更后的调车作业信号时，参加调车作业的司机和调车员在得到信号楼或有关信号操纵人员的通知后，应立即遵照执行，不得盲目动车或强行启动进入信号机内部区域，防止由于进路变更而使列车或车辆冒进红灯，或者由于道岔转换而造成挤岔或脱轨事故。

4. 调车速度限制

由于以下几点原因，调车作业中要严格控制运行速度：调车作业中，被调动车辆自动制动机可能没有全部加入整列系统中，造成制动力较小；车辆运行方向正向、逆向交互进行，有时瞭望不便；一般情况下，调车线路的标准、等级，以及道岔型号都低于运营正线，存在设备结构限制，当推进运行时需中转信号，在时间上有延误或需增加中转时间；线路周围情况相对较复杂。表 5-5 所示为某城市轨道交通企业调车速度规定。

表 5-5　某城市轨道交通企业调车速度规定　　km/h

序号	项目	速度
1	空线牵引运行	25
2	空线推进运行	15
3	调动装载超限货物的车辆时	10
4	在尽头线调车时	10
5	在维修线调车时	10
6	在运用库内停车线调车时	10
7	在货物线上对位时	5
8	接近被连挂车辆三、二、一车时	8、5、3
9	接近被连挂车辆时	3

5. 调车标准用语

表 5–6 所示为某城市轨道交通企业调车标准用语。

表 5–6 某城市轨道交通企业调车标准用语

序号	作业含义	标准用语	说明	序号	作业含义	标准用语	说明
1	呼叫调车作业人员	“××”（姓名）		12	牵出前必须提钩	“提钩好”	同上
2	调车作业人员回答	“××”（姓名）有		13	要求减速	“减速”	同上
3	确认调车进路开通	“×道”开通	司机鸣笛回示	14	要求鸣笛	“鸣笛”	同上
4	向有车线挂车推进	“×道”开通连挂	同上	15	要求试拉	“试拉”	然后按规定给信号
5	向空闲推进	“×道”开通推进	同上	16	给司机报够位停车的距离	“再走×车（米）”	同上
6	三车信号	“三车”	同上	17	连挂妥当连接风管	“挂妥接管”	同上
7	二车信号	“二车”	同上	18	线路检查准备妥当	“×道可以挂车”	同上
8	一车信号	“一车”	同上	19	送车对位妥当	“对位好”	
9	停车信号	“停车”	同上	20	一度停车后挂车	“×米挂车”	给黄灯
10	牵出前无须提钩	“牵出”	同上	21	向信号值班员请求原路折返作业	“信号楼×道折返作业”	由调车员负责请求
11	车列整列启动	“启动好”	同上	22	挂距土挡（车挡）不足 10 m 的车组	“离土挡（车挡）×米”	司机鸣笛回示

四、调车安全

调车作业应遵循以下安全要求：

1. 在带电区段进行调车作业时，严禁调车人员在机车车辆或装载货物顶部指挥。

2. 上下车时，应停车并选好地点，注意地面障碍物。

3. 在机车、车辆移动中，禁止下列行为：在平板车侧板或端板、支架上坐立；站在车梯上探身过远；在装载易于窜动货物的车辆间和货物空隙间站立或坐卧；骑坐车帮，跨越车辆；进入线路内摘管或调整钩位；在机车前后端坐立。

4. 作业中严禁吸烟，班前禁止饮酒。

5. 处理车辆作业规定：摘车时，应执行一关（关折角塞门）、二摘（摘风管）、三提钩的作业程序；摘接风管、调整钩位、处理钩销时，应等待车辆、车列停妥，并向司机显示防护信号；调整钩位、处理钩销时，不要探身到两钩之间；使用折叠式手闸，必须在停车时竖起闸杆，确认方套落下，月牙板关好，插销上好；注意检查手闸链条良好。

6. 行走线路规定：调车员应走两线路之间显示信号，并注意邻线的机车车辆；严禁在道心、轨枕上行走，不准脚踏钢轨面、道岔连接杆、尖轨等；横越线路时，应一站、二看、三通过，注意左右机车车辆的动态及脚下有无障碍物；横越停有机车车辆的线路时，先确认机车车辆有无移动，然后在该机车车辆较远处通过，严禁在运行中的机车车辆前面抢越；不准在钢轨、车底、轨枕、道心处坐卧或站立，不准跨越地沟。

思考与练习

1. 调车作业的基本要求是什么？
2. 司机在驾驶列车时，应该执行哪些要求？
3. 自行组队，按照表 5-1 模拟车辆段正常情况下接车作业流程。

第六章 施工作业组织

学习目标：

◆ 能依据施工作业令确定施工类型、施工责任人、施工负责人、配合人、施工范围、主站、辅站。

◆ 能确定施工防护需求和请点时机。

◆ 能办理车站、施工请销点程序，并填写过程台账。

◆ 能监控施工的过程安全，确认施工出清。

◆ 能依据施工计划完成车站当班施工安全预想。

城市轨道交通系统庞大而复杂，一天的正常运营需要难以计数的设备配合完成。其中某一个设备一旦出现问题，则会牵一发而动全身，影响运营安全。所以，城市轨道交通设备维修施工是城市轨道交通企业的一项重要工作。

第一节 施 工 计 划

城市轨道交通运输系统是一个庞大而复杂的系统，在运营期间不能组织检查、维修作业。施工维修检查工作只能利用停运时间进行。由于时间紧迫，工作量大，所以必须要在工作之前制订详尽的计划，确保能完成检修工作，保证第二天的运营安全有序。

一、施工计划分类

施工计划一般可按施工作业地点和性质或计划时间进行分类。

1. 按施工作业地点和性质分类

影响正线、辅助线行车的施工计划为 A 类。其中，开行工程列车、电客车的施工为 A1 类，不开行工程列车、电客车的施工为 A2 类，车站、主变电所、控制中心范围内影响行车设备设施的作业为 A3 类。

在车辆段的施工计划为 B 类。其中，开行电客车、工程列车的施工（不含车辆维保部门开展的电客车、工程车检修作业）为 B1 类，不开行电客车、工程列车但影响接触网停电、在车辆段线路限界外 3 m 内种植乔木、搭建相关设施及影响车辆段行车的施工为

B2 类，车辆段内除 B1 类、B2 类以外的施工作业为 B3 类（办公室、食堂等生活办公设备设施维修除外）。

在车站、主变电所、控制中心范围内不影响行车的施工计划为 C 类。其中，大面积影响客运、消防设备正常使用及需动火的作业（含外单位进入变电所、通信设备房、信号设备房、环控电控室、照明配电室、蓄电池室、水泵房、其他气体灭火保护房内作业）为 C1 类，其他局部影响客运、消防设备正常使用，但经采取措施影响不大且动用简单设备设施（如动用 220 V 及以下的电力、钻孔等不违反安全规定）的施工为 C2 类。

知识窗

施工分类介绍

影响行车的施工：进行该项施工作业时，如果当天或次日线路上有客车、工程车运行，安全会受其影响的施工。

影响客运的施工：进行该项施工作业时，车站的客运服务设备设施功能会降低，客流组织、服务质量会受影响的施工。

2. 按计划时间分类

按计划时间不同，施工计划一般分为月计划、周计划、日补充计划和临时补修计划四大类。在制订施工计划的时候，以月为基础单位（部分企业是以周为基础单位），根据年度编制的检修计划及上月的设备状况制订月度计划，各单位依据计划有序占用线路、工程车等施工场地和资源，有序开展工作。周计划、日补充计划则是依据计划实际执行情况，对月计划进行调整，确保计划有序执行。而临时补修计划的目的是修复已经存在较大安全隐患的设备，确保次日的运营安全，在施工计划管理中具有较高的优先权限。施工计划样式见表 6–1。

（1）月计划的施工

属于正常修程内的 A1、A2、A3、B1、B2、C1 类作业应纳入月计划。月计划应结合总部月度设备检修计划编制。

（2）周计划的施工

因设备检修需要，周计划对月计划里未列入的内容进行补充，或者对月计划中 A1、A2、A3、B1、B2、C1 类作业需调整变更的内容进行补充。

（3）日补充计划的施工

月计划、周计划中需调整变更 A1、A2、A3、B1、B2、C1 类作业的计划，称为日补充计划。日补充计划还用于对月计划和周计划里未列入的内容进行补充。

表 6–1 施工计划

作业代码	作业部门	作业时间	作业内容	作业区域	供电安排	申报人	防护措施	备注	计划类型
××A1–30–01	维修中心供电部接触网一分部	次日00：55—04：00	接触悬挂、汇流排、定位支持装置、杂散电流装置、均/回流设备、标志牌清洁检查、拉出值及导高全面测量检修.	A站–B站上行线（不含B站上行线）、A站–B站下行线（不含B站下行线）、A折返线Ⅰ道、A折返线Ⅱ道、出车辆段线、入车辆段线	GFA5/GFB5/GFB6停电挂地线GFA4/GFA6/GFB4/GFB7停电	×××	封锁	开行GF21接触网车，车次572/571，571次于23：40在X2501前待命，凭信号显示经下行线到达A站下行线待命，作业完毕后经上行线回车辆段。防护区域：A—F上下行线（不含A、F上下行线），B上下行线。在A站请点，开行工程车、作业用车	周计划
××A2–30–08	维修中心机电部环控电气一分部	次日01：30—04：00	区间射流风机年检及轨线顶、轨底风口年检	G路站下行线、C路站上行线、C路折返线Ⅰ道、C路折返线Ⅱ道、C路交叉渡线	GFA1/GFB1/GFB2停电挂地线	×××	封锁	作业前后报环控调度员，在C路站请点。联系电话：×××××××××××。维修中心供电部接触网一分部配合挂地线	月计划
××A3–30–04	维修中心机电部自动化一分部	次日00：50—04：30	主控系统中央服务器打补丁	××0CC	无	×××	现场防护	作业期间短时影响环控调度、电力调度监控，作业前后与环控调度、电力调度员联系，在××0CC请点。联系电话：×××××××××××。维修中心供电部变电一分部配合在B、F、C关键点值班	日计划

（4）临时补修计划的施工

运营时间对设备进行临时抢修后，必须在停运后继续设备维修的 A1、A2、A3、B1、B2、C1 类作业的计划为临时补修计划（含总部临时布置的生产任务等）。

（5）不需要提报计划的施工

属于 B3 类、C2 类的作业不需要提报计划，施工作业负责人直接与车辆段或车站联系，经车辆段或车站同意后开始施工。

二、施工计划编制

施工计划的内容由设备维保部门提出，生产调度部门统一协调编制，确保施工组织有序进行。

1. 计划编制原则

（1）施工作业计划应在确保安全的前提下考虑均衡安排，避免集中作业。

（2）处理好列车的开行时间和密度、施工封锁等几方面的关系，避免抢时、争点现象。

（3）为方便施工单位作业，施工作业计划内各项作业应注明作业部门、施工日期、作业起止时间、作业内容、作业区域、安全事项及其他应说明的问题（如列车编组、行车计划、配合部门及详细配合要求、联系电话等）。

（4）经济、合理地使用机车车辆，避免浪费资源。

2. 计划编制要求

（1）结合作业条件、作业组织和施工资源情况整合作业计划，减少作业请点数量。

（2）结合施工作业缓急程度，安排计划时应明确请点优先顺序，确保重点作业时间。

（3）根据各类工程车作业的施工作业内容、作业范围、工作性质及配合条件等进行资源整合，通过整合减少工程车开行作业的数量。

（4）结合施工作业需求情况，提前划定具体的线路区域为挂地线“天窗”区域，使挂地线资源利用最大化。

3. 涉及邻线或影响邻线管辖设备的计划编制要求

安排月计划、周计划时，如果计划涉及在邻线或影响邻线管辖设备的作业，该作业必须在邻线月计划、周计划中体现。安排日计划、临时补修计划时，如果涉及在邻线或影响邻线管辖设备的作业，本线 OCC 审核完毕后，需将审核结果再发邻线 OCC 审核，邻线 OCC 审核完毕后，将审核结果发回本线 OCC。在审批过程中，如其中有一个 OCC 不同意，则视作不同意该项施工作业计划。

4. 涉及配合作业需求的计划编制要求

作业部门必须将相关配合要求（方案）发配合部门、中心、总部征求意见，只有配合部门、中心、总部同意后，作业部门才能申报施工计划。如果协调不成功，由各运营中心协调。如果属于跨中心作业协调不成功，由线网管控中心组织相关中心、总部职能部门协调确定。

5. 节假日及大型活动期间施工计划安排的注意事项

（1）在节日前两天内，停止进行主要行车设备（硬件和软件）、AFC 设备软件升级、改造（影响节假日期间运行安全的除外）。

（2）对行车、客运服务影响较大的施工作业原则上不安排在节日期间开展，特殊情况除外。

（3）如遇临时提前或推迟运营服务时间的大型活动，各运营中心根据运营服务时间调整情况，合理安排施工计划。

二、施工计划申报和审批

外单位取得“外单位施工作业许可单”后，方可提报相关施工计划给主配合部门，主配合部门必须审核施工安全措施、影响情况、本部门提供配合情况，并负责申报施工作业计划。委外维修单位将相关施工计划提交给设备归属管理部门，设备归属管理部门必须审核施工安全措施、影响情况、提供配合情况，并负责申报施工作业计划。

1. 月计划

根据月计划提报的情况，组织由内部申报部门及相关施工单位人员参加的计划审核会议，审核计划。审核月计划时，对于安全上有特殊要求和规定的，在计划审核会议上提出讨论确定。月计划中应明确说明施工作业起止时间、地点，如果有变更，见施工进场作业令。根据月计划审核会议的结果，编制施工行车通告。

2. 周计划

根据提报计划的情况，组织相关部门，在月计划的基础上审核周计划。审核周计划时，对于安全上有特殊要求和规定的，在计划审核会议上提出讨论确定。周计划中应明确说明施工作业起止时间、地点；周计划申报的作业项目不得超过同期同一线同类月计划内日作业项目的 20%。根据周计划审核会议的结果，在施工行车通告的基础上编制施工行车通告补充说明。

3. 日补充计划

日补充计划应于工作开始前一天向生产管理部门申报。日补充计划要在月计划、周计划的基础上进行安排，以提高月计划、周计划的兑现率。日补充计划申报的作业项目不得超过同期同类月计划和周计划内日作业项目的 10%（总部重点工程施工、故障处理及临时生产任务等除外)。日补充计划中应明确说明施工作业请销点的时间、地点。日补充计划原则上不安排工程车及调试列车作业，特殊情况(如抢修、总部要求的及不影响月计划和周计划安排时)除外。生产管理部门在月计划及周计划的基础上编制日补充计划表。

4. 临时补修计划

临时补修计划应及时优先安排，不受月计划、周计划和日补充计划限制。

5. 巡道计划

行车设备维保部门根据施工计划安排做好当天巡道计划(原则上同一线路不能连续两天不巡道)并在当天16点前发给OCC审核、审批，经审批后执行。

三、施工进场作业令

编入运营总部施工月计划、周计划、日补充计划及临时补修计划的施工，均会编制发布施工进场作业令，凡在运营总部所辖设备或所辖范围内进行的施工作业，原则上必须持施工进场作业令或外单位施工作业许可单方可进场作业。施工进场作业令是在运营总部管辖范围内进行施工作业的重要凭证，统一由生产调度部门管理。

1. 施工进场作业令填写内容与要求

(1)作业代码是指此项作业在施工行车通告、施工行车通告补充说明、日补充计划计划表、临时补修计划中的作业代码，如4A1-01-01、5A1-01-01(临修)等。

(2)作业令号的格式是:(年份)(签发部门)(数字)字第(月份日期)-(数字)号。其中:年份以四位数填写;"签发部门"填写签发部门简称，如"运营二";"×"字中的数字为线别，如"4"代表4号线，"5"代表5号线，"6"代表6号线;月份日期分别以两位数(合计四个数)填写;"×"号中的数字为当日该部门签发作业令的流水号，以阿拉伯数字顺序填写，如[2019]运营二4字(0810)-1号，见表6-2。

(3)作业部门、申报人、作业题目、联系电话、作业地点、作业人数、作业日期、作业时间等栏必须如实填写。

(4)主要作业内容及须知应简要描述具体作业的内容、作业的防护措施(不包括封锁、接挂地线)等。

(5)封锁区间、停电区间是指该项作业时需要进行线路封锁、接触网(轨)停电、挂接地线等特殊要求的，应在此处填写，描述时应清晰、准确。

(6)协作及其他是指作业过程中需总部内相关部门(分部、室)进行协作的要求，包括提供水、电源等需求，配合部门则按此栏内容进行配合。

(7)签发人是指该施工进场作业令的开具依据及签发人，此栏应盖总部作业令签发专用章。

表 6–2　　　　施工进场作业令（例）

<table>
<tr><td>作业代码</td><td colspan="4">2A2–12–24</td><td>作业令号</td><td colspan="3">［2019］运营二4字第（0810）–1号</td></tr>
<tr><td>作业单位</td><td colspan="5">车站服务二部</td><td>申报人</td><td colspan="2">李 ××</td></tr>
<tr><td>作业题目</td><td colspan="5">手摇道岔培训和区间巡视</td><td>联系电话</td><td colspan="2">××××××××</td></tr>
<tr><td>作业地点</td><td colspan="5">A 站—B 站上行线、A 站—B 站下行线、×× 停车线</td><td>作业人数</td><td colspan="2"></td></tr>
<tr><td>作业日期</td><td colspan="5">2019 年 8 月 12 日</td><td>作业时间</td><td colspan="2">次日 00：50—04：20</td></tr>
<tr><td>主要作业内容及须知</td><td colspan="8">1. 手摇道岔培训和区间巡视
2. 穿荧光服，现场设防护员防护
3. 严禁越出作业区域
4. 做好线路出清工作，作业不能遗留金属物；严禁踏、踩、拉电缆架。在销点时向车站报告出清情况
5. 严格按作业令安排的时间和空间范围进行作业，原则上不得延时 特殊原因延时必须提前 30 min 以上向 OCC 提出申请，经同意后方能按批准的时间延时</td></tr>
<tr><td>封锁区间</td><td colspan="8">A 站—B 站上行线、A 站—B 站下行线、×× 停车线</td></tr>
<tr><td>停电区间</td><td colspan="8">无</td></tr>
<tr><td>协作及其他</td><td colspan="8">信号人员配合复位 ×× 站道岔，联系电话：××××××××。运营一中心通号维保一部信号二分部信号人员配合复位 ×× 站道岔</td></tr>
<tr><td>OCC 确认</td><td colspan="3">见施工行车通告</td><td colspan="2">自挂地线</td><td colspan="3">否</td></tr>
<tr><td>签发人</td><td colspan="8">黄 ××　2019 年 8 月 9 日</td></tr>
<tr><td>主站</td><td colspan="3">×× 站</td><td colspan="2">负责人</td><td colspan="3"></td></tr>
<tr><td>辅站及负责人</td><td colspan="8"></td></tr>
<tr><td>完成情况</td><td colspan="8"></td></tr>
<tr><td rowspan="2">请点</td><td>时间</td><td></td><td rowspan="2">销点</td><td>时间</td><td></td><td rowspan="2">销令</td><td>时间</td><td></td></tr>
<tr><td>批准人</td><td></td><td>批准人</td><td></td><td>批准人</td><td></td></tr>
</table>

（8）主站、负责人、辅站及责任人：如果一项作业有多组人从不同地点进入作业区域进行施工，应分别如实填写主站、负责人、辅站及责任人，并由施工负责人负责按规定统一办理相关施工手续；如果一项作业只有一组人员作业，则只需在主站、负责人栏如实填写。

（9）完成情况是指作业完成情况，包括销点情况、防护撤除情况等。此栏由施工负责人（或施工责任人）填写。

（10）请点、销点是指作业正式办理请点、销点的时间与审批人（车站、车辆段）。此两栏由车务部门根据实际情况如实填写。

2. 施工进场作业令的使用

（1）施工进场作业令一经签发，如无特殊情况（指抢修、调试等）不得随意更改，相关作业单位（部门）必须严格按施工进场作业令规定的时间、地点安排作业。

（2）在作业请点站（主站）请点，总部各部门可使用施工进场作业令原件、复印件（含传真件）。外单位必须使用施工进场作业令原件，辅站登记可用复印件（含传真件）。

（3）如因特殊原因确须取消相关作业的，必须在施工进场作业令规定作业时间开始前2 h（如作业时间为当日 18 点以后开始的，则应在 16 点前）向施工进场作业令签发部门提出申请（下班时间向值班主任助理提出申请），得到批准后方可取消，并由签发部门（或值班主任助理）将调整情况报控制中心（OCC）或车辆段控制中心（DCC）。

（4）如果因特殊情况（如抢修、作业调整）而必须对已签发的施工进场作业令进行调整、取消的，节假日全天、周一至周五工作以外时间由 OCC 于作业开始前及时向施工作业单位或部门通报调整或取消情况，并通报相关施工进场作业令的签发部门。其他时间由签发部门于作业开始前及时向施工作业单位或部门通报调整或取消情况。

（5）使用施工进场作业令时，作业单位持施工进场作业令到施工地点所在的车站或车辆段登记请点施工，车站根据作业单位的进场作业令向行车调度员请点（B 类、C 类作业由车辆段或车站审批）。

第二节　施工安全管理

城市轨道交通运营管理企业一般会实施施工负责人制度，由施工负责人负责作业的安全管理工作。

一、施工负责人 / 施工责任人管理要求

每项 A 类、B 类、C 类作业需设立 1 名施工负责人，如果同一施工项目多站进行，除主站设施工负责人外，辅站应另设施工责任人，两者必须经过培训后取得施工负责人安全合格证，并实行持证上岗制度。外单位施工负责人 / 施工责任人必须持施工负责人安全合格证和临时出入证，方可在许可范围内申请开展施工。

1. 施工负责人 / 施工责任人职责

（1）负责作业人员和设备的管理。

（2）办理请、销点手续。

（3）作业过程的组织指挥和作业安全控制。

（4）及时与车站、车辆段联系作业有关事项。

（5）组织设置或撤销作业安全防护设施（接触网 / 轨停电及挂地线由电力调度员负责）。

（6）出清作业区域并使设备状态恢复正常。

2. 施工作业配合与监管要求

（1）进入高压危险场所或进行影响行车安全的施工作业时，需设有专人监控。

（2）需要进入主变电站各设备房和变电所整流变室进行施工作业时，必须有变电专业人员监护并做好安全防护措施，方可实施。

（3）外单位（不含委外维修单位）开展影响行车的施工作业（即 A 类及 B1 类、B2 类作业）时，需安排人员配合作业。涉及开展不影响行车的施工作业（即 C 类及 B3 类作业）时，主配合部门根据实际情况确定是否安排人员配合作业。

（4）委外维修单位作业时，相应主配合部门安排及提出要求。

二、高风险作业管理

作业安全风险较高，需进行作业安全评估或作业人员需持证上岗的施工作业，需要做好作业过程监控和相关人员资格核验。

1. 有限空间作业

实施有限空间作业前，作业单位必须执行“先检测、再评估、后作业”原则，设专责安全员，全过程监控作业过程。

2. 动火作业

动火作业的动火点必须设现场监护人，负责监督检查作业情况，现场操作人员必须持操作证上岗。外单位（不含委外维修单位）动火作业时，由作业配合单位负责核验其操作资格证的有效性，办理临时动火作业许可证，并安排工程监理人员或作业配合单位人员在动火点现场监护。委外维修单位动火作业时，由责任部门负责核验其操作资格证的有效性，办理临时动火作业许可证，做好作业前的安全交底，并根据实际情况确定是否现场监护。

3. 涉及设备接口作业

进行涉及设备接口的施工作业时，可能影响对方设备运行或安全的，由受影响设备归属管理部门判断是否需要配合作业。

三、施工防护与安全

凡进入线路施工作业的人员必须按要求穿荧光衣，并根据作业性质及作业要求使用其他安全防护用品。接触网 / 轨停电检修或需接触网 / 轨停电配合挂地线时，由接触网专业人员负责在该作业区域两端挂接地线。

第三节　施工组织管理

在完成施工计划申报、审批，签发施工进场作业令后，施工人员可持令到车站、车辆段等运营单位管理范围内的地点请点施工，施工过程接受属地管理部门人员的监管，履行施工作业请销点程序，按章设置施工防护，施工结束后做好场地及设备恢复工作，确保施工组织的安全有序进行。

一、车站、车辆段、配合人员职责

1. 车站、车辆段人员的职责

（1）负责查验施工作业人员和施工负责人的相关证件。

（2）负责办理施工作业登记申请和销点手续。

（3）负责在站台端墙处线路设置和撤销区间作业的施工防护。

（4）负责监督施工负责人和配合人员清点进出作业区域的施工作业人员。

（5）负责监督车站施工作业安全。

（6）负责与施工负责人、配合人员确认施工区域线路出清。

2. 配合外单位作业时配合人员的职责

（1）协助外单位办理施工请销点，检查外单位人员施工防护、劳动保护情况。

（2）负责清点进出作业区域的施工作业人员。

（3）负责监督外单位的施工作业安全。

（4）负责检查外单位人员、物品（工器具、材料、施工垃圾等）出清线路，并向车站反馈。

（5）检查、确认施工所动用的运营设备恢复到正常使用状态且已加固，不会侵入行车限界，并向车站反馈。

（6）检查监督所配合作业的外单位人员的安全保卫工作。

（7）维修作业人员必须严格遵守国家、行业、省、市及集团公司、运营总部的相关安全操作规章。

二、施工请点、销点组织

各类施工作业组织施工时必须执行请销点制度。

1. 请点制度

（1）凡编入月计划、周计划、日补充计划及临时补修计划的A1、A2、A3、B1、B2、C1类施工，必须开具施工进场作业令，原则上必须凭施工进场作业令进行请点作业。施工

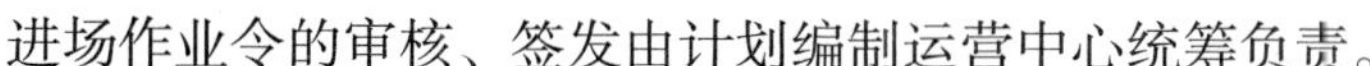
进场作业令的审核、签发由计划编制运营中心统筹负责。

（2）A 类作业必须经行车调度员批准，方可进行。

（3）属于 A1 类及 A2、A3 类涉及邻线（其他地铁线路）的作业，必须经行车调度员批准方可施工，其他 A 类作业由行车调度员授权车站 / 车辆段批准方可施工。车站不能使用施工管理系统时，由车站通过调度电话向行车调度员提交申请，行车调度员在施工管理系统中代理请销点填写，并审批。全线停用施工管理系统时，OCC 行车调度员不再使用授权而是通过书面审批所有施工作业。

（4）B 类施工作业经车辆段调度员同意方可进行，如果影响正线行车，必须报行车调度员批准。

（5）C 类作业经车站批准方可施工。

（6）C1 类作业如果需要停用 FAS、气体保护系统等，需要经环控调度员同意。

（7）属于 B3 类、C2 类的作业，施工负责人直接与车辆段 / 车站联系，经车辆段 / 车站同意后开始施工。其中，外单位凭外单位施工作业许可单办理请点；委外维修单位凭委外维修作业任务书办理请点，委外维修作业任务书由委外维修单位负责填写，设备归属管理部门负责制定和签发。

（8）如果作业区域同时包含正线和车辆段线路时，施工部门到车辆段或车站处请点，车辆段或车站在审核批准该项施工作业后，还应向行车调度员请点，征得同意后，方可允许施工部门开始施工。

（9）如果作业区域同时包括联络线或另一线路部分线路时，施工部门向作业计划所在线路的车站请点，车站向作业计划所在线路的行车调度员请点，作业计划所在线路的行车调度员在批准该项施工作业时，必须向作业计划涉及的另一线路的行车调度员请点，经批准后，方可允许施工部门开始施工。

2. 销点

（1）施工结束后必须做好施工区域出清工作，施工负责人确认所有作业有关人员已撤离，有关设备、设施已恢复正常，工器具、物料已撤走后，办理注销施工登记手续。

（2）作业区域同时包含正线和车辆段线路时，施工负责人在施工区域出清完毕后，向车辆段或车站销点，车辆段或车站在办理销点手续时必须同时向行车调度员办理销点，征得同意后方可允许施工部门施工销点。

（3）作业区域同时包括联络线或另一线路部分线路时，施工部门向作业计划所在线路的车站销点，车站向作业计划所在线路的行车调度员销点，作业计划所在线路的行车调度员在批准该项施工作业时，必须向作业计划涉及的另一线路的行车调度员销点，经批准后方可允许施工部门施工销点。

三、施工作业时间管理

1. 施工计划开始时间是允许作业人员开始进入作业区域的时间。施工结束时间是批准施工销点的时间。

2. 配合部门必须严格按要求提供配合，并按作业开始时间的要求提前做好准备，依时到场。对于主配合外单位或委外维修单位作业的，必须按规定协助办理请销点手续。

3. 作业部门必须按规定的作业时间到位进行作业及办理相关手续，超过 30 min 的，视作该项作业取消，配合部门有权拒绝进行配合。

4. 在施工安排开始前，施工单位、部门必须在作业规定开始时间前 30 min 到车站或车辆段登记请点。

5. 各运营中心需加强施工组织各环节时间控制和管理，合理安排施工作业时间。

四、工程车作业开行作业组织

1. 行车调度员负责统一指挥工程车开行，负责组织进路的排列，同时必须严格按照划分的区域安排作业。

2. 行车调度员发布封锁区间线路施工命令时，如果不指明“不包括车站”时，表示包括车站在内。

3. 封锁区域工程车运行由施工负责人负责指挥。

4. 涉及接触网停电挂地线且需工程车配合的作业时，必须经行车调度员同意后才可挂地线；作业完毕，地线拆除，得到行车调度员命令后，司机方可动车回车辆段。

5. 外单位工程车在运营线路运行时，必须有运营总部工程车司机添乘。

6. 人员、工程车在同一区域作业时，由施工负责人与车长根据现场情况协调：

（1）按施工前进方向，列车在前，人员在后，原则上不得颠倒或列车前后皆有作业。

（2）非随车施工人员与列车应有 50 m 以上的安全间隔距离，原则上列车不得随便后退，如果需要动车，必须施工负责人和车长协商后才能动车。

（3）作业人员应在自己现场作业区来车方向设置红闪灯防护。

五、正线施工防护设置要求

1. 非开车作业

非开车作业时，车站和施工作业人员不需在作业区域两端设置红闪灯防护。

2. 开行工程车、电客车作业

（1）组织工程车运行时，在工程车运行的到达站前方，必须保证至少有一个站间区间空闲，作为防护区域（到达站为终点站时除外）。

（2）在开行工程车进行作业的封锁作业区前后方，必须保证至少有一个站台区或站间区间空闲，作为防护区域（作业区域一端为线路终点时除外）。

（3）在开行高速调试列车的封锁作业区前后方，必须保证至少有一个站间区间空闲，作为防护区域（作业区域一端为线路终点时除外）。

（4）工程车及调试列车作业时，车站原则上必须在作业区域两端对应的轨道中央放置一盏红闪灯。施工前，请点车站负责在作业区域两端设置红闪灯。施工结束后，销点车站负责在作业区域两端撤除红闪灯。下列情况除外：行车调度员组织出入段列车、列车转线时，运行线路两端可不设置红闪灯；工程车及调试列车作业的区域，如果一端属于尽头线或区间分界点时，车站不需要在尽头线端或区间分界点处设置红闪灯。

（5）全线开行工程车（含调试列车）作业时，车站不需要在作业区域两端设置红闪灯防护。

六、车辆段内设备检修施工和防护要求

1. 检修作业的防护标志牌昼间为红色方牌，夜间为红色闪灯。

2. 凡是影响行车的施工或检修作业（信号检修，并能随时交付使用者除外），应在作业区域两端外方 10 m 处设置防护标志牌。

3. 施工 / 检修作业不需封锁时，作业人员应穿着荧光衣，安排人员做好现场防护，并在作业区域两端外方 30 m 处设置作业标志牌。

4. 凡在客车、机车、车辆上进行技术作业、检修作业时，应在客车、机车、车辆（组）两端挂“禁止移动”指示牌。

5. 接触网停电作业需断开手动隔离开关，并在相应隔离开关上挂“停电作业，禁止合闸”指示牌（接触网人员检修隔离开关时除外）

信号楼乘务值班员在计算机联锁系统设置防护见表 6–3。

表 6–3　信号楼乘务值班员在计算机联锁系统设置防护

类型		防护操作方式	备注
施工的防护	道岔检修	道岔封闭和单独锁定	信号楼乘务值班员接到车辆段调度通知后，认真核对车辆段施工登记簿和车辆段列车运行日志，经确认后做好登记方可操作
	股道检修	信号机戴帽和道岔开通邻线并锁定	
停电的防护		信号机戴帽和道岔开通邻线并锁定	
车辆运行进路封锁		开通运行线路后，两端信号机戴帽并锁定进路上的道岔（含侧向道岔）	

第四节　车站正线施工组织

涉及正线行车安全的施工称为A类施工，此类施工如果管理不善，很容易造成危险，甚至影响次日运营的正常开展，是城市轨道交通运营企业施工管理工作的重点。车站站务人员是城市轨道交通正线维修施工安全监督的最后一道防线：通过请点环节进行把控，不符合条件的作业严禁施工，确保施工作业人员和设备安全；通过销点环节确保线路出清，设备恢复正常状态，保证车站、列车运作安全。

一、施工请点前的准备工作

1. 安全预想

晚班值班站长接完班后，立即查看各施工计划，标出与本站有关的施工项目，并对施工登记前资格审查、请销点、防护放置与撤除、线路出清等重点事项进行布置，组织员工学习，签字传达。

2. 核对施工负责人 / 施工责任人资质

施工登记前，行车值班员按照本线路相关规定，根据月计划、周计划、日补充计划、临时补修计划，逐一检查各施工项目的施工进场作业令或外单位施工作业许可单，核对施工负责人 / 施工责任人的安全合格证（施工负责人项目）和临时出入证后办理施工。

3. 施工管理基本要求

（1）施工证件不全或相关作业配合人员未到场时，车站不安排作业。

（2）未在车站办理施工登记，擅自在车站管辖范围内进行施工的，车站应当场制止并向相关部门反馈，涉及地铁设备设施的，同时报OCC相关调度人员。

（3）如果施工需要进入轨行区，行车值班员还需检查所有进入轨行区的人员是否均已穿戴防护用品。

（4）对重点施工（如A1类）、特殊施工，值班站长必须到车控室监控作业请点。

（5）行车值班员必须掌握工程车、调试车开行情况，工程车、调试车未进入相应施工作业区时，对需经由线路上的A类施工及接挂地线作业，有关车站不得请点。

（6）因施工需要，施工人员需借用车站保管的钥匙时，应到车控室登记后借用，各岗位不得自行将配置给本岗位使用的钥匙借出；外单位施工时，由运营总部配合人员负责借用钥匙。

二、请点作业

施工负责人 / 施工责任人提前30 min到站填写施工登记，由外单位实施且需要现场配合的作业，由主配合部门协助办理请销点。正常情况下使用施工系统进行登记记录。施工系统

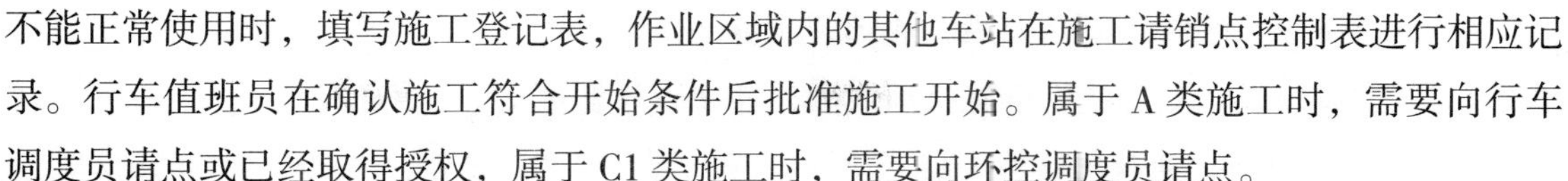

不能正常使用时，填写施工登记表，作业区域内的其他车站在施工请销点控制表进行相应记录。行车值班员在确认施工符合开始条件后批准施工开始。属于 A 类施工时，需要向行车调度员请点或已经取得授权，属于 C1 类施工时，需要向环控调度员请点。

1. 常见施工开始条件确认

（1）应确认施工涉及区域没有列车、工程车开行计划或者计划开行列车、工程车已经通过后，施工方可开始。

（2）施工涉及接触区域或者接触网侵限作业的，需停电挂地线后方可开始。

（3）停电作业需严格确认开始时间和影响范围（注意当晚施工开始的先后顺序），确保其他需要用电的施工项目顺利进行。

2. 接触网 / 轨停电挂地线的程序

（1）正线接触网检修类作业程序

1）线路出清后，行车调度员通知电力调度员停电。

2）行车调度员接到电力调度员已停电的通知，向车站发布停电通知。

3）接触网检修人员到相关车站登记请点，车站向行车调度员请点。

4）行车调度员批准车站请点。

5）车站接到行车调度员的通知，即可批准接触网检修人员开始施工。

6）施工结束，接触网检修施工负责人向车站销点，车站报告行车调度员销点。

7）行车调度员确认可以送电，通知电力调度员送电。

8）电力调度员根据行车调度员的要求送电。

（2）正线接触网停电挂地线配合其他作业的程序

1）线路出清后，行车调度员通知电力调度员停电。

2）行车调度员接到电力调度员已停电的通知，向车站发布停电通知，并确认可以挂地线后，通知电力调度员可以挂地线。

3）电力调度员接到行车调度员可以挂地线的通知，通知现场挂地线，完成后由电力调度员通知行车调度员。

4）行车调度员接到挂好地线的通知后（如果涉及邻线，必须同时确认邻线相关地线已挂好），通知车站请点。

5）车站请点，经行车调度员批准后，即可批准施工负责人开始施工（A1 类施工需先设置好防护）。

6）施工结束，施工负责人向车站销点，车站报告行车调度员销点（A1 类施工需先撤除防护）。

7）行车调度员接到车站销点并确认后，通知电力调度员施工结束。

8）电力调度员获知施工结束后，通知现场拆除接地线。

9）电力调度员获知现场已拆除接地线后，通知行车调度员。

10）行车调度员接到电力调度员地线已拆的通知，并确认可以送电，通知电力调度员送电。

11）电力调度员根据行车调度员的要求送电。

12）送电后，电力调度员通知行车调度员，行车调度员发布送电通知。

3. 施工请点环节的安全控制关键点

（1）主站与施工负责人核实进出人数及进出地点，并做好记录。

（2）辅站与施工责任人核实本站进入人数及离开的地点，并做好记录。

（3）主站与辅站核实记录，确认施工负责人与施工责任人的描述一致。

（4）采取监控或人员护送等措施，确保人员进入线路位置正确

（5）施工相邻区域有列车、工程车开行时，注意做好安全交底，并在施工登记的备注中做好记录。

（6）施工项目涉及信号系统操作时，应询问施工过程中可能对设备做成的影响，避免影响相邻区域的行车。

（7）根据施工负责人或施工责任人填报的数据，清点进入线路人员数量，检查其个人安全防护用品穿戴情况。

三、销点作业

1. 只有主站无辅站请点作业的销点程序

对于 A1 类及 A2 类、A3 类涉及邻线（其他地铁线路）的作业，施工负责人在施工区域出清完毕后，报车站或车辆段，由车站或车辆段向行车调度员销点；对于其他 A 类作业，施工负责人在施工区域出清完毕后，报车站或车辆段销点。若施工涉及邻线，作业计划所在线路的行车调度员在批准施工销点时，必须向作业计划涉及的另一线路的行车调度员销点。

2. 既有主站又有辅站请点的

辅站施工责任人负责本段线路出清并报施工负责人后，在辅站销点；辅站值班员向主站值班员销点；施工负责人负责该项作业区域全部出清后，方可报主站销点，对于 A1 类及 A2 类、A3 类涉及邻线（其他地铁线路）的作业，主站向行车调度员销点。

3. 异地销点

需异地销点的施工作业，施工负责人或施工责任人应在请点时注明异地销点的地点、人数。登记进入施工的车站要及时通知异地销点的车站。

（1）只有主站无辅站请点，需异地销点的

作业结束后，施工负责人向销点站登记销点。销点站与施工负责人核对销点的施工内容、施工人数、地点全部无误后，记录施工负责人有效证件、姓名、作业令号码、作业人数

等，并向请点站核对无误后，准予销点。如果是A1类及A2类、A3类涉及邻线（其他地铁线路）的作业，销点站负责向行车调度员报告销点。

具体填写如图6–1所示。

2019年6月7日　　　　0：00（指登记时的时间）　　　李×（137××××××××）

<table>
<tr><td rowspan="6">请点登记栏</td><td>作业项目</td><td colspan="2">线路综合保养</td><td>作业区域</td><td colspan="2">A—B下行</td></tr>
<tr><td>作业令号码</td><td>3A2–6–7</td><td>作业单位</td><td colspan="2">工建四分部</td><td>共4人进场</td></tr>
<tr><td>施工负责人</td><td>李×</td><td>证件号码</td><td>××××××××××</td><td>计划作业时间</td><td>0时30分至4时00分</td></tr>
<tr><td>安全措施</td><td colspan="5">穿荧光衣：李×（防护措施要求施工负责人签名确认，如不肯签名，则车站知会施工人员后在此注明：已知会施工人员）
配合人员：机电××分部：何××（137××××××××）
（外单位施工时，主站、辅站都要配备运营总部配合人员，需要求配合人员签名并留下联系电话）</td></tr>
<tr><td colspan="3">辅站</td><td colspan="3">主站</td></tr>
<tr><td colspan="3">接____站值班员通知，本项作业已获行车调度员____批准，于___时___分至___时___分在所申报作业区域进行，施工承认号码____

车站值班员签署：

施工责任人签署：</td><td colspan="3">本项作业已由本站报OCC行车调度员备案，并获行车调度员T046批准，于0时30分至4时00分在所申报作业区域内进行，施工承认号码01，并已知会辅站B站
车站值班员签署：张×
施工责任人签署：李×、何××（外单位作业须配合人员签名）</td></tr>
<tr><td rowspan="3">销点登记栏</td><td colspan="3">辅站</td><td colspan="3">主站</td></tr>
<tr><td colspan="3" rowspan="2">本作业点的作业已结束，并于___时___分出清作业区域（本作业点所有有关人员已撤离，有关设备已恢复正常，工器具、物料已撤走）

车站值班员签署：

施工责任人签署：</td><td colspan="3">本项作业已结束，并于___时___分出清作业区域（所有本项作业各作业点有关人员已撤离，有关设备已恢复正常，工器具、物料已撤走）
施工人负责人签署：</td></tr>
<tr><td colspan="3">接施工负责人\B站值班员通知本项作业已结束并出清作业区域，由本人于3时36分报告行车调度员T046销点

车站值班员签署：张×</td></tr>
<tr><td>备注</td><td colspan="6">该施工本站请点，B站销点，本站进4人，B站出4人（该条目施工开始前与施工负责人确认清楚）
0：30　本站值班站长陈×在下行尾端设好防护，告知B站王×施工已请点请设置防护，本施工A站进4人，B站出4人，B站销点（陈×）
0：32　B站王×告知防护已设
0：33　值班站长陈×护送施工人员4人到下行线尾端墙进入作业区域，施工开始（陈×）
3：32　B站王×通知出清4人，施工结束，要求撤除防护
3：34　本站值班站长陈×撤除下行尾端防护（陈×）
3：35　通知B站王×防护已撤
3：36　B站王×通知本施工已销点</td></tr>
</table>

图6–1　书面施工登记样板

（2）既有主站又有辅站请点，需异地销点的

作业结束后，施工责任人负责本段线路出清并报施工负责人，在辅站（或辅站对应的异地销点车站）销点，辅站（或辅站对应的异地销点车站）向在主站登记的销点站销点。施工负责人负责待该项作业区域全部出清后统一向在主站登记的销点站登记销点，销点站与施工负责人核对销点的施工内容、施工人数、地点全部无误后，记录施工负责人有效证件、姓名、作业令号码、作业人数等，并向请点站核对无误后，准予销点。如果是A1类及A2类、A3类涉及邻线（其他地铁线路）的作业，销点站负责向行车调度员报告销点。

知识窗

施工登记表的填写

1. 施工系统请点

施工负责人/施工责任人提前30 min到站进行请点。施工负责人到达车站登记请点时，行车值班员审核相关证件后代其填写相关内容，填写完毕，施工负责人和配合人输入其账号和密码进行确认。遇作业有多个配合部门配合时，主配合部门的相关信息填写在“车站/车辆段填写”栏，其他非主配合部门信息填写在“配合部门及内容”栏。车站人员确认计划单内容与施工负责人的作业令内容一致，确认“作业区域”和“供电区域”栏的内容与作业令一致。填写“车站/车辆段填写”部分。灰色部分为系统自动生成内容，白色空格为需填写内容。辅站请销点时，必须向主站汇报进出作业人数及销点情况，由主站将进出作业人数、销点情况记录在“防护设置及撤除时间记录”栏。车站在提交A1类、A2类、A3类请点时，必须操作冲突检测，原则上冲突的作业不能继续提交，特殊情况需要提交时，必须通过调度电话告知行车调度员，并在提交时的备忘录内说明该作业有冲突。

施工申请销点时，施工负责人以及配合外单位的配合人员在签名时，必须填写线路出清情况，线路巡道作业必须填写“线路设备正常，可以行车”。车站必须确认请点签名人与销点签名人一致才能申请销点。车站提交销点时，必须在备忘录内注明“线路出清”。车站每次完成一个作业的请点或销点后（指请点或销点流程结束后），必须将外挂报表中的实时请销点列表保存到车站/车辆段计算机的固定文件夹，并按规定填写“防护放置及撤除时间记录”栏。相关人员下班前必须检查当日需要处理的任务是否已经处理完毕。

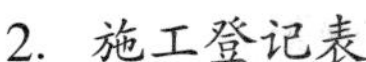

2. 施工登记表

当施工系统不能正常使用或施工系统未投入使用的时候，应使用书面登记请销点。除请点站和销点站必须在施工登记表中进行登记外，有施工人员进出线路的车站也必须进行相应的登记。作业区域内的其他车站也应在施工请销点控制表中进行相应的记录，包括作业项目、作业区域、作业令号码、计划作业时间和请销点情况等。施工负责人 / 施工责任人提前 30 min 填写施工登记表“请点登记栏”内“安全措施”栏目及其以上的内容，并在表头签名，登记到达车站时间、施工负责人证件号码等。

施工人员完成登记，车站确认满足施工条件后向行车调度员请点。当施工条件达到后车站通知施工人员，请点生效。施工结束，施工负责人 / 施工责任人确认线路出清，到销点站登记销点并在施工登记表上签名，车站确认（A1 类作业还要确认防护已撤除）后向行车调度员销点。

3. 当班情况登记簿

对所有的 C2 类施工，车站必须在当班情况登记簿的“站内施工登记”栏内或施工请销点控制表上登记，并由车站人员负责在施工管理系统中录入相关内容，施工负责人确认签名。运营总部内部的 C2 类施工由施工负责人凭施工负责人安全合格证直接到车站车控室提出申请并登记。外单位的 C2 类施工由外单位施工负责人员凭施工负责人安全合格证、外单位施工作业许可单和临时出入证到车站车控室办理施工申请，如需相关专业部门配合的，由指定的施工主配合部门安排人员现场配合。当班情况登记簿上的“站内施工登记”栏由行车值班员负责填写，并由施工负责人签字确认。C1 类施工由施工负责人或责任人凭相关证件及施工进场作业令到车站车控室办理施工申请并登记。

四、运营期间的抢修程序

1. 运营期间正线、辅助线需封锁区间抢修的程序

（1）由行车调度员负责组织故障情况下的行车，根据值班主任助理要求组织处理相关问题。

（2）行车调度员向有关站发布封锁线路的命令。

（3）行车调度员根据需要通知电力调度员停电。

（4）值班主任助理得到行车调度员的封锁命令号码、范围和时间后，负责组织封锁区

间内的设备抢修工作，并指定一名施工负责人在现场指挥。

（5）抢修完毕，现场指挥确认线路出清后报值班主任助理，值班主任助理在值班主任事故 / 事件处理记录表上签字确认恢复行车时间，该封锁区间交回行车调度员解封，组织列车运行。

2. 运营时间正线、辅助线发生各类设备故障需短时间进行临时抢修的规定

进入隧道前，必须先到车控室办理有关手续，在得到行车调度员批准并落实安全防护措施后方可进入。

（1）进入站台或靠近站台的第一个轨道电路区段线路的施工安全措施

施工负责人按规定放置红闪灯进行防护。值班站长 / 值班员在 LCP 上使用紧急停车按钮对相关轨道区段进行施工防护，并通知站台站务员。站台站务员要监督抢修人员进入正确的区域，并报告值班站长 / 值班员。行车调度员把列车扣停在前方站。人员进入轨道时，应通过站台端墙的上下轨道楼梯进出。站台岗人员要确认施工作业人员进入的作业区域是否正确。

（2）运营时间到区间隧道抢修行车设备的规定

必须搭乘客车到区间隧道抢修行车设备时，经值班主任批准，由值班主任助理组织抢修人员在车站等候，按行车调度员指定的车次上车（行车调度员通知所有列车司机和相关车站）。抢修人员登乘司机室，通知司机在故障点前停车，从司机室门下车进入疏散平台，尽快进入水泵房等安全地带后，用手信号灯白色灯光作圆形转动（表示已到安全地点），通知司机继续运行。进入司机室的抢修人员不得影响司机的工作，并以 2 人为限，如果超过 2 人时，其余人员到客室乘车，下车时通过司机室门进入疏散平台。未经行车调度员同意，抢修人员只能在设备抢修现场作业，严禁侵入行车限界，影响行车及人身安全。必须从区间内返回车站时，抢修人员应使用无线电话向值班主任助理申请，值班主任助理与行车调度员协商后，分别通知抢修人员和列车司机，抢修人员使用手信号红色灯光给停车信号，指示司机停车，司机打开驾驶室车门让抢修人员上车。

思考与练习

1. 简述 A 类施工的分类及定义。
2. 简述 B 类施工的分类及定义。
3. 简述 C 类施工的分类及定义。

第七章 行 车 调 度

学习目标：

◆ 能够描述行车组织指挥体系和行车调度系统。

◆ 能够列举行车调度相关岗位及职责，认识相关设备。

◆ 能够列举常用列车运行调整方法，说明其适用情形。

◆ 能够针对一个具体的任务编制和下达调度命令，针对给定条件运用一种或多种列车运行调整方法。

运营控制中心（OCC）采用一线一中心的管理模式，对城市轨道交通全线列车运行、电力供应、车站设备运行、防灾报警、环境监控、票务管理及乘客服务等进行调度、指挥和监控，可控制多条城市轨道交通线路。

列车在城市轨道交通车辆段、正线有目的地移动运行，当紧急情况发生时，行车调度员需要及时介入，并按照特定的要求和步骤指挥行车，在保证行车安全的前提下，将影响降至最低。

第一节 行车调度工作概述

行车调度是城市轨道交通运输组织的指挥中枢，分别代表各级领导组织指挥日常运输工作。行车组织指挥体系包括城市轨道交通运营调度组织架构和行车调度系统。行车调度相关岗位包括行车调度员、车辆段调度员（车场调度员）、车辆段值班员（信号楼值班员）和行车值班员。行车调度设备包括运营控制中心行车调度相关设备、车辆基地行车调度相关设备和车站行车调度相关设备。行车调度组织方式包括人工调度指挥系统、调度集中指挥系统和行车指挥自动化控制系统。

一、行车组织指挥体系

1. 城市轨道交通运营调度组织架构

运营调度是城市轨道交通系统的核心组成部分，其职能包括对整个运营网络内所有列车的运行进行计划、监控和调整，组织列车或车列在车辆段运行，以及组织正线的施工检修作业等，其基本工作内容包括编制列车运行图、组织列车运行和应对突发事件。

目前，大城市的轨道交通调度控制中心一般分为中央运营协调与应急指挥中心（COCC）和运营控制中心（OCC）两个层次，如图 7–1 所示。

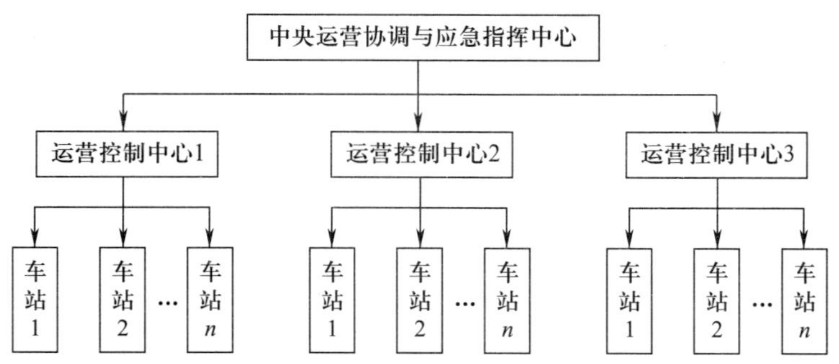

图 7–1　城市轨道交通控制中心层次

（1）中央运营协调与应急指挥中心（COCC）

随着城市中轨道交通线路的增加，单一设置线路运营控制中心（OCC）将导致各条线路之间的信息传递不畅，单条线路采取的调度措施往往不适应整个轨道交通网络客流需求。因此，集成多条线路对整个运营网络进行协调控制成为必然，中央运营协调与应急指挥中心（COCC）应运而生。

中央运营协调与应急指挥中心（COCC）的具体职能如下：负责协调整个运营网络中的各条线路运营控制中心和相关部门，对路网运营状态和设备运行情况进行实时监控；在发生突发事件时，根据影响程度及时发布预警指令，控制影响范围，降低不利影响，根据企业规定做好内外部信息的传递工作；特别是发生影响两条及以上线路的紧急情况时，实现运营资源的统筹、协调和联动，提升应急突发事件的处置能力。其基本任务包括：

1）管辖范围为试运营及运营载客的线路、车站、出入口、通道、停车场、车辆段等的列车服务、客流变化、设施设备运转状态的处置与协调。

2）实时监督日常行车组织、客运组织、设备状态等各类生产活动。

3）协调企业内部各单位和部门之间、各运营线路之间的日常运营生产。

4）实时诱导路网客流。

5）收集反映路网运营生产情况的基础数据，汇总每日路网运营生产情况。

6）对外发布运营实时信息。

7）指挥并协调社会影响较大的突发事件。

（2）运营控制中心（OCC）

运营控制中心是城市轨道交通系统的运营生产指挥部门，负责所管辖线路的运营调度

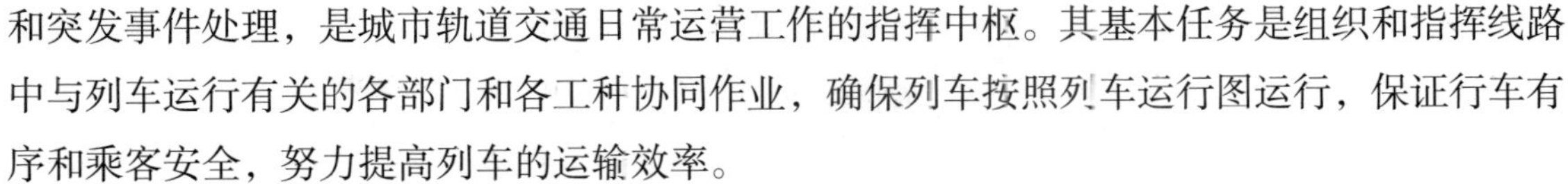
和突发事件处理，是城市轨道交通日常运营工作的指挥中枢。其基本任务是组织和指挥线路中与列车运行有关的各部门和各工种协同作业，确保列车按照列车运行图运行，保证行车有序和乘客安全，努力提高列车的运输效率。

运营控制中心实行分工管理原则，按照业务性质不同，可设置不同的调度工种。各个城市轨道交通调度生产组织机构不尽相同，通常设置行车调度、电力调度、环控调度和客运调度等调度工种，也有些城市将行车调度和客运调度合并为运营调度，电力调度和环控调度合并为设备调度。某些城市的运营控制中心还设置车辆检修岗位和列车指导司机岗位，能够在应对列车故障时，给予运营调度员一定的支持。

运营调度中心经理全面负责运营线路的调度管理工作，运营主管负责运营调度行车业务方案的制定及实施、突发事件分析、运营统计、周报及月报的编制，设备主管负责线路的施工作业管理、安全生产管理和电力、环控等专业领域内的技术指导。其中，运营调度工作是城市轨道交通系统的核心。

2. 行车调度系统

城市轨道交通系统是一个复杂的、技术密集型的公共交通系统，线路的行车指挥调度工作由运营控制中心实施，贯彻高度集中、统一指挥、逐级负责的原则，各单位、各部门必须紧密配合，协调动作。下面以一条线路为例，介绍行车指挥工作的基本要求、系统组成、基本任务和基本原则。

（1）行车指挥工作的基本要求

1）各行车岗位具备足够数量的符合资格要求的人员。

2）制定符合现实条件的行车组织办法及安全保障制度。

3）正线（含辅助线）及车辆段线路实现联锁功能，特殊情况下，如果联锁功能未实现，应采取足够的安全措施。

4）具备无线调度通信系统，能实现运营控制中心与在线列车的实时对讲。

5）站间行车电话及专用调度电话系统开通使用，实现运营控制中心和车辆段、车站之间的实时对讲，以及各相邻车站间的实时对讲。

6）正线（含辅助线）及车辆段线路验收合格并交付使用。

7）正线（含辅助线）及车辆段接触网供电交付使用，已具备牵引变电所就地控制功能。

（2）行车指挥系统组成

运营控制中心、车站和车辆段是行车指挥系统的三大组成部分，具体一条线路的行车指挥执行层次如图 7-2 所示。

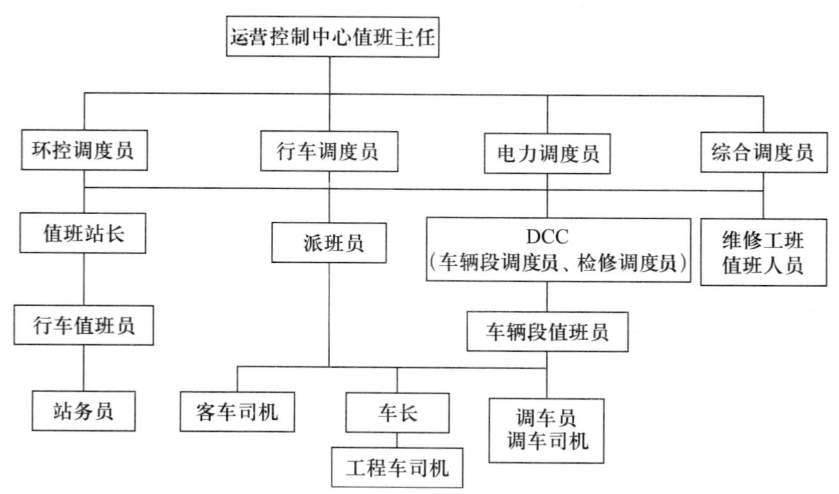

图 7–2　行车指挥执行层次示意图

运营指挥分为一级、二级两个指挥层级，二级服从一级指挥。一级指挥为行车调度员、电力调度员、环控调度员和综合调度员等。二级指挥为值班站长、车辆段调度员、行车值班员和车辆段值班员（某些运营企业也称信号楼值班员）等。各级指挥要根据各自职责任务独立开展工作，并服从运营控制中心值班主任总体协调和指挥。

1）运营控制中心。运营控制中心是城市轨道交通系统一条线路运行的神经中枢，是一级调度机构，具有集中化、自动化和模式化等特点，它是线路运营日常管理、设备维修、行车组织的指挥中心。运营控制中心是运营信息收发中心，所有与行车有关的信息必须通过它集散。当发生突发事件时，运营控制中心代表运营单位对外协调。

运营控制中心各调度员由值班主任统一指挥。在处理各类突发事件、事故时，各调度员有责任向值班主任提供本岗位的处理方案，并及时报告相关信息。城市轨道交通的行车工作由行车调度员统一指挥，供电设备运作由电力调度员统一指挥，环控和防灾报警设备由环控调度员统一指挥，客流监控和信息收发由值班主任助理统一指挥。综合调度员主要负责管理范围内的故障（事故）信息接收、传递、反馈和处理等组织、协调及统计分析工作。

2）车站控制室。车站控制室为二级调度机构。车站行车组织工作由车站当班值班站长统一负责，行车值班员协助。值班站长必须服从行车调度员的统一指挥，执行行车调度员命令。正线发生行车设备故障时，车站值班站长或行车值班员应及时报告行车调度员，由行车调度员通知各相关专业调度 / 值班人员组织抢修。

有些车站根据业务需要，还设置了专职信号设备监控员和信号设备操作员，负责监控操作车站信号设备的运行。

3）车辆段信号控制室。车辆段信号控制室为二级调度机构，服从运营控制中心的统一指挥。车辆段信号控制室与出入段线连接的车站共同组织与监控列车进出车辆段。车辆段信

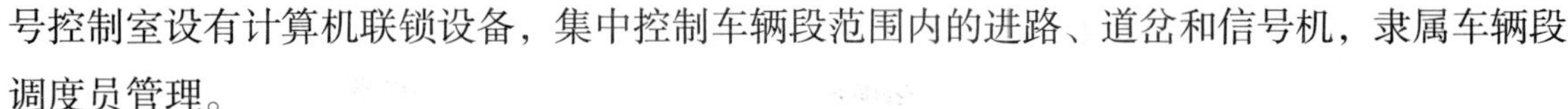

号控制室设有计算机联锁设备，集中控制车辆段范围内的进路、道岔和信号机，隶属车辆段调度员管理。

客车上的员工由司机负责指挥，工程列车上的员工由车长负责指挥。

（3）行车指挥工作的基本任务

1）组织、指挥各部门、各工种严格按照列车运行图进行各自工作。

2）监控列车运行，确保运行顺畅。

3）科学、合理地组织客流，经济、合理地使用车辆及其他运输设备。

4）及时、准确地处理行车过程中出现的异常情况、避免发生行车事故。

5）如果发生行车事故，除按规定程序上报，还要采取措施及时、有效地进行处理，防止事故升级。

（4）行车指挥工作的组织原则

1）运营时刻表（列车运行图）是行车组织工作的基础，凡与列车运行有关的各部门都必须根据运营时刻表的规定组织本部门的工作。

2）随着城市轨道交通线路的逐步建设，不同时段其设备（主要是信号设备）条件不同，提供的行车能力也不同。因此，行车调度工作需结合不同时段能提供的载客列车数和预测客流，通过计算确定最合适的行车间隔，编制相应的运营时刻表。

3）城市轨道交通每条运营线路均采用双线单方向的运行方式，运营客车在两端终点站之间循环运行，特殊情况时可以采用全部或分段单线双方向运行，但运行距离不可过长。

4）进入正线运行的所有列车、动车必须赋予车次。

5）客车在运行中，司机应在前端驾驶，一般客车正线最高运行速度为 90 km/h。后端驾驶室推进时最高速度为 10 km/h，推进运行时前端驾驶室要有司机或列车引导员（有特殊规定的除外）监控客车运行。工程车正线最高运行速度为牵引时 45 km/h，推进时 35 km/h。

6）行车时间以北京时间为准，从零时起计算，实行 24 h 制。行车日期划分以零时为界，零时以前办妥的行车手续，零时以后仍视为有效。

7）调度电话、无线调度电话用于行车工作联系，必须使用标准用语。

8）行车有关人员必须服从行车调度员的指挥，执行行车调度员命令，行车调度员应严格按运营时刻表指挥行车。指挥列车运行的命令和口头指示只能由行车调度员发布。

二、行车调度相关岗位职责

行车调度直接相关岗位包括运营控制中心的行车调度员、车辆段的车辆段调度员（车场调度员）和车辆段值班员（信号楼值班员），以及车站的行车值班员、信号设备监控员和信号设备操作员等。

1. 行车调度员岗位职责

（1）组织各部门、各工种严格按照列车运行图工作。

（2）监控列车到达、出发及途中运行情况，确保列车运行秩序正常。

（3）随时掌握客流情况，必要时调整列车运行方案。

（4）检查各行车部门执行列车运行图的情况。

（5）当列车运行秩序不正常时，及时采取措施，尽快恢复正常运行秩序。

（6）及时、准确地处理行车异常情况，防止发生行车事故。

（7）当发生行车事故时，按规定程序及时向上级主管部门汇报，并采取措施防止事故扩大，积极参与组织救援工作。

（8）收集、填写线路运营工作有关数据指标，做好原始记录。

（9）服从值班主任的指挥，与电力调度员、环控调度员和维修调度员等配合，共同完成行车和施工组织工作。

2. 车辆段调度员岗位职责

（1）组织和指挥车辆段内行车运营秩序，指挥和处理车辆段内发生的突发事件，指挥车辆段内电客车、工程车的调车作业。

（2）按照列车运行图、轨行区施工及行车计划通告、车辆检修需求，制订收车计划和发车计划，合理安排列车出入车辆段。

（3）掌握车辆段内列车和车辆的停留状况，根据工作需求，及时编制下达调车作业单，监督检查调车计划的实施。

（4）安排车辆段范围所有计划内和临时性的施工作业。

（5）指挥车辆段值班员合理安排车辆段内行车作业，布置并监控车辆段值班员的工作。

（6）组织试车线和车辆段线路上的调试工作。

（7）指挥工程车司机、电客车司机配合各施工部门工作。

3. 车辆段值班员岗位职责

（1）在车辆段调度员的指挥下，负责列车和车辆出入车辆段进路和调车进路排列。

（2）通过无线调度台向电客车司机、工程车司机、施工负责人下达命令和通知。

（3）监控电客车、工程车在试车线上的调试和试验工作。

（4）监视信号显示和列车出入车辆段运行状况，发现异常时向车辆段调度员报告，并做好记录。

（5）严格按计划收发列车，与行车调度员沟通、确认列车出入车辆段安排，及时向车辆段调度员报告收发列车情况。

4. 行车值班员岗位职责

（1）在值班站长的领导下，负责车站行车组织工作，按有关规定操作和监控行车设备。

（2）负责值守车站控制室，监控车站控制室内各项设备、设施状态，发现故障或异常情况及时按有关程序处理。

（3）负责运营生产信息的上传下达，及时处理外部信息和报出本站信息。

（4）操作、监控信号设备运行（针对未设置专职信号设备操作员、监控员的车站）。

（5）信号设备停用时负责办理人工组织行车手续。

三、行车调度设备

1. 运营控制中心行车调度相关设备

（1）综合显示屏

城市轨道交通线路运营控制中心一般装有行车、供电、环控中央监控终端设备，各模拟屏能够显示现场（车站、车辆段）设备的使用和占用情况，包括列车运行状态、供电系统情况和车站环控设备工作情况。

综合显示屏主要显示有关行车的信息，包括轨道电路、线路、信号平面布置，各站及区间线路布置，以及列车车次和运行状态。

（2）中央级 ATS 工作站

在运营控制中心内，综合显示屏可供所有人员监察，各类工作台的设备按各种专业功能不同而分别设置。运营控制中心的工作台分别设置了列车自动控制系统、自动售检票终端监控系统、通信系统、电力监控、防灾报警等操作设备，供有关人员操控、监察日常客运作业及处理故障和事故使用。

行车调度员配备若干监视终端和一个操作盘，通过监视器可以监视各车站的情况，可对各车站的站台、站厅进行图像监视，并可对监视图像进行切换，同时也可使用移动摄像机进行监控，并对监视对象进行录像。

两名行车调度员各配备一台功能相同的中央级 ATS 工作站，每台 ATS 工作站配备三台显示器，实现对正线全线列车的监视和控制。当中央级 ATS 工作站失效时，由行车调度员授权车站行车值班员在车站级 ATS 工作站上排列行车进路，组织列车运行。当中央级 ATS 工作站恢复后，行车调度员收回 ATS 控制权。

（3）通信设备

运营控制中心的通信设备主要有调度电话、无线调度电话、中央广播设备等。

1）调度电话。调度电话是为列车运行、电力供应、维修施工、发布命令等提供指挥手段的专用通信工具，包括调度直通电话、公务电话等。控制中心设置有防灾调度、行车调度及电力调度直通电话。调度直通电话具有单呼、组呼、全呼、紧急呼叫和录音等功能。各工作台设置有数字话机（ISDN），可实现与其他部门的通信，并具有会议电话和来电显示、呼叫转移等业务功能。

2）无线调度电话。无线调度电话包括无线调度台和手持台。值班调度主管工作台及行车调度员工作台均必须设置无线调度台（互为备用），用于与列车司机、车站或车辆段工作人员进行无线通信。该设备具有组呼、紧急呼叫、私密呼叫及对列车进行广播等功能。运营控制中心配备多部手持台作为无线调度台故障时的备用设备，分为车站台、维修台与电力调度台等，日常交接班时必须保持手持台处于良好状态。

3）中央广播设备。值班调度主管、行车调度员及电力调度员工作台分别设置广播控制台，可对各车站、车辆段等相关单位进行广播，具有人工和自动广播两种模式，并可在指定区域进行广播。

2. 车辆段行车调度相关设备

（1）信号联锁设备

1）车辆段 ATS 工作站。车辆段调度员配备一台车辆段 ATS 工作站，实现对车辆段内全部列车的监视和控制。

2）计算机联锁系统。计算机联锁系统可保证道岔、轨道区段、ATP 信号间的联锁关系正确，完成车辆段管辖范围内所有线路、道岔的进路排列功能。

3）应急台。应急台是一种应急状态下的备用控制方式，当联锁系统故障后投入使用，可以单独操作道岔，操作道岔后，需要人工确认道岔位置。

（2）通信设备

1）有线调度电话。车辆段调度员、车辆段值班员配备有线调度电话，实现相互间及与行车调度员、派班员等岗位进行通话的功能。

2）无线手持台。车辆段调度员、车辆段值班员配备无线手持台，无线手持台具备强大的呼叫功能，实现相互间及与行车调度员、电客车司机、工程车司机、车辆段内施工负责人等的组呼、选呼、紧急呼叫等功能。

3. 车站行车调度相关设备

（1）车站级 ATS 工作站

联锁站的车站级 ATS 工作站能对本联锁区内的车站线路、道岔、信号机及列车状态进行监控。当中央级 ATS 工作站失效时，由行车调度员授权车站行车值班员在车站级 ATS 工作站上排列行车进路，组织列车运行。

（2）本地控制工作站（LOW）

当中央级及车站级 ATS 工作站失效时，由行车调度员授权车站行车值班员在本地控制工作站（LOW）上排列行车进路，组织列车运行。

（3）计轴复位盘

当联锁区内线路上某段计轴出现故障需要复位时，由行车调度员授权车站行车值班员在计轴复位盘上按下某段计轴的复位按钮进行复位。

（4）LCP 控制盘

车站控制室设有 LCP 控制盘，盘面上的上、下行线路分别有紧急关闭、紧急关闭恢复扣车、取消扣车、提前发车按钮和紧急关闭、扣车、提前发车指示灯，以及控制转换开关、报警切除按钮和表示灯测试按钮。当 ATP 系统正常运作时，站务人员根据行车工作需要按压各按钮。

（5）IBP 盘

车站综合后备盘（IBP 盘）在紧急情况下能实现整列站台门开关操作，且每列站台各有一个 IBP 开关。IBP 开关是所有站台门系统控制级别中的最高级，当站台门在 IBP 盘上控制时，任何其他级别都无法控制站台门系统的操作。

（6）视频监控系统

视频监控系统（CCTV）可提供车站各位置实时监控画面，一般安装在车站控制室。

（7）车站有线调度电话

车站控制室配备有线调度电话，实现与行车调度员、相邻车站等进行通话的功能。

（8）车站广播

车站控制室配备车站广播系统，具备对车站进行广播的功能。

四、行车调度组织方式

由于城市轨道交通运行控制设备正逐步向自动化、远程化、计算机化发展，行车调度工作也逐步由人工调度指挥系统向调度集中指挥系统和行车指挥自动化控制系统发展。

1. 人工调度指挥系统

人工调度指挥系统由运营控制中心的调度监督设备、显示盘、闭塞设备、车站终端和数据传输设备，以及联锁设备等组成。人工调度指挥系统只起监督作用，不具备直接控制功能，主要由行车调度员通过调度电话向行车值班员直接发布指令，由行车值班员排列接发列车进路，行车调度员通过与行车值班员联系，掌握列车到达、出发信息，下达列车运行调整的调度命令。行车调度员通过无线调度电话呼叫列车司机，发布调度指令，指挥列车运行。列车运行图由行车调度员手工绘制。这种方式通常在线路开通初期、设施设备尚未到位等特殊情况下才会采用。

2. 调度集中指挥系统

调度集中指挥系统由运营控制中心的调度集中总机、进路控制终端、显示盘、列车运行记录仪、闭塞设备、调度集中分机、数据传输设备和联锁设备等组成。由行车调度员人工排列列车进路，组织指挥列车运行。

控制中心行车调度员利用集中设备，对车站上列车的到、发、通过、折返等作业进行远程控制和调整。行车调度员是唯一的行车指挥者和操作者，车站一般不参与行车指挥工作，只是对有关作业进行监督。必要时，由调度集中控制改为车站控制，即行车调度员将列车运行进路排列权限下放给车站，由车站值班员操作。

3. 行车指挥自动化控制系统

行车指挥自动化控制系统是目前城市轨道交通采用的主要列车运行方式。它利用计算机技术对列车实行自动指挥和自动运行监护，并利用 ATP 系统保护列车运行安全。在正常情况下，系统能够根据列车运行图自动排列车站的接发车进路。列车运行一般采用 ATO 系统模式，必要时转换人工控制，列车占用区间的凭证为列车收到的速度码。ATP 系统为列车运行安全提供保证，使前后列车保持必要的间隔。

第二节　行车调度工作方法

行车调度工作复杂而有规律，要进行行车调度工作，首先要掌握行车调度工作的方法。列车运行调整方法包括提前或推迟发车、缩短区间运行时间、缩短停站时间、组织列车载客通过、加开备用车、变更列车运行交路、组织列车反方向运行、扣车、调整列车运行时间间隔、组织旅客换线乘车和停运列车等。调度命令分为口头命令和书面命令。行车调度工作主要考核列车运行图兑现率、列车正点率、平均满载率、清客统计、载客通过和责任事故率等指标。

一、列车运行调整原则和方式

1. 列车运行调整原则

（1）按图行车，提高列车正点率原则

列车正点率是衡量城市轨道交通运行质量的重要指标，是运输管理水平的综合体现。在列车运行调整中，要加强调度指挥水平，严格按图行车，提高列车正点率，确保列车正点运行。

（2）单一指挥原则

行车调度员要努力提高调度指挥的科学性，在列车运行调整的过程中，与行车有关的各部门工作人员必须服从行车调度员的集中统一指挥，各级领导和主管领导对列车运行的指示要通过所在线路的行车调度员传达和实现，坚决杜绝令出多口的多头指挥，维护调度命令的唯一性和权威性。

（3）下级调度服从上级调度指挥原则

在列车运行调整中，必须严肃调度纪律，下级调度必须服从上级调度的指挥，行车调度员必须听从值班主任的指挥，行车值班员必须听从行车调度员的指挥。

（4）安全生产原则

调度指挥必须坚持安全生产，正确、及时地指挥列车运行。杜绝因调度指挥不当造成事故隐患，当出现危害行车安全的情况时，要正确、及时、妥善地处理，提高应变能力。行车调度员必须正确、及时、清晰地发布调度命令，以保证列车安全为重点，组织列车安全运行。

（5）按列车运行状态及等级进行调整原则

行车调度员在进行列车运行调整时，对处于正常状态下运行的各次列车，应按列车运行图正常办理；对不能按列车运行图运行的列车，应及时做出调整，尽快恢复其正点运行。在调控优先权方面，晚点列车应服从正点列车，一般列车应服从重点列车。列车等级顺序排列为专运列车、旅客列车、调试列车、回空列车、其他列车，在抢险救灾的情况下，救援列车具有优先权。

2. 列车运行调整方式

列车运行调整方式分为自动列车运行调整和人工列车运行调整。

（1）自动列车运行调整

在执行自动列车运行调整时，ATS系统不断地将计划时刻表与列车实际所在位置及时间进行比较，在比较的同时，系统将在预定数值的基础上自动生成列车的出发时间。同时，系统能计算出每列列车在每个车站的停站时间和与每个区间的运行时间与列车时刻表的偏差，常态下列车相关的运行将消除任何时间偏差。

当列车运行偏离运行图的时间超过定义值时，系统可自动采用调整策略，最大限度地减少这种偏差对后续列车运行的影响。由于车辆性能、线路条件和停站时间等约束，当这种误差较大时，往往不可能一次调整到位，系统可采取弹性的调整策略，通过改变前后多辆列车的运行状态，逐步消除当前列车的运行偏差对系统总体的影响。

（2）人工列车运行调整

若列车实际运行偏离时间超过自动列车运行调整的能力，或者列车运行秩序较紊乱时，控制中心ATS系统可执行人工干预功能，由行车调度员进行人工列车运行调整。

二、列车运行调整方法

1. 提前或推迟发车

行车调度员根据情况可通过调度命令通知司机在始发站提前或推迟出发，也可以通过系统设备操作实现，如进行扣车或在系统设备中修正列车运行时间。

2. 缩短区间运行时间

行车调度员可以根据列车的技术状态、司机操作水平和线路允许速度改变列车运行等级，组织列车提高速度，压缩区间运行时间，恢复列车正点运行。

3. 缩短停站时间

行车调度员可以指挥司机和车站行车值班员，组织列车在车站快速作业，旅客快上快下，缩短在车站停留时间。

4. 组织列车载客通过

组织列车载客通过又称为列车跳停，一般情况下不采取此措施。只有当某一列车因故晚点，后行列车大量拥堵，且在短时间内无法恢复，造成运行秩序紊乱，系统无法及时调整时，行车调度员可以适当地安排该列车不停车通过某些车站，缩短该列车运行时间，减少对后续列车的影响，恢复列车的正常运营秩序。

5. 加开备用车

当出现列车晚点、客流异常、列车故障、开行专列等情况时，可以使用加开备用车的方法进行调整。备用车可以从自备车停车线或车库进入正线投入运营，从而提高运能，解决运输瓶颈。该方法可以有效地解决短时运力紧张的问题。

6. 变更列车运行交路

当有些故障持续时间比较长，有可能造成线路堵塞时，在列车自动控制系统功能良好区段运行的列车可采取分段小交路运行，在具备条件的中间站折返。

7. 组织列车反方向运行

一般情况下，城市轨道交通线路均为双线设置，上下行列车各自运行，互不影响。列车反方向运行主要适用于特殊情况下的列车运行调整及救援列车的开行。通常列车反方向运行都没有 ATP 保护，因此只有在满足一些必要条件后，行车调度员才可以考虑使用这一调整措施。

8. 扣车

当一条线路的列车由于车辆及其他设备故障或某种原因不能正常运行，造成换乘站站台上乘客拥挤时，行车调度员应采取扣车措施，即将另一条线路的上下行列车扣在换乘站附近的各个车站，缓解换乘站的压力。扣车时间一般应控制在 10 min 内，如果堵塞线路的列车在短时间内不能恢复正常运行，可组织扣下的列车在换乘站通过。同时，行车调度员应发布畅通线路各站停售跨线票的命令。另外，行车调度员可视情况将第二列车后面的各列车扣在车站。

9. 调整列车运行时间间隔

当换乘站由于客流骤增造成作业困难时，行车调度员可根据列车的运行情况，适当调整列车运行时间间隔，尽量避免各线列车同时到达换乘站。

10. 组织旅客换线乘车

在环形线情况下，当一条线路运行秩序紊乱时，要尽力维持另一条线路列车的正常运行，并通知各站组织乘客乘坐畅通线路方向的列车。

11. 停运列车

由于故障区段列车运行速度低、办理作业时间长，而 ATC 正常区段列车运行速度高、行车作业时间短，势必造成列车堵塞的情况。行车调度员可以通过减少线上列车数量（即抽线）的方法实现均衡运输，这样既便于调度指挥，又方便客流组织。

行车调度员对列车运行调整方法的选择，取决于列车运行的具体情况，在实际工作中，往往又可以综合几种方法加以运用。

三、调度命令

1. 调度命令使用条件

各个地区由于运营体系不同，对口头命令和书面命令的使用条件要求不完全一致，下面以某城市轨道交通企业为例，说明两种调度命令的使用范围。在实际调度工作中，可先发布口头命令，事后补发书面命令。

（1）发布口头命令的常用范围

1）临时加开或停开列车（包括客车、工程车及救援列车）时。

2）客车推进运行、退行，以及工程车退行时。

3）停站客车临时变通过时。

4）改变列车驾驶模式时。

（2）发布书面命令的常用范围

1）发布线路限速或取消限速时。

2）封锁、开通线路时。

3）行车调度员认为有必要记录的命令。

2. 调度命令分类及格式

调度命令是指行车调度员在调度指挥过程中对行车有关人员发出的要求，并强制其配合完成的指令。调度命令样式见表 7–1。

表 7–1　　调度命令样式

受令处所		命令号码	行车调度员姓名
命令内容			

注：规格 110 mm × 150 mm　　行车专用章＿＿＿＿＿　　行车值班员＿＿＿＿＿

调度命令有口头命令和书面命令两种。口头命令与书面命令虽然形式不同，但具有同样的效力，均须做到规范发令、严格执行。

（1）口头命令

口头命令一般是对单个受令对象（一般为列车司机）直接发布的短期性指令。在无线录音设备处于正常状态时，行车调度员发布的行车调度命令均以口头命令下达，包含的内容有命令号、受令人处所、受令人、受令内容、发布日期及时间、发令人姓名及复诵人姓名。

（2）书面命令

书面命令一般是至少发给两个受令对象（有时还需送达司机），会对行车有较长时间影响的命令。发布书面命令必须填写调度命令登记簿，见表 7–2。

表 7–2　　调度命令登记簿

日期	命令				复诵人姓名	接受命令人签名	行车调度员姓名	阅读时间（签名）
	发令时间	号码	受令处所	内容				

在录音设备因故障停用时，遇救援列车、反方向行车及 ATP 切除运行时，均应发布书面命令，命令内容同上。

3. 调度命令发布要求

（1）调度命令必须由行车调度员发布。

（2）发布调度命令前，行车调度员应详细了解现场情况，听取有关人员意见。

（3）命令内容应一事一令。调度命令应先拟后发，书写简明扼要、用语标准，遇有不正确的字应圈掉后重新书写。对涉及相邻调度区段的重要调度命令，行车调度员应征得调度主任同意后发出，发令时应口齿清晰、语速适中。

（4）受令处所若为沿线各站及运转站，应根据标准填记车站全称或采用标准缩写站名。

（5）发令人、受令人、复诵人、复核人必须填写全名。

（6）命令中空缺的内容应正确填写，做到不随意涂改。如果调度命令内容与固定格式中虚体字内容相吻合，应及时描实，不需要的虚体字内容用横线划掉。

（7）下达命令时，命令号每天按 1 ~ 100 顺序循环使用，每个循环不得跳号、重号使用。发令日期、发令时间按实际填写，并如实记录在调度命令登记簿上，不能随意涂改，如有涂改，应由发布命令的行车调度员盖章确认。发布调度命令后，应及时将调度命令按照顺序号装订成册，不遗漏、不颠倒顺序。

（8）日常执行时，如果无法及时把调度命令交付司机，应适时完成补交手续。

（9）调度电话、无线调度电话用于行车工作联系，需使用标准用语，数字发音标准见表 7–3。

表 7–3　数字发音标准

1	2	3	4	5	6	7	8	9	0
yāo	liǎng	sān	sì	wǔ	liù	guǎi	bā	jiǔ	dòng
幺	两	三	四	五	六	拐	八	九	洞

（10）行车调度员应掌握工程列车的运行情况，了解装卸作业进度，检查工程列车进出作业区域的情况，确保安全。

4. 调度命令编制与下达

（1）调度命令号码的编制

调度命令号码应按不同工种分别编号，行车调度命令号码按日循环，其他工种调度命令号码按月循环。调度命令日期的划分以每日零时为界。各级调度命令的保存期限一般为 1 年。

为了使行车调度命令发布规范化、用语标准化，内容更加准确、简练、清晰、完整，从而提高工作效率，确保安全生产，各城市轨道交通企业均对常用的行车调度命令格式和用语进行了统一，目的是强化发布调度命令的标准化作业，保证行车安全。

（2）口头命令的标准格式及内容编制

口头命令可不签阅，发令时应用语规范、口齿清晰、语速适中。

1）列车清客。“命令号______，准______站（至______站）上 / 下行______次______号车，______站清客。”

2）载客通过。“命令号______，准______站（至______站）上 / 下行______次______号车，______站（至______站）上 / 下行载客通过。”

3）列车退行。“命令号______，准______站（至______站）上 / 下行______次______号车，退行至______处 / 站（上下客）。”

（3）书面命令的标准格式及内容编制

某城市轨道交通企业的书面调度命令标准格式见表 7–4。

表 7–4　书面调度命令标准格式示例

命令号码：　　　　　　　　　　　　　　　　　　　　年　月　日　时　分

受令处所		调度员姓名（代号）		复诵人姓名	受令人姓名	阅读时刻（签名）
内容						

1）限速命令（受令处所：×× 站至 ×× 站，×× 运转）。“自______时______分起，______站至______站（百米标______至百米标______处）上 / 下行线列车限速______千米 / 小时运行。”

2）取消限速命令（受令处所：×× 站至 ×× 站，×× 运转）。“自______时______分起，取消______站至______站（百米标______至百米标______处）上 / 下行线列车限速______千米 / 小时运行。”

3）封锁区间命令（受令处所：×× 站至 ×× 站，×× 站交司机）。“自______时______分起，______站至______站上下行（不含______站台 / 折返线 / 停车线）封锁，准______站上 / 下行______次凭令及施工号进入封锁区间施工。”

4）开通区间命令（受令处所：×× 站至 ×× 站，×× 站交司机）。“自______时______分起，______站至______站上下行（不含______站台 / 折返线 / 停车线）封锁解除。”

（4）其他命令（格式自拟）

运行指挥中如遇其他特殊情况时（即命令内容超出现有标准格式），应由行车调度员将命令内容写在调度命令登记簿中。

（5）调度命令的下达

行车调度员采用计算机发布调度命令时，必须严格遵守一拟、二审核（按规定需监控人审核的）、三签（按规定需领导、值班主任签发的）、四发布、五确认签收的发布程序。受令人必须认真核对命令内容并及时签收。行车调度员采用电话发布调度命令时，必须严格遵守一拟、二审核（按规定需监控人审核的）、三签（按规定需领导、值班主任签发的）、四发布、五复诵核对、六下达命令号码和时间的发布程序。

行车调度员向司机发布调度命令时，司机未离段场前，应发给车辆段停车场运转值班室，由其负责转达；列车已出场段后，应由行车调度员向司机直接发布。

行车调度员应使用无线通信系统向司机、行车值班员发布调度命令或口头指示（在通信记录装置故障时，只可以使用调度命令），有关人员必须复诵正确调度命令内容，可执行的条件具备后，行车调度员才可发布授权执行命令。

四、行车调度工作考核指标

行车调度工作主要考核列车运行图兑现率、列车正点率、平均满载率、清客统计、载客通过和责任事故率等指标。

1. 列车运行图兑现率

列车运行图兑现率主要反映列车运行图的完成情况。计算公式如下：

$$列车运行图兑现率=\frac{实际开行列车数}{计划开行列车数}\times 100\%$$

式中　实际开行列车数——计划开行列车数－运休列车数；

计划开行列车数——当日运行图计划开行列车总数（含空车）；

运休列车数——由于各种原因（客车、天气等）取消的计划列车数（包含计划空车）。

2. 列车正点率

列车正点率包括列车始发正点率和列车到达正点率，列车正点统计的规定如下：凡按列车运行图规定的车次和时间正点始发、正点运行的列车统计为正点列车数，早点或晚点不超过 2 min 的按正点列车统计；临时加开的列车按正点统计。计算公式如下：

$$列车正点率=\frac{正点运行列车数}{总开行列车数}\times 100\%$$

列车运行时刻的确定

（1）到达时刻：以列车在站台规定位置停稳，不再移动为准。

（2）出发时刻：以列车在车站（或存车场、车库）启动时刻为准。

（3）通过时刻：以列车前部机车通过车站规定位置为准。

3. 平均满载率

平均满载率是指单位时间内车辆载客能力的平均利用效率，计算公式如下：

$$平均满载率=\frac{日均客运量\times 平均运距}{输送能力\times 线路长度}\times 100\%$$

4. 清客统计

当运营列车发生清客时，需要在车站或区间将车上的旅客清除至站台，该列车按清客统计。

5. 载客通过

由于运输的需要，载客列车在运行过程中在某一站或某些站不停车通过，该列车按载客通过统计。

6. 责任事故率

责任事故率是指列车在单位距离内发生责任事故的比率。计算公式如下：

$$责任事故率 = 责任事故次数 \div 列车运行里程$$

第三节　行车调度工作案例分析

列车运营期间，在正线出现故障无法动车时，将造成行车中断，对全线甚至邻线运营都会带来较大的影响。行车调度员应在最短的时间内明确故障类型，并发布相应的行车调度指令，完成非正常情况下的行车调度工作。

一、道岔故障时的行车组织

事件发生所在线路调度综合信息图如图 7–3 所示。

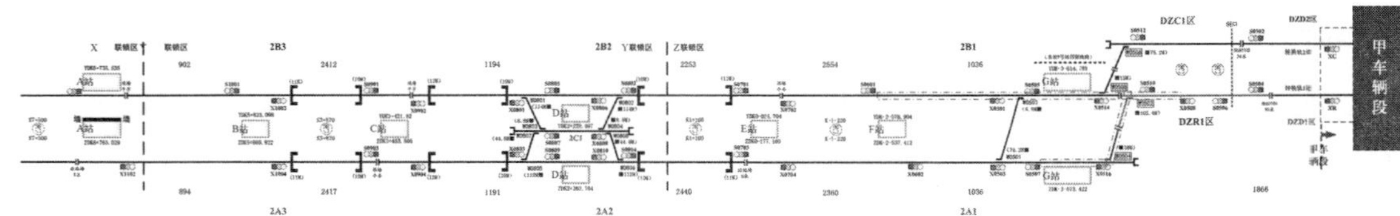

图 7–3　事件发生所在线路调度综合信息图

1. 事件经过

15：07　信号系统正常排列 G 站下行至折返线的进路，0911 次进入折返线停稳。

15：07　行车调度员在 MMI 上发现 G 站道岔供电故障，UPS 供电故障报警信息，将故障信息报综合调度，G 站确认 LOW 上 A 类故障报警：电网、UPS、道岔供电故障。行车调度员任命值班站长为事故处理主任。

15：08　信号系统自动排列 G 站折返线至 G 站上行的进路时，MMI 上显示 W502、W508 道岔位置显示不正确，有绿光带。行车调度员要求车站强解 W508 道岔区段、W502 道岔区段。

15：08　行车调度员通知 0911 次在 G 站折返线待令。

15：08　值班主任助理向综合调度发布抢修，抢修号为 072301。

15：09　综合调度向相关单位发布抢修。

15：10　OCC 启动运营一中心二级应急响应。

15：10　行车调度员要求车站强解 G 站上行出站 TC510 轨道区段和 W503 道岔区段。

15：11　行车调度员呼叫 G 站下行进站 3009 次司机采用站前折返。

15：12　行车调度员要求 G 站排列 X503~X504 G 站站前折返进路，发现 W501、W503 道岔位置显示不正确。

15：13 TC510 轨道区段和 W503 道岔区段强解完毕后，行车调度员要求 G 站排列 X503 ~ X514 G 站站前折返进路，发现 W501、W503 道岔位置显示不正确。

15：14 行车调度员通知 F 站、G 站下行 X503 信号机前 3009 次取消站前折返。

15：15 行车调度员询问 3009 次司机 W0501 道岔开通位置，司机确认为开通右位，行车调度员在 MMI 上单独锁定该道岔后，组织该车以 RM 模式越过 X0503 信号机红灯到 G 站下行。

15：17 行车调度员通知 G 站：因 G 站联锁区供电故障，G 站按调车方式办理列车折返，通知事故处理主任到现场处理。

15：17 行车调度员组织 D 站停车线备用车改开 0912 次往上行方向投入服务。

15：19 行车调度员通知 0911 次司机，自发令时起 G 站采用调车方式折返，动车前和车站人员做好联系。值班站长与站务员从上行站台尾端拿应急包并下线路人工排列进路。

15：20 行车调度员通知车站先将折返线 0911 次组织进 G 站上行。

15：20 行车调度员通知 C 站下行开出 1811 次在 D 站停车线清客后，反方向运行到 F 站上行站台，换端后与行车调度员联系。

15：20 行车调度员通知 E 站、F 站：D 站停车线 1811 次反方向运行到 F 站上行，换端后往上行方向投入载客服务。

15：20 行车调度员询问事故处理主任是否已到现场办理列车折返，事故处理主任报：现在正在确认 W504 道岔位置。行车调度员通知车站先将折返线 0911 次组织进 G 站上行站台。

15：21 值班站长与站务员到达 W0508 道岔位置，手摇并加锁道岔到右位。

15：22 行车调度员要求车站先将 W502 开通右位，再将 W508 开通右位，组织折返线 0911 次进 G 站上行。

15：23 行车调度员通知 C 站下行 2011 次在 D 站停车线引导乘客上下车后，往上行方向投入载客服务。

15：23 行车调度员呼叫事故处理主任，无人应答。

15：24 行车调度员和车站确认事故处理主任有带电话，并已经下线路钩锁道岔。

15：25 行车调度员呼叫事故处理主任，要求其先将 W502 开通右位、W508 开通右位，组织折返线 0911 次进 G 站上行。

15：26 行车调度员组织 E 站下行 3209 次清客。

15：27 值班站长与站务员到达 W0502 道岔位置，手摇并加锁道岔右位。

15：29 行车调度员组织 F 站下行 1511 次清客。

15：29 行车调度员要求 G 站强解 F 站上行 TC610 轨道区段。

15：29　行车调度员组织 A 站上一站下行的 2611 次清客，经停车线到上行投入载客服务。

15：30　行车调度员组织 E 站下行 3209 次凭地面信号显示运行至 F 站下行进站前百米标停车。

15：32　行车调度员询问 G 站事故处理主任道岔钩锁情况，事故处理主任报：值班站长报车控室及行车调度员 W0502、W0508 道岔开通右位已加锁，G 站折返线往上行的进路已准备好，人员已现场避让到安全位置，行车调度员要求抓紧时间组织 0911 次动车。

15：33　行车调度员呼叫 F 站上行 1811 次司机，要求司机抓紧时间换端，换端上客完毕后，凭地面信号显示关门动车。

15：33　值班站长通知折返线 0912 次司机，折返线至 G 站上行站台进路排列好，并给司机“好了”信号，司机凭信号动车。

15：34　G 站折返线 0911 次动车。

15：35　行车调度员组织上行终点站车辆段备用车（2A021022）上线调整。

15：36　G 站折返线的 0911 次到 G 站上行停稳。

15：36　值班站长与站务员准备人工排列 G 站下行站台至折返线进路。

15：37　行车调度员和 0911 次确认 W503 道岔位置，司机回复：W503 道岔在左位。

15：38　行车调度员要求车站暂停 G 站调车方式折返，先将 G 站上行 W503 道岔钩锁到正线位置。

15：38　行车调度员通知 F 站下行 1514 次凭地面信号动车，自动停车后报行车调度员。

15：39　通号人员确认信号设备恢复正常，W502、W508 仍然挤岔显示。

15：40　行车调度员确认 W503 道岔恢复正常显示后，通知事故处理主任取消前发钩锁道岔命令，并要求车站在 LOW 上强解 W503 道岔区段和 TC606 轨道区段后，排列 G 站上行至 F 站上行的进路。

15：42　行车调度员通知 C 站下行 0611 次在 D 站停车线引导乘客上下车后，往上行方向投入载客服务

15：43　行车调度员通知 G 站上行 0911 次司机上下客完毕后，确认进路安全，凭地面信号以 RM 模式动车。

15：44　行车调度员与车站确认所有道岔的钩锁器是否拆除。车站回复：正在确认中，确认完毕报行车调度员。

15：45　行车调度员与事故处理主任确认 W503 道岔未加钩锁器后，强解 TC513 轨道区段和 TC511 轨道区段，排列 G 站站前折返线进路，组织 1511 次在 G 站采用站前折返。

15：47　行车调度员通知 C 站下行 0811 次在 D 站停车线引导乘客上下车后，往上行方

向投入载客服务。

15：50　行车调度员组织 2710 次在下行第一个停车线引导乘客上下车后，往 G 站方向投入载客服务。

15：50　行车调度员通知 C 站下行 0811 次在 D 站停车线引导乘客上下车后，往上行方向投入载客服务。

15：50　行车调度员与事故处理主任确认 W508、W502 道岔的钩锁器已全部拆除。

15：52　信号人员报：G 站现场道岔及信号设备恢复正常，可以交付使用。

15：53　行车调度员组织 G 站下行 3009 次经入场线回车辆段。

15：57　行车调度员组织 3209 在 G 站采用站前折返。

整个事件中，行车调度组织工作如图 7–4 所示。

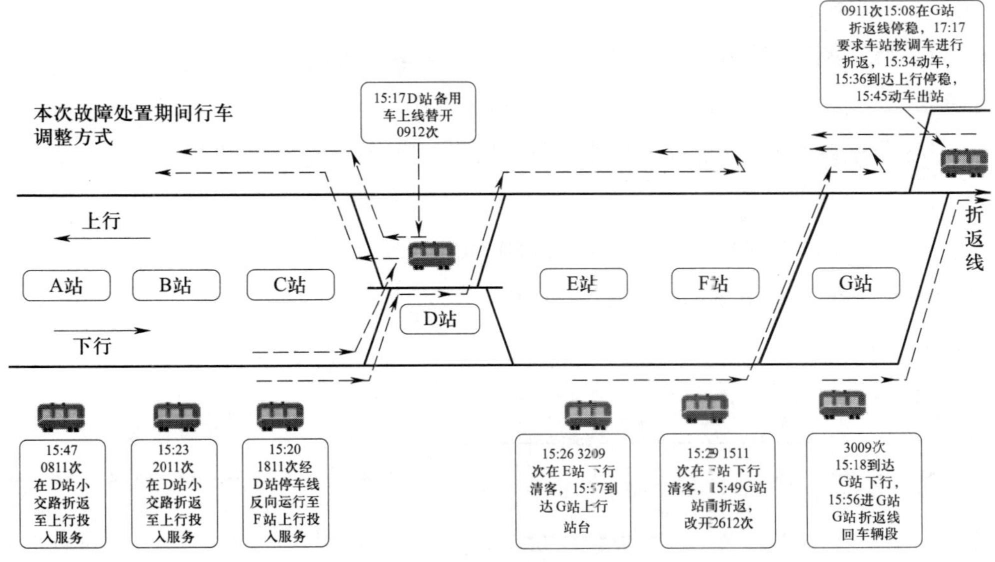

图 7–4　行车调整示意图

2. 事件影响

故障期间，OCC 组织 2011 次、2111 次、0611 次、0811 次在 D 站下行折返到上行投入服务，2611 次在 A 站上一站下行折返到上行投入服务，2710 次在下行第一个停车线上行折返到下行投入服务，1811 次经 D 站停车线反向运行至 F 站上行投入服务，下行 1511 次运行至 G 站退出服务，D 站备用车（2A039040）、上行终点站车辆段备用车（2A021022）上线调整。受故障影响，下行 0311 次、1011 次、1111 次、1611 次到达 G 站分别晚点 1 020 s、428 s、345 s、213 s；上行 2910 次、0912 次到达上行终点站分别晚点 494 s、359 s；1511 次、3209 次分别在 F 站、E 站下行调整清客；线网各站共有乘客投诉 2 件，退票 37 张，更新一卡通 1 张，派发赠票 26 张，服务热线没有接到乘客投诉。

二、列车救援时的行车组织

1. 事件经过

5：53　0801 次在出车辆段线 X2505 信号机前报 RADIO 打叉、紧急制动 / 红手掌。RM、URM 模式均不能动车。

6：05　行车调度员组织 0801 次司机换端尝试动车不成功。

6：22　行车调度员向故障车及救援车司机发布救援命令，由转换轨 2 道 1001 次担任救援任务（接 671 次号）。

6：37　671 次已与故障车连挂。

6：43　671 次动车。

6：48　671 次司机报：出现牵引力不足，不能动车（事后了解到，列车动车约 2 min 后出现牵引力不足情况）。

6：54　行车调度员要求 671 次向 A 站折返线 2 道推进运行，故障车在 A 站折返线 2 道对标后换端往车辆段方向，再尝试牵引回车辆段。

7：02　行车调度员通知 671 次在 X2505 信号机前停车换端往车辆段方向，牵引回车辆段。

7：06　671 次往车辆段方向牵引动车回车辆段。

车辆段线路示意图如图 7-5 所示。

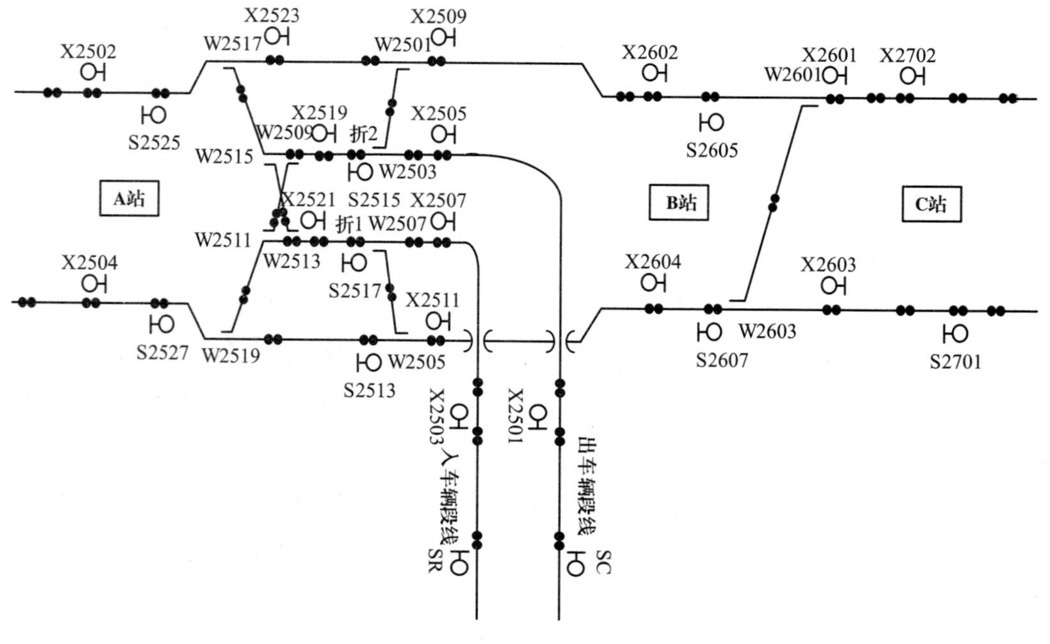

图 7-5　车辆段线路示意图

2. 事故分析

故障从 5：53 发生到 7：06 救援完毕，耗时 73 min。由于故障发生在组织列车出车辆段上线服务的特殊时间，当出车辆段列车故障后，行车调度员把精力集中在故障点救援上，而没有充分利用入车辆段线组织列车出车辆段，导致正线出现较大行车间隔，影响客运服务。

行车组织要以乘客服务为导向，当入车辆段线发生故障时，调度员要保持冷静，要能在短时间内计算出列车使用单条线出车辆段的能力，若使用单条线组织列车出车辆段能保证列车正常上线服务，则可以利用出车辆段线及时发车，争取保证列车准点投入服务，待列车出车辆段完毕后再组织救援。

救援程序简图如图 7–6 所示。

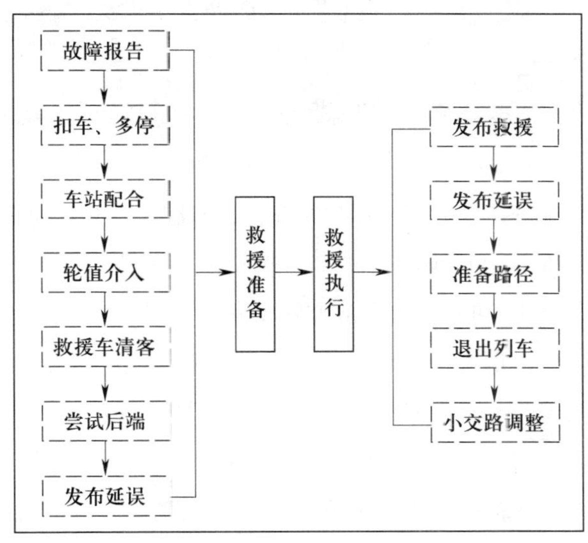

图 7–6　救援程序简图

三、信号联锁故障时的行车组织

轨道交通列车追尾事故示意图如图 7–7 所示。

1. 事件经过与原因

14 时 35 分，1005 号列车从 F 站发车。14 时 37 分，1005 号列车以 54 km/h 的速度行进到 F 站至 E 站区间弯道时，发现前方有列车（1016 号）停留，司机随即采取制动措施，但由于惯性，仍以 35 km/h 的速度与 1016 号列车发生追尾碰撞。

事故原因：追尾前发生了信号系统故障，行车调度员通知全线列车停车待令，并发布了采用电话闭塞法组织行车的命令。当时，1016 号列车在 F 站下行出站后显示无速度码，司机立即向调度控制中心报告，行车调度员命令 1015 号列车以手动限速方式向 E 站运行。14 时，1016 号列车在 F 站至 E 站区间遇红灯停车，行车调度员命令司机停车待

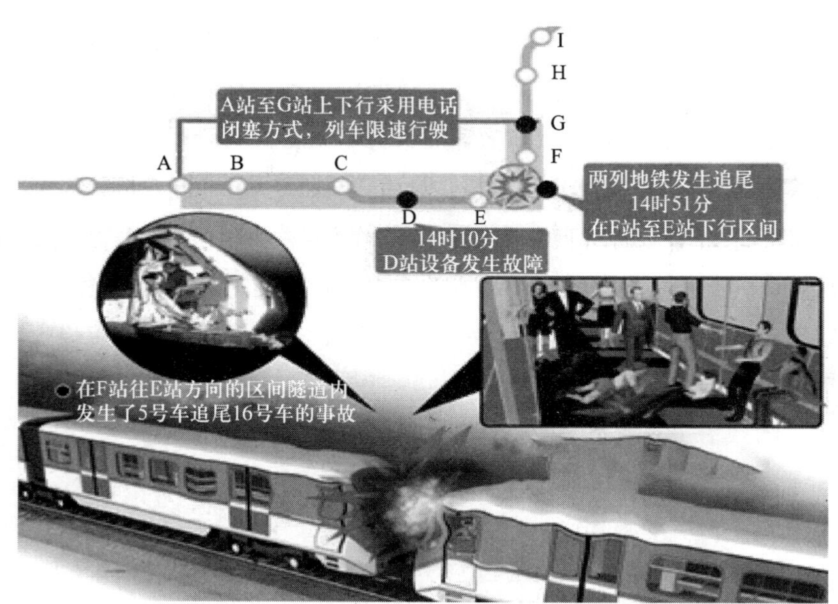

图 7-7　轨道交通列车追尾事故示意图

命。14 时 01 分，行车调度员开始进行列车位置确认。经确认，包括被撞列车 1016 号在内，其实行车调度员已掌握了故障区域内所有列车的位置情况。但行车调度员在确认完列车位置后，又去忙其他事情，隔了一段时间后，又向被撞列车发布了以 RM 模式动车进站的命令（使用全呼发令）。该命令发布后，司机没有复诵和回应，行车调度员也没有确认司机是否已接收到该命令，而是误以为司机已收到了命令（其实司机当时没有接收到该命令，一直在区间停车待令）。

按照城市轨道交通运营企业相关规定，行车调度员确认完列车位置后，需要向车站通报列车位置。但经了解，行车调度员一直没有执行这条规定，包括这次故障处理过程中，行车调度员也没有向车站通报故障区域内的列车位置。车站也没有向行车调度员了解列车位置，仅凭站台无车即同意了后方车站的发车请求，并办理了闭塞手续。

2. 事故分析

经事故调查组认定，事故的直接原因是：地铁行车调度员在未准确定位故障区间内全部列车位置的情况下，违规发布电话闭塞命令；接车站值班员在未严格确认区间线路是否空闲的情况下，违规同意发车站的电话闭塞要求，导致 1005 号列车与 1016 号列车发生追尾碰撞。

在整个事故处理过程中，各岗位主要存在以下不足：

（1）有章不循，惯性违章。规章明确要求，采用电话闭塞法时，行车调度员需要通报车站列车位置，但行车调度员一直没有执行该规定，导致车站也习以为常，在行车调度员没有通报列车位置时也不会主动与其进行确认。

（2）行车调度员没有养成良好的命令发布习惯，调度命令发布后，司机未进行复诵，行车调度员也没有及时纠正并跟进，而是认为司机已接收并执行了命令。

（3）车站值班员未与行车调度员确认区间线路空闲，接车站仅凭站台无车即同意发车站发车，违反了电话闭塞法的正常办理程序。

（4）据了解，在故障处理过程中，调度大厅涌入大量非当班人员，对当班行车调度员的处理造成一定的干扰。同时，当班值班主任被大量信息牵制，对调度班组的故障处理过程缺乏必要的监控。

知识窗

信号联锁故障应急处置流程

故障发生后的处理流程：当判断发生信号联锁故障时，遵循“控车→找车→发令→排路→降速→控间隔”的处理流程，组织降级运营时必须贯彻“安全第一，效率第二”的原则。

故障恢复后的处理流程：在收到信号人员故障恢复的信息后，值班主任将信息通知行车调度员，行车调度员遵循“判断→发令→控车→恢复”的处理流程，取消站间电话联系法（电话闭塞法）。

思考与练习

1. 简述行车调度员的岗位职责。
2. 什么是行车指挥自动化控制系统？
3. 行车指挥工作的组织原则有哪些？
4. 列车运行调整原则有哪些？
5. 列车运行调整方法有哪些？
6. 需要发布口头命令和书面命令的情况有哪些？
7. 1101 次在 C 站到 D 站 10 km+500 m 处发生故障被迫停车，并向行车调度员请求救援，行车调度员利用在 A 站至 B 站区间运行的 1103 次列车担任救援列车，将故障列车送回车辆段。以上过程需要发布几条调度命令？各调度命令的格式是怎样的？线路图如图 7–8 所示。

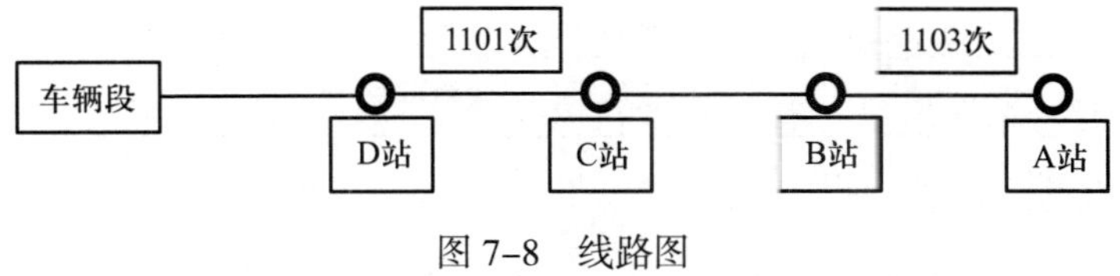

图 7–8 线路图

附录

行车组织相关术语

序号	术语	含　义
1	ATC	列车自动控制
2	ATP	列车自动防护
3	ATO	列车自动驾驶
4	ATS	列车自动监控
5	AR	列车自动折返模式
6	CCTV	电视监视器（设在站台头端墙、车站控制室、运营控制中心等处）
7	CLOW	中央联锁工作站
8	DTI	发车时间显示器（倒计时器）
9	DTRO	无人驾驶列车折返运行
10	DCC	车辆段控制中心
11	DAB（报警按钮）	为了及时处理意外或临时事故而设置在车厢里的乘客报警按钮
12	FTGS	音频无绝缘轨道电路
13	LOW 工作站	计算机联锁区域操作员工作站（缩写为 LOW）
14	LCP 控制盘	设于站控室内，需要扣车或取消时，按压按钮扣车或取消扣车，当站台的紧急停车按钮被按动时，在 LCP 上报警应按取消报警按钮
15	MMI	ATS 的人机接口
16	OCC	运营控制中心
17	OTN	开放的传输网
18	PSL	就地控制盘
19	PSA	远方报警盘
20	PSC	站台门中央控制盘
21	RM	限速（25 km/h）人工驾驶模式
22	RTU	远程终端单元
23	URM	非限制式人工驾驶模式
24	SM	ATP 保护的人工驾驶模式
25	SICAS	西门子计算机辅助信号联锁系统
26	站台紧急停车按钮（ESB）	设于站台柱墙上和站台监控亭，与站控室内 LCP 控制盘上的紧急及切除停车报警按钮相连通，当发现行车不安全时，可立即按压，控制客车紧急停车

续表

序号	术语	含　义
27	站台门	安装在车站站台边缘，将行车的轨道区与站台候车区隔开，设有与列车门相对应，可多级控制开启与关闭滑动门的连续屏障
28	刚性接触网	将传统断面的接触网导线镶嵌在铝合金汇流排上，再悬挂于轨道上方给列车传输电能的架空线路
29	柔性接触网	在轨道上方由接触线、承力索、馈线、架空地线组成并向列车传输电能的架空线路
30	联锁进路行车	按始端、终端进路防护信号机构成的一条进路，作为行车控制的分隔实施行车组织
31	关门车	临时发生空气制动机故障而关闭截断塞门的车辆
32	头端墙	按列车运行方向，列车停在车站时头部对应的车站端墙
33	尾端墙	按列车运行方向，列车停在车站时尾部对应的车站端墙
34	工程领域	将线路某一区间或车辆段某一区域交由维修部门施工，由施工负责人直接控制，确保施工领域的安全
35	线路出清	线路巡视员巡查完毕或施工完毕时，施工负责人检查所有人员已携带工具及物料撤离该线路，使该段线路可正常行车
36	辅助线	在正线上与正线连接的渡线、停车线、折返线、联络线及出入车辆段线
37	三、二、一车距离	指调车作业时，距离停留车或停车地点的距离
38	施工行车通告	汇总每月的施工和工程列车开行计划，以及临时修改规章手册的通告等，每月出版一期
39	运营时刻表	列车在车站（车辆段）出发、到达（或通过）及折返时刻的集合
40	列车运行图	根据运营时刻表铺画的运行图
41	推进	在列车尾部驾驶室操纵列车运行，或救援列车在被救援客车尾部推进运行
42	退行	在非正常情况下，列车与原运行方向相反运行为退行，可以推进或牵引运行
43	反向运行	列车运行进路分为上、下行方向运行，如果违反常规运行方向，称为反方向运行
44	站间电话联系法	因 SICAS 故障，采用站间电话联系法组织行车。列车凭调度命令和车站的发车手信号占用区间，司机以 RM 模式驾驶列车运行
45	过线	因维修作业或运营所需，组织本线列车到邻线运行，如二号线的列车经联络线到一号线运行或一号线的列车经联络线到二号线运行
46	联锁	信号系统中的信号机、道岔和进路之间建立一定的相互制约关系，如进路防护信号机在开放前检查进路空闲、道岔位置正确及敌对进路未建立等。信号机开放后，道岔不能动，这种相互制约的关系称为联锁

续表

序号	术语	含　义
47	列车	按地铁规定编组的并有车次号的客车车组、工程车、单机，分为客运列车、其他列车两类。客运列车是指以运送乘客为目的按规定编组而成的客车车组，包括专列；其他列车是指除客运列车以外的列车
48	客车	可载乘客运行的列车，由两组电动车组组成，每组由三节车厢组成
49	机车	牵引或推送车辆运行，本身不装载营业载荷的自推进车辆
50	车辆	没有自带动力的车辆，如平板车等
51	轨道车	有内燃机动力，在道轨上施工时，用来载工具和施工人员的车辆
52	使用车	按列车时刻表上线运行的列车
53	备用车	准备上线替换故障列车或需要加开列车时使用的列车
54	运用车	使用车和备用车总称运用车
55	检修车	在车辆段内大修、中修、架修及临修的车辆统称为检修车
56	备用检修率	备用车和检修车占总车数的比值
57	发车（指示）信号	行车有关人员完成一项工作任务，因距离对方较远向对方显示“好了”信号，说明任务完成了；或车站行车人员向司机显示发车信号，表示车站已具备发车条件，告知司机可以发车了，司机还要根据列车的准备情况决定是否开车。以上所给的信号均称为发车（指示）信号
58	轨道巡视员	工建车间专门从事轨道巡视，执行线路出清程序的员工
59	信号防护员	在线路现场施工，根据需要设置防护信号的员工
60	调车员	车辆段调车作业时由两位司机执行：一名任司机，驾驶机车；另一名任凋车员，指挥调车作业
61	车长	工程车开行时，由两位司机执行：一名任司机，驾驶列车；另一名任车长，指挥列车运行及监视装载货物的安全，推进运行时负责引导瞭望
62	司机	驾驶列车运行的专职人员，有客车司机、工程车司机
63	引导员 （或添乘监控员）	指客车故障需要司机在尾部驾驶室驾驶时，在客车前端瞭望，监控列车运行速度及运行安全，与司机随时保持联系，控制列车的运行及停车的人员，由车站值班员或值班站长担任
64	车辆检修调度员（DMC）	在车辆段 DCC 当值，负责组织指挥车辆的检查维修及故障处理工作
65	值班站长	车站当值的负责人
66	车站值班员	协助值班站长管理行车及客运工作的人员
67	站务员	负责车站某一部分工作的人员，包括售票员、站台服务员、站厅服务员
68	值班主任	OCC 调度指挥当值负责人，下设行车调度员、电力调度员、环控调度员等

续表

序号	术语	含　义
69	行车调度员	负责行车指挥工作的专职人员
70	电力调度员	负责供电系统管理和调度的专职人员
71	环控调度员	负责环境控制系统管理和调度的专职人员
72	值班主任助理	负责指挥通号维修部、AFC 维修部、工建部的抢险组织，指挥、协调地铁非车辆设备故障跨部门的抢险组织，以及发布运营信息的专职人员
73	工程列车	使用机车作为动力，在轨道上施工、运输货物的列车（含单机）
74	A 型车	车长 22 m（不含司机室）、车宽 3 m，轴重不大于 16 t 的地铁客车。根据生产厂商、采购时间不同，在字母后加数字进行细分，如 A1 型、A2 型、A3 型
75	B 型车	车长 19 m（不含司机室）、车宽 2.8 m，轴重不大于 14 t 的地铁客车。根据生产厂商、采购时间不同，在字母后加数字进行细分，如 B1 型、B2 型、B3 型
76	C 型车	车长 16.8 m（不含司机室）、车宽 2.6 m，轴重不大于 13 t 的地铁客车。根据生产厂商、采购时间不同，在字母后加数字进行细分，如 C1 型、C2 型、C3 型
77	非正常情况	因列车晚点、区间短时间阻塞、大客流及设备故障等原因，造成列车不能按列车运行图正常运营，但又不危及乘客生命安全和严重损坏车辆等设备，整个系统能够维持降低标准运行的状态
78	应急情况	因发生自然灾害以及公共卫生、社会安全、运营突发事件等，已经导致或可能导致事故发生或设施设备严重损坏，不能维持城市轨道交通系统全部或局部运行的状态
79	应急处置	在应急情况下，为最大限度地降低损失或危害、防止事态扩大而采取的紧急措施或行动

参 考 文 献

[1] 永秀. 城市轨道交通行车组织 [M]. 北京：机械工业出版社，2010.

[2] 永秀. 城市轨道交通行车组织 [M]. 北京：中央广播电视大学出版社，2014.

[3] 费安萍. 城市轨道交通行车组织 [M]. 北京：人民交通出版社，2011.

[4] 徐新玉，耿幸福. 城市轨道交通行车组织基础 [M]. 北京：人民交通出版社股份有限公司，2016.

[5] 徐胜南. 轨道交通信号基础 [M]. 北京：人民交通出版社股份有限公司，2018.

[6] 颜月霞. 城市轨道交通行车组织基础 [M]. 北京：人民交通出版社股份有限公司，2014.

[7] 李慧玲. 城市轨道交通行车组织 [M]. 青岛：中国石油大学出版社，2017.

[8] 李俊辉，郭英明. 城市轨道交通行车组织 [M]. 成都：西南交通大学出版社，2015.